李葆瑞 著

应用音韵学

东北师范大学文学院学术史文库

主编：王 确

中华书局

图书在版编目（CIP）数据

应用音韵学/李葆瑞著. —北京：中华书局，2015.11
（东北师范大学文学院学术史文库/王确主编）
ISBN 978-7-101-10963-4

Ⅰ.应… Ⅱ.李… Ⅲ.音韵学 Ⅳ.H014

中国版本图书馆 CIP 数据核字（2015）第 098611 号

书　　　名	应用音韵学
著　　　者	李葆瑞
丛 书 名	东北师范大学文学院学术史文库
丛书主编	王　确
责任编辑	孙永娟
出版发行	中华书局
	（北京市丰台区太平桥西里 38 号　100073）
	http://www.zhbc.com.cn
	E-mail：zhbc@ zhbc.com.cn
印　　　刷	北京市白帆印务有限公司
版　　　次	2015 年 11 月北京第 1 版
	2015 年 11 月北京第 1 次印刷
规　　　格	开本/920×1250 毫米　1/32
	印张 8¾　插页 2　字数 200 千字
印　　　数	1-3000 册
国际书号	ISBN 978-7-101-10963-4
定　　　价	35.00 元

总　序

学术本身成为目的才会有真学术

就在前几年，大学期间和年轻时代的记忆越来越多地被唤醒，经常想起给我们上过课或有过学术及其他交往的学术前辈。他们教书的样子，他们学术研究的事件，激起我们重读他们留给后人的那些沉甸甸的文字的热情。上大学的时候虽然就知道这些前辈都是非常了不起的学者，他们不仅是树在我们心中的一面面的旗帜，而且在全国乃至国际同行中享有盛誉。在重读这些前辈著作的时候，还是遭遇到了一种陌生和惊奇，不由得怀疑自己，怀疑我们这些后学的治学道路来。基于此，就想把前辈的学术选集起来重新与读者见面，以便更有效地释放榜样的力量。当时我作为学科带头人和院长，责无旁贷，便开始准备条件，与大家一起策划和推进这套书的出版事宜。现在，《东北师范大学文学院学术史文库》（以下简称《文库》）即将在中华书局陆续问世了，这意味着我们这些后学在实现着一种夙愿。

学术史不接受事实不清、更不接受罔顾事实的知识和观点。因为重读，领略到了前辈学者学术成就的不可多得。人文学术虽然不像科学那样，只有第一，没有第二，而是对一个问题的研究存在多种观点甚至不同结论的可能，但不论有多少结论，都是朝向事实的差异和依据事实的不同判断。我们常说，欲研究某个学术题材，必先知道其有什么，而后才可谈是什么或为什么，大概就是这个道理。

像孙常叙先生的《楚辞〈九歌〉整体系解》，从上世纪 30 年代开始，历时 60 年才拿出来出版；何善周先生的《庄子》研究虽在上世纪 70 年代末才与读者见面（《〈庄子·秋水篇〉校注辨正》载《社会科学战线》1978 年第 1 期），到他发表在《古籍整理研究学刊》2003 年第 3 期上的《〈庄子·德充符〉校注辨正》的时候就已经有 25 年的时间；王凤阳先生的《汉字学》历经 30 年时间，几经周折才最后完成，正如他所体会到的"事非经过不知难"（《汉字学·后记》）；逯钦立先生的陶潜研究从发表于《读书通讯》1942 年第 50 期上的《陶渊明行年简考》算起，到 1964 年载于《吉林师大学报》第 1 期上的《读陶管见》的 20 多年时间里，才完成了 10 万余字的陶潜研究文稿；苏兴先生的吴承恩研究从上世纪 50 年代到 80 年代的近 30 年时间里，除了订正增修了赵景深的《〈西游记〉作者吴承恩年谱》（1936 年）和刘修业的《吴承恩年谱》（1958 年），进而做成新的《吴承恩年谱》之外，也主要是完成了 10 万余字的《吴承恩传略》；孙中田先生的《论茅盾的生活与创作》，研究对象尽管是现当代作家，孙先生也与茅盾多有交往，但也花了 20 多年的时间才出版；张人和先生 1955 年就给杨公骥教授做助手，并参与了古代文学的一些研究工作，他的《西厢记》研究，仅从 1980 年投师《西厢记》研究泰斗王季思到他出版专著《〈西厢记〉论证》，有 15 年的时间。

我并不是说，研究的时间长就必然地会产生更出色的学术成果，但《文库》中的前辈活生生的研究历程和非凡的学术成就，却真的与他们长年累月的考索探求密不可分。学术史一再地告诉我们：研究的史料钩沉不仅需要孜孜不倦的努力，还要有可遇而不可求的机缘达成，这正如胡适喜出望外地得到《红楼梦》的"程乙本"，克罗齐等待多年发现了鲍姆加登的拉丁文《美学》（Aesthetica）一样；同时，对研究题材深层逻辑的发现，不仅仅需要反反复复地"入乎其内，出乎其外"，还需要历经长时间的发酵，才会得其要领，发现意义，超越前人。

张松如先生评价孙常叙先生的《楚辞〈九歌〉整体系解》是"集六十年治楚辞《九歌》的心得创获，裁云缝锦，含英咀华，结成新篇"（张松如《序》）。王国维大概是最早提出《九歌》为"歌舞剧"的人，但沿其提法展开，研究者一直未见作为戏剧应有的自觉性完整结构。孙常叙先生在发现东汉王逸《楚辞章句》之后《九歌》研究中的疑点基础上，大胆反思，扎实考证，洞察到《九歌》的整体有机结构，即由《东皇太一》、《云中君》两章构成的"迎神之辞"；由《湘君》、《湘夫人》、《大司命》、《少司命》、《东君》、《河伯》、《山鬼》七章构成的"愉神之辞"；由《国殇》构成的"慰灵之辞"；由《礼魂》构成的"送神之辞"。又如在与《九歌》相关的"庄蹻暴郢"问题上，作者"一时间疑窦丛生，百思莫得其解"（《楚辞〈九歌〉整体系解·自序》），被迫暂时搁置，在迂回路线，放开视野，沉淀发酵以及对文字的精深训诂中，终获新解。逯钦立先生对陶潜的研究真可谓一丝不苟，考版本，查史籍，对陶潜诗文真伪仔细辨别，明确了陶潜研究的许多问题，于是才有他特别为学界珍重的《读陶管见》等研究论文。冯友兰先生评价何善周先生的《庄子》研究说："《庄子校注辨正》已读数则，真是前无古人。《庄子》原文费解之处一经校释，便觉文从字顺，真所谓涣然冰释，怡然理顺者。"（《冯友兰先生的来信》）又说："闻先生的及门弟子中，唯有善周能继承闻先生研究《庄子》的衣钵，后来者居上，甚至能超过他的老师。"（《何善周先生传略》）闻一多先生1946年就离何先生而去，何先生的《庄子》研究新时期才开始发表，想想这是多么长久的积淀和承继。王凤阳先生的《汉字学》系统详实地深入讨论了关于汉字的知识、理论、历史文化等方方面面，建构了迄今为止最为系统、最为详实的汉字学体系，是一部在海内外汉学中具有广泛影响的著作。它的丰富性和学术力量，主要来自于它几易其稿，历久弥新，深究细琢，最大限度地激发自己的所能，更广泛地汲取到学界新的成果。孙中田先生的茅盾研究之所以被境内境外的同行高度认同，也是作者在长期的积累过程中，从众多机缘里获得了更多的学术素材、事实和思想启示的结果。他的《论茅盾的生活与创作》虽是只有近 30 万字的专著，但其研究背景却是全面而丰富的。关于茅盾的代表作《子夜》的讨论，在《论茅盾的生活与创作》中大体上集中在其中一节的内容里，可后来作者将这部分专门写成了一本高质量的专著《〈子夜〉的艺术世界》，先是在 1990 年由上海文艺出版社付梓，2014 年又由中国台湾地区花木兰文化出版社再版。

《文库》的前辈作者中，大部分我都接触过，记得他们经常说起有关治学的方法、学术思想和学术价值等等，但我不记得他们谈到过治学的目的。现在想来，对他们而言，仿佛如此治学是天经地义的，学术本身就是不言自明的目的，可我们今天经常会追问"治学为了什么"，经常会有人质疑治学的现状，质疑当下的学术体制，质疑学术研究的急功近利。重读这套《文库》，让我看到了那个时代学术研究的缩影，他们把学术成果作为自我人生的目的，而不是作为手段，把学术研究活动作为某种生活的方式，而不是仅仅作为谋生的路径。时代迁移，学术的应有尺度却不会改变，当今学术界不可忽视的急功近利倾向如此普遍不应是时代的必然产物，而是另有其他的人为原因（人们多认为这个根源来自于学术体制的不当力量），警惕急功近利应是每个真正学人的长鸣警钟。

学术史是一个知识增量的过程，那些重复前人的知识是没有资格进入学术史的。我们常说，好的成果要么有史料的发现，要么有思想的发现，最好的是史料和思想都有发现，归根结底是要有发现。从前辈们的研究及其成果中，我们也许能够体会到，虽然对新的史料的发现也是一种学术价值，但一般而言史料的发现就可能会改变一种学术判断，生成一种新的学术思想，有时史料的发现又是在证明某种合理假设的过程中获得的，总之学术研究常常是综合的、复杂的，是史料发现与思想发现并存的。孙常叙先生不正是因为对王逸以后有关《九歌》研究"多所疑虑"，对"人神杂糅之解，君国幽愤之说，不能安矣"，才"尽屏旧疏，专绎白文，即辞求解，别无依附"(《楚辞〈九歌〉整体系解·自序》)，对《九歌》展开了几十年的另辟蹊径的研究，从而发现了《九歌》11 章的内部体系，在此基础上发现了《九歌》的创作意图和"隐含读者"。苏兴先生在遍查有关吴承恩生平和创作《西游记》的史料过程中，发现了学界认为《西游记》是吴承恩晚年创作的通行说法是有问题的，遂提出四点证据证明《西游记》为吴承恩中年时期开始创作或者完成初稿的作品，从而发现《西游记》与其他文献的具体关联，也为重新认识作品本身与作品之间的关系留下了空间(苏兴：《吴承恩传略·吴承恩的中壮年时期及写作〈西游记〉》)。在重读汪玢玲先生的《蒲松龄与〈聊斋志异〉研究》的那些天，不仅因其民间文学视角的阐释引导我看到一部别有洞天的《聊斋志异》，如同何满子先生所说："从这个角度来研究蒲松龄，过去虽也有人作过零星的尝试，但都没有系统地进行过。汪玢玲同志是专攻民间文学的，因此她从自己的专业出发，描画出了由民间文学土壤中培养出来的蒲松龄艺术的轮廓。她的努力给研究蒲松龄开拓了一个新的疆域，特别是对研究民间文学与文人创作之间的关系，提供了她的实践经验。而这种经验，首先是她选取的角度，便有助于古代作家和作品的研究工作的展开。"(何满子：《蒲松龄与民间文学》小引)而且，不由得自心底生出另一种感慨，感慨那一代人在充满不幸和挫折的人生情境中，依然在其行动中始终释放着浓厚的人文情怀。重读《蒲松龄与〈聊斋志异〉研究》，胡适的"双线文学史观"总是在我的脑海中平行地显示，因为我清楚，汪先生的民间文学情结并非仅仅是一种学术题材和方向的选择，而是其历史观和人文态度的表现，这与作为五四文化先驱的胡适们对平民文学或民间文学的敬重来自于相似的思想动力。杨公骥先生的《唐代民歌考释及变文考论》所讨论的学术题材实际上也是民间文学。杨先生从《敦煌掇琐》发现28首混抄在佛教劝善歌中的唐代民歌，并从出处分析、断年依据和民歌所反映的历史生活进行了有力的考释：说明了28首民歌所反映的唐开元、天宝时代中下层社会的真实面貌；证实了这些民歌"正史书之不当，补文献之不及"的史料价值；考论了《旧唐书》和《新唐书》的错误，以及唐开元、天宝时代社会经济崩溃、阶级斗争尖锐的真实情况(杨公骥：《唐民歌二十八篇考释后记》)。我想《唐代民歌考释及变文考论》中的论文《论开元、天宝时代的经济危机和阶级矛盾》和《论胡适、杜威的历史伪造与实用主义的文学史观》两文，当是在上述28首民歌的考释基础上完成的。这两篇论文尖锐地质疑了胡适的看法，鲜明地提出了不同于前人的观点。其中的思想贡献自不必说，我们也不必去讨论学术观点的孰是孰非，只是这里的基于严肃考释、敢于怀疑和挑战权威的治学精神就显然特别值得我们后学追随，因为追求真理是治学的第一原则。张人和先生在谈自己的古代戏曲研究时，曾总结了许多有效的经验，其中的两个关键词"辨别真伪"与"贵在创新"，这给我的印象十分深刻。他在出版《〈西厢记〉论证》之后，经过仔细考证，深入思考，继续发表了关于《西厢记》版本系统，《西厢记》研究史，《西厢记》效果史等高屋建瓴的成果，进一步深化和拓展了他过去的研究。王季思先生在评价张人和先生时引用了《学记》中的"善歌者使人继其声，善教者使人继其志"这句话，我想就是在喻指张先生在继承与创新上的特别表现。知识的增量正是在怀疑、证实或证伪中实现的，波普尔把"可反驳性"作为科学的核心尺度，正是告诉人们真正的知识既是反驳的结果，也是经得起反驳的结果。

　　就学术研究而言，无论是自觉的预期或是"无用之用"，其中都存在着某种效果的实现。学术不仅是发现新史料和新思想，还应致力于知识的传递，以及传递的效率和方法。在这套《文库》中，一部分著作是以系统的知识构成的，诸如曾任中国语文教学法学会会长的朱绍禹先生的《中学语文教学法》，罗常培先生的入室弟子李葆瑞的《应用音韵学》，曾任我校古籍整理研究所所长、中国唐史学会副会长兼秘书长的吴枫先生的《中国古典文献学》等。这些著作里虽高屋建瓴、深入浅出地讨论知识，但字里行间蕴含着对更多读者的召唤，蕴含着传递知识的方法，蕴含着教学经验。尽管这样的著作有更多的读者阅读，这里的知识有更多的学者和教师一代接一代地研究和思考，因而更新升级的速度也相对快些，但他们的学术史价值是不可磨灭的。

　　东北师范大学文学院创建于 1946 年，最初成立于辽宁本溪。1948 年秋，东北大学与吉林大学合并，首先设立文学院，由张松如教授任院长，吴伯箫教授任副院长。历史上，古典文学专家、中国人民解放军军歌作者、著名诗人张松如，著名中国文学史家杨公骥，著名语言学家孙常叙，闻一多先生的高足、《庄子》研究专家何善周，中国现代诗人、鲁迅研究专家蒋锡金，现代著名小说家、学者李辉英，汉魏六朝文学研究家逯钦立，早期创造社成员、现代诗人穆木天，词学家唐圭璋，明清小说研究专家苏兴，东北作家群经典作家萧军，左翼文学家舒群，中国古典文学和红学家张毕来，现代文学研究家孙中田，新中国第一代语文教学法专家朱绍禹，都曾在我院工作过。张松如、吴伯箫、萧军、舒群等均参加过延安文艺座谈会。这套《文库》只是收入了一直在文学院工作到退休的前辈学者的部分著作，我们将努力使更多前辈们的著作以新的面貌与广大读者见面。

　　重读前辈著作时的感动真的是言犹未尽，但我必须留一点文字来表达我对为此《文库》的编辑出版付出辛勤汗水的各位同仁的深深敬意。李洋院长一直作为编委会的前线推动者，为《文库》的编辑出版工作付出了非凡的努力，可以说没有他的付出，《文库》出版不会有如此效率和效果；解玲、王春雨、王军等老师为出版前的版权、编务等工作不厌其烦，辛勤工作；许多老师不辞辛苦，在肩负着繁重的科研、教学和其他任务的情况下，优先安排自己的时间来推进书籍的编辑工作，他们分别是：张世超、刘雨、付亚庶、苏铁戈、李德山、高长山、黄季鸿、宋祥、徐鹏等老师。在此，一并对他们的忘我工作致敬。

请允许我代表《文库》编委会特别感谢庞立生处长和社科处的同志们，感谢他们对《文库》出版计划的肯定，感谢他们在《文库》的编辑出版工作上给予的智慧和资金上的大力支持。

我还要代表学院特别感谢中华书局的申作宏编辑，他为《文库》的出版多次专程从北京来长春，商讨和处理出版前的各种问题，感谢他能以严谨认真的态度推进《文库》的出版工作。

《文库》真的要问世了。当我们这些后学的期待将要实现的时候，那种心情的确无法用喜悦能够释放出来。我们对《东北师范大学文学院学术史文库》的辉煌出版，翘首以盼。

在我这篇拙文准备收笔的此时此刻，前辈的学术生活在回忆和想象中仿佛历历在目，于是，耳畔萦绕着一种越来越强烈的声音，尽管我知道这声音原本是说给君主的治天下之道，但细细倾听，反复想来，直面当下学人学术，倒是深觉这声音亦是引学人和学术去光明之处的呼唤。如此，我不妨把这并不陌生的声音录在这里，与大家分享："非淡薄无以明德，非宁静无以致远，非宽大无以兼覆，非慈厚无以怀众，非平正无以制断。"（《淮南子·主术训》）

王 确

2015 年 4 月 26 日　于北海新居

目　录

前言

　　音韵学是研究汉语语音系统及其发展变化规律的科学。语音是语言的物质基础，不了解语音的系统和发展变化，就不可能很好地了解语言。因此，学习音韵学是学好汉语的前提。二者的关系是不言而喻的。

　　但是，音韵学的重要性在当前并没有被一般人充分认识。音韵学在社会上甚至在一般大专学校中还是一个"冷门"。人们学习的积极性不高，原因主要有以下两个：一、认为音韵学难懂；二、不知道音韵学有什么用处。下边分别谈谈这两个问题：

　　先谈音韵学是不是难的问题。音韵学不是很容易学好的，这是事实，但它也绝不像有些人想的那样难学。因为它是科学，一点也不神秘，只要方法对头，人人都能学好。本书除了在说明时尽量使文字浅显易懂之外，凡是难懂的术语、理论都尽量用现代语音科学的知识加以说明，并用大家熟习的北京音系知识和古音比较参照。只要读者有一定的文化水平，又肯下功夫，就可以找到门径，升堂入室。

　　其次谈谈音韵学的用途。学习一切科学知识都是为了应用于实践，改造客观世界。学习音韵学的目的当然也是如此。如果一本音韵学书只是讲些理论和知识，不谈这些理论和知识如何实践，或者说不联系实际，读者就会把这些理论和知识看成空话。他们对"空话"不感兴趣，那就不足为奇了。本书为了避免说空话，在音韵学的应用方面多用了些功夫。因为篇幅所限，本书只着重谈了些音韵学在指导当前语言实践（如推广普通话纠正方音）方面以及音韵学知识在整理古籍（训诂和校勘）方面的应用。其他方面的如音韵和诗律学的关系等有时只能稍稍涉及，没能多谈。

其实音韵学的用途远不止此。音韵学不只跟一些学术、文化活动有联系，跟许多日常社会活动都有联系。这种联系有时竟会使人意想不到。现在随便举两个例：

1963年10月17日《人民日报》第6版有一篇短文题为《一封疑难的信》，文中叙述河南新乡市邮局收到一封从江苏寄来的信。信封上写的收信人是"刘灵妮"。邮递员各处访问，并查阅了户籍，也没有找到"刘灵妮"这个人。后来通过许多关系才把"死信"变活，找到了收信人。原来收信人叫"牛玲儿"。写信人幼年贫困，离开新乡迁到江苏。只记得留在新乡的亲人名字的声音，不知道是哪几个字。成年之后要给这个亲人写信，只好用当地的同音字来写，于是就把"牛玲儿"写成"刘灵妮"。如果有些方音和古音的知识，来处理这封信就方便多了。在某些方言中，l和n相混，于是"牛"就变成"刘"了。"妮"和"儿"古音相通。"妮"（见《集韵》）和"尼"同音，属娘母脂韵。"儿"属日母支韵，在古音里娘、日、泥三母不分。[①] 隋唐以后脂韵和支韵不分。古音的这种情况反映在现代的某些方音里，"妮"和"儿"就同音了。

最近在一本刊物上看到一段河南大鼓书《王二姐思夫》的唱词，原文如下：

王二姐，泪汪汪，

手拔金簪画粉墙。

---

① 详见本书第三章第一节"先秦古音的声母"。

二哥走了一天画一道，

走了两天画一双，

三间房子全画满，

我打开样彩画八张。

不是二老管得紧，

我一画画到大街上。

其中"样彩"一词，可能有许多人不懂。如果运用音韵学知识，就容易理解了。"样彩"就是样册。旧时妇女刺绣用的图样，保存在本子上。这个本子就是样册。为什么把"册"说成"彩"？原来册是入声字(初母，麦韵)。许多地方古入声消失，并入其他声调。在这些地区古入声字演变到现在往往有文白异读现象。例如：

文读	白读
脉 mo	mai
责 ze	zai
白 bo	bai
迫 po	pai
色 se	shai
得 de	dai
特 te	tai
……	

"册"同样也有两读，既读 ce，也读 cai。这样"册"的白读和"彩"同音，样册就变成"样彩"了。

类似以上的情况在日常生活中时常遇到。如果读者知道音韵学有这么多用处，学习音韵学的兴趣就会油然而生，久之他就会主动在学习和日常生活中寻找更多的实例，来印证和检验所学的理论，加深对理论的理解，甚至发展或纠正所学的理论。毛泽东同志说：

"通过实践而证实真理和发展真理。"①就是这个意思。因此我热切希望读者广泛联系实际，用大量例证充实和发展本书所谈的音韵学的理论和知识。更希望用读者的实践补充和修正我的看法。这样不但使读者获益，对我也将会有很大的帮助。

本书的理论体系兼采各家之长，不专宗一家。罗莘田先生是我的老师，周祖谟教授是我的同学，采用他们的看法较多。也有些是我个人的看法。限于个人的水平，不管是对别人看法的理解，还是我个人的看法，都可能不够准确或者有错误，希望广大读者、海内贤达不吝赐教。

本书原来是为音韵学研究生写的，名为《汉语音韵学概要》。后来，古籍整理讲习班和古汉语助教进修班都曾用它作为教材。在这个基础上又加以修订，增写了"先秦古音知识的应用"一章。总观全书，谈应用的分量较大，为了名实相副，最后改为《应用音韵学》。

在本书编写和修改中，孙晓野教授、陈连庆教授、阎玉山副教授曾审阅原稿或部分原稿，提供修改意见。胡安顺、吕朋林、王丽杰等同志，有的帮助修改、校对，有的帮助抄写，都对本书的问世作出贡献，谨在此表示感谢。

李葆瑞

1987 年 2 月于长春东北师范大学

中文系汉语史研究室，时年 79 岁。

---

① 见《实践论》。

第一章　绪论

第一节　什么叫音韵学

按传统说法音韵学一般分为三类，就是古音学、今音学、等韵学。古音学是研究先秦古音的。今音学是研究隋唐音的，也就是研究"切韵音系"的音。等韵学是研究发音原理的。我们所讲的音韵学主要也是这三个内容。表示这三类的传统的名称不是很科学的，古人研究音韵学的方法和使用的术语受时代的限制有的也是不科学或不严密的，我们不能全都沿用，但古代音韵学的主要内容仍然是我们研究的对象。

总之，我们所讲的音韵学是用现代的科学的语音学理论来研究先秦和隋唐的语音。本书着重音韵学的应用，因此对汉语语音的发展过程不作全面的叙述，只是简要地指出先秦古音同隋唐音以及隋唐音同现代普通话语音的对应关系，以便读者对汉语语音演变到现代普通话语音的大致情况有所了解。

第二节　音韵学的用途和本书的目的

音韵学的用途是很广的，例如音韵学对文字学、语义学、考古学、诗律学、古史学等都是很有用的。本书的目的着重音韵学的应用，但限于篇幅和作者的精力不可能面面俱到。因此在应用方面只选以下两个重点：

一、利用音韵学知识来指导当前语音实践，使音韵学为汉语语音规范化服务

这方面是切韵音系也就是隋唐音知识的应用。实例很多，只能选取其中的几个：

（一）吴语区有浊塞声声母，是从古代保留下来的。吴语区的人学习普通话就要把浊塞声声母改为清塞声声母。[①] 例如"桃""盗"江浙的读音声母都是[d]，江浙人学习普通话就要把浊声[d]改成清声。有的要改成送气，如"桃"[t'au]，有的要改成不送气，如"稻""盗"[tau]。哪些要改成送气，哪些要改成不送气？一般的江浙人不知道。如果学习了音韵学知道切韵音系声母跟普通话声母的对应关系，就可以得出这样一条规律，平声送气，仄声（包括上去入）不送气，例外很少。例如：

袍[p'au]、抱[pau]、暴[pau]，吴语和古音声母全是[b]。

徒[t'u]、杜[tu]、度[tu]，吴语和古音声母全是[d]。

抬[t'ai]、待[tai]、代[tai]，吴语和古音声母全是[d]。

皮[p'i]、婢[pi]、避[pi]，吴语和古音声母全是[b]。

弹[t'an]、诞[tan]、但[tan]、达[ta]，吴语和古音声母全是[d]。

---

① 　关于声母的清浊问题后边有说明。

团[t'uan]、断[tuan]、段[tuan]、夺[tuo]，吴语和古音声母全是[d]。

袍、徒、抬、皮、弹、团是平声，其他是仄声。达、夺是仄声中的入声。关于平仄以及古今声调的变化在第二章里要讲到。

（二）许多方言区有入声，有的方言入声分为阴阳两类。这些地方的人学习普通话要取消入声。但是把入声归入哪一调类？阴入部分没有明显的规律。阳入就有规律可寻。一般地说规律是：声母是[m]、[n]、[l]、[ʐ]的归入去声，其他归入阳平。这是根据切韵音系的声调跟普通话声调的对应关系得出来的。①

（三）在有些方言里把"哀"说成[nai]，把"熬"说成[nau]，把"欧"说成[nou]，把"安"说成[nan]。这些方言地区的人要改正这样的读音，但是他们不知道哪些字是读[ai]、[au]……的，哪些字是读[nai]、[nau]……的。如果学习了音韵学知道汉语语音发展趋势，就可以得出这样一条规律，根据这条规律就可以掌握许多字的读音。这就是：[n]声母的音节一概不读阴平（作为姓的"那"是例外）。这样就不会把"哀"、"熬"等阴平字读成[nai]、[nau]等了。

此外还有许多类似这样可以用来指导当前汉语实践的规律，在以下许多章节里要讲到，这里不能多举。

二、利用音韵学知识为阅读、研究和整理古籍服务

这一方面是先秦古音知识的应用。一个是先秦古音知识在训诂学的应用，也就是谈通假字的问题。另一个是先秦古音知识在校勘学的应用。本书专设一章（第四章）谈这方面的问题，这里就不多讲了。

---

① 详见第二章。

第三节　为了学好音韵学必须掌握的基础知识和技能

为了学好音韵学首先要掌握以下几种知识和技能：

一、掌握北京音系，说好普通话。这样才能学好北京音和古音的对应规律，由今音推知古音。下边举两个例：

（一）普通话中声母是塞声和塞擦声读阳平而不送气的音节，全是古入声，例如：白、达、格、及、杂、宅等。如果普通话的声调掌握不好，这一条规律就不能使用。例如有的方言里把"节""国""革"读成上声，就不能断定它们是否入声了。

（二）普通话中[l]声母全是古来母，[n]声母多数是古泥母，少数是古疑母。在有些方言里[n]、[l]不分就不能利用这一条。在有些方言里[an]、[nan]等相混，也不能很好地利用这一条。

类似这样的情况很多，在第二章里再详细说明，这里不能多讲。

二、有一般的普通语音学知识。为了说明古音现象，必须运用现代的语音科学的理论，也就是普通语音学的理论。

三、能运用汉语拼音方案字母和国际音标。能运用这两种标音工具准确地标音和正确地读出所标的音。

也可能有人说以上三者都是现代的知识。中国的音韵学如果从魏晋（现在所知道的最早的研究音韵的书有魏李登的《声类》和晋吕静的《韵集》）算起，也有一千七百多年。从前的学者没有以上所说的知识，不是也能研究音韵学吗？我们说古代的音韵学者固然也曾给我们留下了宝贵的文化遗产、重要的历史资料，但他们的书往往有严重的缺点，有的玄虚附会，有的含混错乱。[①] 有人把他们的书

---

① 参看罗常培《汉语音韵学导论·音韵学研究法》。

看成"天书""绝学"，原因之一就是他们没有现在的语音科学知识和科学严密的记音工具。当代一些音韵学家都曾用现代的科学知识和技术力求扫清以往音韵学上的虚妄混杂的尘雾，使音韵学的真相得到澄清，这也就是使"天书"下凡。我们也愿步他们的后尘，在这方面贡献一些力量。

另外研究先秦古音要借助于形声字，这就需要有文字学的知识。为了取得感性认识，还要读些古韵文，从《诗经》、《楚辞》到唐宋诗词都要阅读一些。

以上所说的知识和技能，不是本书研究的对象。所以在本书中，这些知识和技能，只有在必要时涉及一些，不能作系统的讲述。读者如果在接触本书时还没有具备这些知识和技能，那就要自己另找这些方面的书籍材料或教者来补充这些方面的不足。

第四节　音韵学中常见的术语略释

传统的音韵学术语有的现在还必须使用。因为古人缺乏科学的语音理论和严密准确的记音工具，他们所用的术语往往概念含混或者夹杂一些玄虚错乱的成分。后来的学者对这些术语有的误解，有的将错就错，以致造成混乱现象。本书在以下章节里也还要使用这些术语。如果在使用中说明，解释太少可能说不清楚；解释太多又可能使文字支离。所以在绪论中把一些常见的术语集中地加以说明。

先谈关于声母的术语：

一、声母、纽、字母

汉语音节最前边的部分叫声母，也叫纽，也叫字母。声母多数是辅音。也有的音节开头没有辅音，这样的音节也有声母。例如"帆"[fan]，其中的[f]是声母。"安"[an]这个音节开头没有辅音，但是也有声母，它的声母是○。唐宋时代切韵音系的以母（喻母的一部分，也叫余母）就是○声母。

声母最早叫字母，是一个和尚叫守温的提出来的。守温生于唐末死于宋初。他最初提出三十个字母，后来又增加为三十六个。清陈澧《切韵考》根据《广韵》反切上字用系联办法得声母四十类。①

二、"五音"和"七音"

"五音"和"七音"都是指声母（主要是辅音）的发音部位。先说"五音"：

---

① 详见后文。关于守温参看赵荫棠的《等韵源流·新序》。

　　唇音——又分重唇音和轻唇音。重唇音是两唇的辅音。用普通话语音来说，就是[p](b)、① [pʻ](p)、(m)。在三十六字母中有帮、滂、並、明四个。轻唇音是上齿和下唇接触而产生的辅音。普通话语音中的[f]就是轻唇音。三十六字母中有非、敷、奉、微四个。

　　舌音——又分舌头音和舌上音。舌头是齿龈前部和舌尖接触而产生的辅音。在普通话中有[t](d)、[tʻ](t)、(n)等。在三十六字母中有端、透、定、泥四个。舌上是硬颚前部和舌面的塞声和鼻声。普通话中一般说没有这样的辅音。辽阳、沈阳、营口等地有人把"你"读成[n̠i]，把"女"读成[n̠y]。[n̠]就是这个部位的鼻声。② 三十六字母中有知、彻、澄、娘四个。

　　齿音——又分齿头音和正齿音。齿头是上齿背后和舌尖接触而产生的辅音。普通话中[ts](z)、[tsʻ](c)、(s)就是这个部位的辅音。三十六字母中有精、清、从、心、邪五个。正齿在三十六字母中是照、穿、床、审、禅。陈澧的《切韵考》根据《广韵》的反切上字把原来的正齿音分为两类。赵元任在他编的《方音调查表格》中管其中一类叫庄、初、崇、生，另一类叫章、昌、船、书、禅。中国科学院语言研究所编的《方言调查字表》沿用这些名称。庄、初、崇、生是齿龈前硬颚和舌叶接触而产生的辅音，普通话中没有这样的辅音。广州话的"茶"[tʃʻa]，山东蓬莱话的"张"[tʃaŋ]、"手"[ʃou]③就是这个部位的辅音。章、昌、船、书、禅是齿龈硬颚前部和前舌面的塞擦声和擦声。普通话中[tɕ](j)、[tɕʻ](q)、[ɕ](x)就是这个部位的辅音。

　　牙音——是软颚和舌根接触而产生的辅音。古代齿和牙有区

---

① 加方括弧的是国际音标，加圆括弧的是拼音字母，以下同此。
② 见《沈阳地区人学习普通话手册》(第 37—38 页)。
③ 参看袁家骅《汉语方音概要》(第 31 页)和北大中文系编的《汉语方音字汇》。

别，长在牙床前边的叫齿，长在两旁的叫牙。牙就是现在所说的臼齿。① 发这组音时舌的两旁靠紧臼齿，古人以为音是从臼齿发出来的，所以叫牙音。普通话中的[k]（g）、[k']（k）就是这个部位的辅音。三十六字母中有见、溪、群、疑四个。

喉音——在三十六字母中有影、晓、匣、喻四个属于喉音。影是声门塞声，就是发元音之前或之后声门闭塞所造成的辅音，在声母中提出这个音是指用在发元音前的辅音。普通话中不用这样音区别意义，也就是不成一个音位，所以不把它提出来。吴语中的入声就是在元音后加上这样的塞声，例如苏州话"发"[faʔ]。② [ʔ]是表示这个辅音的音标。晓和匣是软颚和舌根的擦声。这个部位跟前边的牙音相同，只是把塞声和鼻声分了出去成为牙音，留下擦声作为喉音。普通话中的[x]（h）是这一类的辅音。喻母，根据陈澧的考证应该分为两类。赵元任把这两类中的一类叫云母，另一类叫以母。《方言调查字表》沿用这两个名称。云母是硬颚和舌面相接触而产生的半元音，普通话中齐齿呼韵母[i]、[ia]、[ian]等独立成音节时前边往往出现这个半元音，读成[ji]、[jia]、[jian]等。因为[j]这个半元音在普通话里不成音位，所以在普通话里不作为声母。以母的情况是有的音节没有声母，例如普通话中的[an]、[au]等。没有声母也算声母的一种，就是〇声母。以母就是表示〇声母的。

半舌音——就是边声。古代和现代汉语的边声只有一种，就是用舌尖顶住齿龈，把舌收紧，气流从舌的两边出来。这就是普通话的[l]，三十六字母中的来母就是表示[l]的。

半齿音——是齿龈硬颚和舌面的鼻声再加上这个部位的浊擦声结合在一起，标成[nʑ]。普通话中没有这样的辅音。三十六字母中

---

① 参看《说文解字》"牙"字下段玉裁注。
② 见《汉语方音字汇》（第2页）。

的日母代表这样的声母。

以上唇、舌、齿、牙、喉叫做五音，加上半舌、半齿叫作七音。再把唇音分为轻唇、重唇，把舌音分为舌头、舌上，把齿音分为齿头、正齿。三十六字母就分成这十类。

三、清浊

发辅音的同时声带可以颤动，使辅音带有乐音成分；也可以不颤动，使辅音成为完全的噪音。声带颤动的辅音叫浊音，声带不颤动的辅音叫清音。浊音也叫带音，带音就是带乐音。清音也叫不带音，不带音就是不带乐音。普通话中[m]、[l]、[ẓ](r)等都是浊音，[p](b)、[ts](z)、[s]、[f]等都是清音。在音韵学中浊音又分全浊、次浊。声带颤动的塞声、塞擦声叫全浊。普通话中没有全浊音。[ẓ](r)是浊擦声，但[ẓ]来源于古鼻声，不算全浊。切韵音系中并、奉、定、从、邪、澄、崇、船、禅、群、匣都是全浊。鼻声、边声叫次浊，普通话中的[m]、[n]、[l]等属于这一类。切韵音系中的明、微、泥、娘、日、疑、来都是鼻声或边声属次浊，云、以也归入次浊。清音又分全清和次清，不送气的清塞声、清塞擦声和清擦声叫全清，普通话中的[p](b)、[ts](z)、[s]、[f]等是全清。切韵音系中的帮、非、端、精、心、庄、生、章、书、见、晓、影是全清。送气的清塞声和清塞擦声叫次清，普通话中的[p‘](p)、[t‘](t)、[ts‘](c)、[tṣ‘](ch)等是次清。切韵音系中的滂、敷、透、清、彻、初、昌、溪等是次清。①

关于声母清浊的分类，各家也不全一致，② 而以全清、次清、

---

① 有的书上把"晓"归入次清，例如罗常培先生《汉语音韵学导论》（第44页）。本书根据《韵镜》把"晓"母归入全清，我们认为这样归类合理。详见第二章第一节《切韵》音系的声母"附录。

② 参看罗常培先生《汉语音韵学导论》。

全浊、次浊的分法较好。因为这样的分类对了解和说明汉语语音的发展规律有用处。① 这四类的名称各书也不全一致，例如《韵镜》把全清叫清，把全浊叫浊，把次浊叫清浊。《四声等子》和《切韵指掌图》把次浊叫不清不浊等等。这只是名称的不同，我们可以不管。

下边谈谈关于韵母的术语：

四、韵母和韵部

音节的开头是声母(包括开头的辅音和没有辅音的〇声母)，声母以后的全部叫韵母。汉语拼音方案中韵母表里的三十五个韵母，加上(ê)、(er)、(-i)(知、吃、师、日、资、疵、斯各音节中的韵母)三个共三十八个，都是韵母。韵部跟韵母是不同的概念。诗歌中押韵所用的字是韵部相同，不一定是韵母相同。例如毛主席的《长征》诗所用的押韵的字"难"(an)、"闲"(ian)、"丸"(uan)、"寒"(an)、"颜"(ian)，韵母并不相同，而是韵部相同。

现在谈谈什么叫韵部。在谈韵部之前，有必要先谈谈汉语音节结构。以上面所举的"闲"和"暖"为例。"闲"的声音是(xian)，包含四个部分。(x)是声母，后边是韵母。韵母又包含三个部分：(i)是韵头，(a)是韵腹，(n)是韵尾。(a)是音节中心，也是韵母的中心。音节中心或韵母中心，是在这个音节中声音最响(口开的越大越响)，音势最强，时间最长的音素。(n)是韵尾。就"暖"(nuan)说，最前边的(n)是声母，(u)是韵头，(a)是韵腹，也就是音节中心，最后边的(n)是韵尾。

一个韵母可以没有韵头，也可以没有韵尾，但是必须有韵腹。这种情况可以从下表看出来：

---

① 详见后文。

例字	声字	韵　　母		
		韵　头	韵　腹	韵　尾
巴	b		a	
家	j	i	a	
乖	g	u	a	i
腮	s		a	i
哀	○		a	i
闲	x	i	a	n
还	h	u	a	n

韵部是从韵腹开始算起。如果没有韵尾而韵腹相同就是同一个韵部，例如"巴"和"家"韵腹都是（a），就是同韵部，有没有韵头没有关系。如果有韵尾，韵腹和韵尾都相同才是同一个韵部，例如"乖"和"腮"同韵部，"闲"和"还"同韵部。"腮"和"哀"韵部和韵母都相同，声母不同。

韵书里所列各韵都是韵部。其中可以只包括一个韵母，例如《广韵》中的肴韵只包括一个[au]韵母。可以包括两个以上的韵母，例如《广韵》中的东韵包括[uŋ]和[ĭuŋ]两个韵母。麻韵包括[a]、[ia]、[wa]三个韵母。（详见后文）

五、韵摄

韵摄是韵部之上的大类，韵摄的名称是元刘鉴的《经史正音切韵指南》提出来的。但是把韵部归成大类，宋代已经这样做了，例如郑樵的《七音略》，失名的《韵镜》等。以下谈谈韵摄包括哪些内容：

（一）包括音素结构相同而声调不同的各韵部。音素结构相同不包括韵头，因为韵头不同也是同一个韵部。例如：

肴（平声肴韵）　巧（上声巧韵）　效（去声效韵）

它们的韵母都是[au]，只是声调不同。它们同属效摄。

麻（[a]平声麻韵）　寡（[wa]上声马韵）　谢（[ia]去声祃韵）

它们同属假摄。

(二)韵腹相同，韵尾是鼻声的跟韵尾是同一个部位塞声的(入声)是同摄。例如：

删([an]平声删韵)　板([an]上声潸韵)　慢([an]去声谏韵)辖([at]入声辖韵)

它们同属山摄。韵尾[-n]跟韵尾[-t]是同一个部位的辅音。

唐([ɑŋ]平声唐韵)　广([uɑŋ]上声荡韵)　旷([uɑŋ]去声宕韵)博([ɑk]入声铎韵)

它们同属宕摄。韵尾[-ŋ]跟韵尾[-k]是同一个部位的辅音。

甘([ɑm]平声谈韵)　敢([ɑm]上声敢韵)　暂([ɑm]去声阚韵)榻([ɑp]入声盍韵)

它们同属咸摄。韵尾[-m]跟韵尾[-p]是同一个部位的辅音。

(三)声音相近的各韵同摄。例如：

干([ɑn]寒韵)　间([æn]山韵)　奸([an]删韵)

它们的韵尾相同，韵腹相近，同属山摄。

条([ieu]萧韵)　骄([iɛu]宵韵)

交([au]肴韵)　高([ɑu]豪韵)

它们也是韵尾相同，韵腹相近，同属效摄。

根据这三种情况，《广韵》的二百零六韵归并为十六摄。这十六摄的顺序各家的排法不全一致。刘鉴的《经史正音切韵指南》的顺序是：通、江、止、遇、蟹、臻、山、效、果、假、宕、曾、梗、流、深、咸。其他像梁僧宝的《四声韵谱》等又跟上列的顺序不同。本书根据科学院语言研究所编的《方言调查字表》把十六摄排列为：果、假、遇、蟹、止、效、流、咸、深、山、臻、宕、江、曾、梗、通。

把二百零六韵归并为十六摄有以下好处：

(一)化繁为简便于掌握。

(二)各摄有其共同的规律，分类后便于研究。(详见后文)

（三）从归并的摄可以看出语音发展的趋向。例如普通话中的[ai]、[uai]除少数字来自其他摄外，绝对多数来自蟹摄。① 普通话中的[ou]、[iou]，除个别字外，都来自流摄。② 普通话中的[an]、[ian]、[uan]、[yan]，除"廿"来自深摄入声缉韵外，全都来自咸山二摄。③

六、等呼

明清以来直到现在讲汉语语音还常用"四呼"这个术语。现在的四呼是：(1)韵母的开头或韵母的本身不是[i]、[u]、[y]而是其他口开得较大的元音[a]、[o]、[ə]等，叫作开口呼，如[a]、[an]、[ən]等。(2)韵母的开头是[i]或整个韵母是[i]，叫齐齿呼，如[i]、[ian]、[in]等。(3)韵母的开头是[u]或整个韵母是[u]，叫合口呼，如[u]、[uan]、[uən]等。(4)韵母的开头是[y]或整个韵母是[y]，叫撮口呼，如[y]、[yan]、[yn]等。

切韵音系中的等呼同演变到后来的四呼有关，但两者不是一个概念。现在谈谈切韵音系的等呼。先说"呼"。以《广韵》为代表的隋唐音有两个呼，就是开口呼和合口呼。开口呼和合口呼说的是发韵母时有无韵头[u]（包括[iu]）或[w]（包括[iw]），或者韵腹是不是[u]。如果有韵头[u]或[w]，或者韵腹是[u]的，叫合口呼，否则叫开口呼。因为前者从口型上看两唇收拢得很显著（圆唇），从听觉上也感到这样的音有明显的特点。因此根据有没有韵头[u]或[w]，或者韵腹是不是[u]，把韵母分成开口和合口两大类。开口呼如[an]（删）、[ĭεn]（仙）、[ien]（先）等。合口呼如[uan]（桓）、[wan]（关）、[iwen]（犬）等。

隋唐音的开口、合口两呼又分成一、二、三、四等。江永的

① 参看《古今字音对照手册》（第82—89页）。
② 参看上书（第116—125页）。
③ 参看上书（第126—156页）。

《音学辨微·辨等列》说："一等洪大，二等次大，三四皆细，而四尤细。"在古人对四等的说明中，这几句话是比较清楚的。用现在的说法，等是指韵头[i]的有无或韵腹是不是[i]和发主要元音时，口开的大小（共鸣腔的大小）而言。

一、二等都是没有韵头[i]或韵腹不是[i]的，所以音大。三、四等都是有韵头[i]或韵腹是[i]的，所以音细。

同是没有韵头[i]，而发主要元音时口的开闭或舌的前后有不同，即共鸣腔有大小不同，所以分一、二等，例如：

（开口）"褒"[pɑu]（豪韵）是一等。

"包"[pau]（肴韵）是二等。

（合口）"观"[kuɑn]（桓韵）是一等。

"关"[kwan]（删韵）是二等。

发[ɑ]时舌向后撤，共鸣腔比发[a]时大。

同是有韵头[i]，而发主要元音时，口的开闭或舌的前后有不同，所以分三四等，例如：

（开口）"蔽"[pǐɛi]（祭韵）是三等。

"闭"[piei]（霁韵）是四等。

"骄"[kǐɛu]（宵韵）是三等。

"浇"[kieu]（萧韵）是四等。

（合口）"冤"[ʔǐwɐn]（元韵）是三等。

"渊"[ʔiwɛn]（先韵）是四等。

古人既没有科学的语音理论，又没有标音的工具（字母）。在这种条件之下分析韵母的细微差别是很困难的。他们能够想出用"等""呼"的办法来区别韵母，这也很不简单。固然我们现在有了科学的语音理论，有了科学的记音工具，无须再用两呼四等的办法。但是我们对古人筚路蓝缕地钻研创造的精神，和他们整理语音所留下的宝贵资料，还应该充分肯定。

切韵音系的两呼四等跟明清的四呼，虽然不是一回事，但是四呼是两呼四等的发展。粗略地说，切韵音系的开口一二等是后代的开口呼，开口三四等是后代的齐齿呼，合口一二等是后代的合口呼，合口三四等是后代的撮口呼。大致如下表：

今四呼	古一二等	古三四等	古两呼
今开齐	a an	ia ian	古开口
今合撮	ua uan	yan (iuan)	古合口

以下是声调和其他方面的术语。

七、声调

普通话的四个声调：阴平、阳平、上、去是在一个音节的发音过程中音高变化的不同所产生的。切韵音系中也有四个声调，这就是平、上、去、入，我们可以称它们为古四声。古平、上、去的差别也是音高的变化不同。但是它们具体的音高变化情况，现在还不能知道。这就是我们只能根据材料知道它们的调类，至于它们的调值是什么，我们还不能知道。例如"刀""倒""到"，我们只知道"刀"是古平声豪韵，"倒"是古上声晧韵，"到"是古去声号韵。至于它们音高变化的差别还不能知道。如果用拟音来标出它们的音，声调只能用传统的调号，就是用半个圆圈放在标音的四角上，平声标在左下角，上声标在左上角，去声标在右上角。"刀""倒""到"的标音如下：

刀［ ˌtau］　　倒［ ˊtau］　　到［ tauˋ］

古入声另是一种情况，这个声调除了比平、上、去短之外，音素结构也跟平、上、去不同。就是在元音的后边加上了一个塞声，也就是有一个塞声韵尾。这个塞声不是用它的发音的全部过程，而是有成阻、持阻，没有除阻。语音学上管这样的辅音叫"唯闭音"。切韵音系的入声韵尾有三个，就是[p]、[t]、[k]，例如：

塔[t'ɑp]（入声盍韵）

八[pæt]（入声黠韵）

博[pɑk]（入声铎韵）

入声要跟平、上、去配合起来，在切韵音系里入声只跟有鼻声韵尾的音节相配。用[-p]配[-m]，用[-t]配[-n]，用[-k]配[-ŋ]，因为[p]跟[m]、[t]跟[n]、[k]跟[ŋ]发音部位相同。例如"臘""辣""博"跟平、上、去配合起来是这样：

蓝[₌lam]　　览[ꞈlam]　　滥[lamᒾ]　　臘[lapᒾ]

兰[₌lan]　　懒[ꞈlan]　　烂[lanᒾ]　　辣[latᒾ]

帮[₌paŋ]　　榜[ꞈpaŋ]　　谤[paŋᒾ]　　博[pakᒾ]

八、双声、叠韵、反切

两个或者两个以上的音节，声母相同叫作双声。就普通话来说，例如：

流[liou]　　离[li]

颠[tian]　　倒[tau]

眉[mei]　　目[mu]

含[xan]　　混[xun]

两个或者两个以上的音节韵母或韵部相同叫作叠韵。就普通话来说，例如：

彷[p'aŋ]　　徨[xuaŋ]

迷[mi]　　离[li]

蝉[tʂ'an]　　联[lian]

宣[xyan]　　传[tʂ'uan]

迷、离是韵母、韵部都相同，彷徨、蝉联和宣传是韵部相同，韵母不相同。

反切是古代在没有字母的情况下，创造出来的一种标音方法。

用两个字的音来标一个字的音。上一个字的音跟被标的字声母相同，下一个字的音跟被标的字韵母相同、声调相同。也就是上一个字跟被标的字双声，下一个字跟被标的字叠韵，但这种叠韵必须是韵母相同，而不能仅是韵部相同。例如：

孔，康董切。取康的声母[k']，取董的韵母[uŋ]和声调上声，就切成[k'uŋ ˩]

再举一个例子：

条，徒聊切。

以上两例中的反切是《广韵》上的。经过长期的语音变迁，现在用它们的今音来切，还能准确地切出被切的字的今音来。但这是巧合。有许多的古反切，由于古今音的变化，还用它们来切就切不出来或切不准确被切字的今音了。例如：

精，子盈切。

"精"的普通话读音是[tɕiŋ⌐]，并不是[tsiŋ⌐]，还用原来反切的上下字就切得不正确了。这是因为"子"和"精"隋唐时代的声母都是[ts]。在普通话中[ts]不跟[iŋ]结合，变成了[tɕ]。"子"的韵母变成了[ɿ]能跟[ts]结合，所以声母[ts]没有变。且隋唐时代平声不分阴阳，现在分成两类。"盈"是阳平，"精"是阴平，声调也不同了。如果学习了音韵学，知道了古今声音变化的一些规律，对处理古反切能有些方便，可以把切不出来的加以变化，切出正确的读音。但是古今音的变化很复杂，即使精通音韵学，也不能保证把所有的古反切都能切对。例如"资"和"赍"，《广韵》的反切都是"即夷"①。可是在普通话里"资"读[tsɿ]，"赍"读[tɕi]。又例如"畦""巂""眭""觿""携"，在《广韵》里同音，都是"户圭切"（齐韵）。而今音的分歧很大。在现代字典里有的标音也不一致，可以从下表看出来：

例　字	标　音		《广韵》反切
	《国音常用字汇》	《新华字典》	
畦	ㄑㄧˊ、ㄒㄧ˗	qí	户　圭
巂	ㄙㄨㄟˉ	xī	
眭	ㄙㄨㄟˉ	suī	
觿	ㄒㄧˉ	未收	
携	ㄒㄧㄝˊ	xié	

总之反切是历史上的标音方法，在历史上对文化教育起过积极作用。现在读古书的注释和运用古文献资料研究古音等，反切还有一定的用处。如果掌握了音韵学，还可以把多数的反切读对。但是谁也不能保证都读得准确，因为有时也没有明显的规律可循。

---

①　"资"和"赍"原来不只是同音，而且是一个词的异体字，后来分化成两个词。详见拙著《异体字和词的分化》一文，发表于 1980 年东北师大社会科学丛书第四辑《语言学论集》上。

九、音类、音值和拟音

（一）音类和音值

音类是为了研究或使用的方便，把语音分成的类别。音值是音类所指的实际的声音。例如帮、滂、並、明是声母中的四个音类，[p]、[p']、[b]、[m]是这四个音类所指的实际声音。

在研究现代汉语或现代语言中要特别重视音值（包括音素和音位）。音值是确定音类的根据，有多少种音值就决定有多少种音类。在研究音韵学的时候，音值并不像音类那样重要。历史上一些音韵学家往往不了解音值，有时只根据资料运用考据的功夫，也可以得出合乎实际的音类。例如段玉裁分析先秦两汉的韵文，知道支、脂、之三个韵部在先秦两汉严格区分，绝不相混。但他到死也不知道这三部为什么分。他给江有诰的信中说："足下……能确知所以支脂之分为三之本源乎？……仆老耄，倘得闻而死，岂非大幸也！"[①]这就是说段玉裁只知道支、脂、之是三个不同的音类，并不知道它们的音值是什么。

知道这些音类对研究古音的发展很有用处，并且对阅读、理解古代文献，以及研究现代方言等也都有实用价值。至于讨论这些音类的音值，反而不如了解音类的重要，因为我们研究古音并不是为了在交际上使用，也不可能同古人交流思想。

研究古语音的音值到近代才有，例如汪荣宝的《歌戈鱼虞模古读考》。[②] 此外还有一些国内外研究古音值的著作。但因年代久远，资料不足，研究成果仍有局限。例如隋唐时代的平、上、去、入四个声调。入声还可以知道是有塞声韵尾（[-p]、[-t]、[-k]）的，但其

---

① 《答江晋三论韵》见江有诰《音学十书》开头。
② 北京大学《国学季刊》第一卷第二号。

他三声也只能推知是音高或音长的变化不同，至于具体情况，例如东、董、送的音高或音长的变化有什么差别，现在还没有资料可以确知，也可能今后永远也确知不了。这就是说隋唐时代平、上、去三声，只能知道调类，不能知道调值。但这对研究隋唐时代的声调和后来它们的发展变化，以及现代方音中的声调问题，都是很有用的。

上边说了解古语音的音类是音韵学中最重要的，但这不等于说了解古语音的音值并不重要。我们应该根据现有的条件尽量把古代音值也搞明白，因为了解音值可以帮助我们更好地认识音类。古人因为不了解音值，有时就把音类搞错了。例如戴震认识到先秦古韵部应该分成阴、阳、入三类，他把这三类搭配起来，这对了解先秦语音体系是很有用的，是重要的发现。阴、阳、入三类在音值上的差别，用现代语音学的理论、术语和音标是很容易说明的：阴声是没有韵尾或韵尾是元音的，阳声是有鼻声韵尾的，入声是有塞声韵尾的。但戴震并不知道或不明确知道这种区别。他说阳声"犹击金成声也"（像敲打铜器），阴声"犹击石成声也"（像敲打石头）。[①] 这样的认识是很含混的。因为他对音值的认识不清，尽管他对阴、阳、入的系统有了认识，但在处理具体问题时难免出错，他把应该是阴声的歌部当成了阳声。[②]

（二）拟音

拟音是对古音值的推测，用比较精密的音标把它标出来，现代一般是用国际音标。拟音的根据一般地说有以下几项：1. 方音（包括普通话）中保留的古音，2. 从古代汉语资料中保留的外民族词语，或外民族语言中保留的古汉语词语来推断，3. 根据形声字推断，4. 根据发音理论推断，5. 根据语音系统推断等等。用这些办

---

① 见《答段若膺论韵》，《声类表》卷首。
② 详见第三章第二节"先秦古音的韵部"。

法可以把古代某些音类的音值推断出来。但这些方法有局限性，任何一家的拟音都不能保证把古代音类的音值都推断出来，都推断得十分正确。有的音类的音值现在还没法推断，例如古代某种声调的调值。因此任何一家的拟音都是一家之言，不能全都看成是定论。例如瑞典的汉学家高本汉对汉语古音的拟音，是大家比较重视的。但他的拟音并不全是定论。王力先生在他的《汉语史稿》上册中批评高本汉把上古多数韵部都拟成有辅音韵尾，"只剩下侯部和鱼部的一部分是以元音收尾的韵，即所谓开音节。[①] 世界上没有任何一种语言的开音节像这样贫乏的。只要以常识判断，就能知道高本汉的错误"[②]。我们同意这种批评。李方桂先生的《上古音研究》、董同龢先生的《上古音韵表稿》[③]也存在类似的问题。

　　因为拟音是对古音的推测，各家对古音的认识不全相同，对古音值的推测有的相同有的不同，因此各家的拟音不全一致，这是很自然的。即使同一个音韵学家，对古音的认识也在不断地变化，因此他的拟音也可以前后不同。例如王力先生的一些著作《中国音韵学》、《汉语音韵学》(《中国音韵学》新版改名《汉语音韵学》)、《汉语史稿》、《汉语音韵》、《音韵学初步》、《诗经韵读》等，其中有些拟音是相同的，有些是不同的，这是很自然的，不足为奇的。各家在今后研究中也可能取得一致的认识，拟音逐渐接近古音的真相，逐渐统一起来。

　　本书在涉及切韵音系和先秦古音的音值时，除了采用各家公认的拟音之外，选用王力先生的较多。但有时也选用别人的拟音，这样做的理由在必要时加以说明。

---

①　高本汉对于上古韵部的拟音见王力《汉语音韵学》(第 430—440 页)。

②　见《汉语史稿》上册(第 64 页)。

③　见《历史语言研究所集刊》第十八本，1948 年商务印书馆发行。

第二章　切韵音系

为了说明方便，先谈切韵音系。

切韵音系是指以隋陆法言的《切韵》为代表的隋唐音系，也称中古音。陆法言的《切韵》已失传，但《切韵》的语音体系和所收的字基本上保留在宋代的《广韵》里。本书所谈的切韵音系实际上就是《广韵》所代表的音系。

第一节　切韵音系的声母

一、三十六字母

唐宋所传的字母（声母）是三十六个。这三十六个字母是：帮、滂、並、明、非、敷、奉、微、端、透、定、泥、知、彻、澄、娘、见、溪、群、疑、精、清、从、心、邪、照、穿、床、审、禅、影、晓、匣、喻、来、日。根据陈澧《切韵》的考证照穿床审应该各分为二，喻母也应该分成两个。① 这样才合乎切韵音系声母的实际。赵元任先生的《方音调查表格》就把照穿床审分成庄初崇生和

① 见《切韵考》卷二。

章昌船书两组，把喻母分成云和以两母。语言研究所的《方言调查字表》也是这样做的。这样切韵音系的声母就成了四十一个。

为了研究方便，赵元任先生把这四十一个声母分成四系十二组。《方言调查字表》基本上也是这样分的。我们采取了这种办法，具体分法如下：

（一）帮系

  1. 帮组——帮滂並明

  2. 非组——非敷奉微

（二）端系

  3. 端组——端透定

  4. 泥组——泥来

  5. 精组——精清从心邪

（三）知系

  6. 知组——知彻澄娘

  7. 庄组——庄初崇生

  8. 章组——章昌船书禅

  9. 日组——日

（四）见系

  10. 见组——见溪群疑

  11. 晓组——晓匣

  12. 影组——影云以

赵元任所分泥组有娘母，《方言调查字表》把娘母并入泥母。本书根据传统，并按发音部位把娘母归入知组。

现在把切韵音系的四十一个声母按它们的发音部位、发音方法和拟音列表如下：

发 音 部 位		发 音 方 法		字母名称	拟音
旧 名	新 名	旧 名	新 名		
牙 音	舌 根 音	全清	清塞声不送气	见	k
		次清	清塞声送气	溪	k'
		全浊	浊塞声送气	群	g'
		次浊	鼻声	疑	ŋ
舌 头 音	舌 尖 中 音	全清	清塞声不送气	端	t
		次清	清塞声送气	透	t'
		全浊	浊塞声送气	定	d'
		次浊	鼻声	泥	n
舌 上 音	舌 面 音	全清	清塞声不送气	知	ȶ
		次清	清塞声送气	彻	ȶ'
		全浊	浊塞声送气	澄	ȡ'
		次浊	鼻声	娘	ȵ
重 唇 音	双 唇 音	全清	清塞声不送气	帮	p
		次清	清塞声送气	滂	p'
		全浊	浊塞声送气	并	b'
		次浊	鼻声	明	m
轻 唇 音	唇 齿 音	全清	清塞擦声不送气	非	pf
		次清	清塞擦声送气	敷	pf'
		全浊	浊塞擦声送气	奉	bv'
		次浊	鼻声	微	ɱ
齿 头 音	舌 尖 前 音	全清	清塞擦声不送气	精	ts
		次清	清塞擦声送气	清	ts'
		全浊	浊塞擦声送气	从	dz'
		全清	清擦声	心	s
		全浊	浊擦声	邪	z
正 齿 音	舌 叶 音	全清	清塞擦声不送气	庄	tʃ
		次清	清塞擦声送气	初	tʃ'
		全浊	浊塞擦声送气	崇	dʒ'
		全清	清擦声	生	ʃ

续表

发音部位		发音方法		字母名称	拟音
旧　名	新　名	旧　名	新　名		
正齿音	舌面音	全清	清塞擦声不送气	章	tɕ
		次清	清塞擦声送气	昌	tɕ'
		全浊	浊塞擦声送气	船	dʑ'
		全清	清擦声	书	ɕ
		全浊	浊擦声	禅	ʑ
喉音	喉音	全清	喉塞声	影	ʔ
	舌根音	全清	清擦声	晓	x
		全浊	浊擦声	匣	ɣ
	舌面音	次浊	舌面半元音	云	j
	元音	次浊	元音	以	○
半舌音	舌尖音	次浊	边声	来	l
半齿音	舌面音	次浊	鼻声加擦声	日	nʑ

关于非敷奉三母和晓母的说明见本章附录。

二、切韵音系的声母跟普通话声母的关系

切韵音系的四十一个声母演变到现在，在各方音里情况很复杂。现在只谈谈这四十一个声母跟普通话声母的关系，以便了解普通话声母的来龙去脉。

切韵音系的四十一个声母演变到现在普通话的声母，有的基本上保留原来的音值，有的则发生变化或者变化很大。下面分别加以说明：

帮[p]——今音（以下所说的今音都是指普通话的声母）还是[p]，例如崩兵半北。谱圃迫等读[p']，秘泌读[m]是例外。

滂[p']——今音还是[p']，例如蓬潘判品。玻怖等读[p]是例外。

並[b']——普通话没有浊塞声，並母的变化有以下两种情况：

古平声今音变成[p']，例如庞平彭盘。

古仄声（上、去、入）今音变成[p]，例如傍病白（入）拔（入）。

但也有个别的仄声变[p']的，例如叛（去声）。

明[m]——今音还是[m]，例如茫孟幔末。

非[pf]——今音变成[f]，例如匪肤风反。也有个别的变成[p]，例如不。

敷[pf']——今音也变成[f]，例如丰芳费孚。也有个别的变成[p']例如捧。

奉[bv']——今音也变成[f]，例如房肥吠伏。

微[ɱ]——今音多数变成○声母，例如尾武未务。极少数变成[m]，例如曼邙。

端[t]——今音还是[t]，例如东当登德。

透[t']——今音还是[t']，例如通汤忒吞。

定[d']——今音没有浊塞声。定母变化有以下两种情况：

古平声今音变成[t']，例如同唐腾谈。

古仄声（上、去、入）变成[t]，例如洞荡铎（入）独（入）。特（入）突（入）挺等读[t']是例外。

泥[n]——今音还是[n]，例如能男念纳。

娘[ȵ]——今音多数变为[n]，例如女酿聂尼，个别的变为[ʐ]，例如纫。

来[l]——今音还是[l]，例如棱卢论力。

精[ts]和清[ts']——这两个声母的变化跟今音韵母的四呼有关。在今音开口呼和合口呼前精、清还是[ts]、[ts']，在今音齐齿呼和撮口呼前精变成[tɕ]，清变成[tɕ']。开口呼和合口呼合称洪音，齐齿呼和撮口呼合称细音。现在用下边一个表来显示这种变化：

古 音	今 音		
	洪 细	音值	例 字
精 ts	洪音(开合)	ts	灾总组足
	细音(齐撮)	tɕ	尖津俊接
清 ts'	洪 音	ts'	草材餐促
	细 音	tɕ'	浅取亲七

从[dz']——从母的变化更复杂一些，也用下面一个表来显示：

古 音		今 音		
字母	平仄	洪细	音值	例 字
从 dz'	平 声	洪音	ts'	丛才蚕瓷
		细音	tɕ'	钱全墙情
	仄声 （上去入）	洪音	ts	造自杂(入)昨(入)
		细音	tɕ	贱匠静集(入)

心[s]——今音洪音多数还是[s]，例如送桑三岁。个别的是
[ʂ]，例如珊。今音细音是[ɕ]，例如线选想信。

邪[z]——邪母的变化也较复杂，用下表显示：

古 音		今 音		
字母	平仄	洪细	音值	例 字
邪 z	平 声	洪 音	ts'	词辞(少数)
			s	随松(少数)
		细 音	ɕ	详旬涎旋
			tɕ'	囚(少数)
	仄 声	洪 音	s	寺似兕遂
			x	彗(个别字)
		细音	ɕ	羡谢袖序

知[ȶ]——今音变为[tʂ]，例如中张珍竹。

彻[ȶ']——今音变为[tʂ']，例如逞超抽畅。

澄[ȡ']——今音平声变为[tʂ']，例如虫呈陈肠。仄声变为
[tʂ]，例如杜郑阵绽。少数仄声变[ts]，例如择(入)泽(入)。

庄[tʃ]——今音多数变为[tʂ]，例如争抓债壮。少数变为[ts]，例如仄阻邹。

初[tʃ']——今音多数变为[tʂ']，如窗抄楚差。少数变为[ts']，例如策册测。

崇[dʒ']——崇母在今音中变化较复杂，可用下表显示。

古 音		今 音		
字母	平仄	音值	例 字	备 考
崇	平声	tʂ'	愁床锄柴	多数
		ts'	岑	个别的
	仄声	tʂ	状寨栈助	多数
dʒ'		ʂ	士事	少数，限止志两韵
		ts	骤	个别的

生[ʃ]——今音一部分变为[ʂ]，例如山沙双疏。一部分变为[s]，例如所森洒色。

章[tɕ]——今音变为[tʂ]，例如蒸者终烛。

昌[tɕ']——今音变为[tʂ']，例如称川吹触。

船[dʑ']——船母在今音中变化也较复杂，用下表显示：

古 音		今 音		
字母	平仄	音值	例 字	备 考
船	平声	tʂ'	唇乘	少数
		ʂ	绳神蛇	多数
	仄声	ʂ	射顺示食	多数
dʑ'		ʐ	葚	个别的

书[ɕ]——今音变为[ʂ]，例如商升世奢。

禅[ʑ]——今音平声一部分变为[tʂ']，例如承匙垂酬；另一部分变为[ʂ]，例如时殊谁韶。仄声变为[ʂ]，例如受社署逝。

日[nʑ]——今音大部分变为[ʐ]，例如人汝柔染。止摄开口的日母字读[ɚ]，例如儿尔二耳等，成了○声母。

见[k]、溪[kʻ]——见溪两母的变化条件相同，用下面的表显示：

古 音			今 音
字母	洪细	音值	例 字
见 k	洪音	k	归罔干谷
	细音	tɕ	基皆佳菊
溪 kʻ	洪音	kʻ	亏开空哭
	细音	tɕʻ	欺劝区巧
		ɕ	溪墟(少数)

群[gʻ]——群母的变化更复杂些，用下面的表显示：

古 音		今 音			
字母	平仄	洪细	音值	例 字	备 考
群 gʻ	平 声	洪音	kʻ	葵狂逵馗	多数
		细 音	tɕʻ	奇乔穷琴	多数
			tɕ	鲸	个别的
	仄 声	洪 音	k	跪共柜	多数
			kʻ	馈匮	个别的
		细音	tɕ	近技俭局	多数

疑[ŋ]——疑母的变化也很复杂，用下表显示：

古 音	今 音			
	洪细	声母	韵头或韵腹	例 字
疑 ŋ	洪 音	○	a	艾傲岸昂
			o	偶藕(少数)
			ə	饿俄额颚
			u	魏卧五外
		ʐ	u	阮(个别的)
	细 音	n	y、i	虐牛凝拟
		○	i	牙咬眼硬
			y	元鱼月玉

晓[x]、匣[ɣ]——晓匣两母的变化条件相同，用下表显示：

古 音			今 音
晓	洪细	声母	例 字
	洪音	x	毁海汉欢
x	细音	ɕ	虾孝戏休
匣	洪音	x	回寒后合
ɣ	细音	ɕ	咸峡玄穴

影[ʔ]——今音变为○声母，例如安烟翁屋。

云[j]——云母变化到今音有三种情况：（一）变为○声母，例如有王雨卫。这是多数。（二）变为[ɕ]，例如熊雄。（三）变为[ʐ]，例如荣。后两项是少数或个别的。

以○——以母变化到今音有两种情况：（一）还是○声母，例如油维夜育。（二）变为[ʐ]，例如融容，这是少数。

根据以上的分析，从切韵音系声母演变到普通话声母，可以归纳出以下四个主要变化：

（一）全浊声母的消失

切韵音系中浊塞声、浊塞擦声、浊擦声，并奉定从邪澄崇船禅群匣，旧称全浊声母全部消失。普通话中只有一个[ʐ]是浊擦声，但[ʐ]来源于日母。日母的音值是[nʐ]，是次浊也不是全浊。总之，原来的全浊声母在一些方言中如吴语闽语等还保留着，在普通话中全部消失了。古全浊声母变化的大致情况是：浊擦声的多数变为清擦声，少数变为清塞擦声，例如邪禅两母中的一部分字。古浊塞声、浊塞擦声一般是平声送气，例如平[pʻ]、同[tʻ]、才[tsʻ]、呈[tʂʻ]、柴[tʂʻ]、唇[tʂʻ]、狂[kʻ]等。仄声不送气，例如病[p]、洞[t]、造[ts]、杖[tʂ]、状[tʂ]、共[k]等。[1]

———————

① 详见本章第三节"切韵音系的声调"。

（二）舌面音的变化

切韵音系中知组（知、彻、澄）和章组（章、昌、船、书、禅）以及娘母都是舌面音。但这些声母在普通话中都转入其他部位，除娘母外，都转成舌尖后音[tʂ]、[tʂʻ]、[ʂ]。这就是这些声母发音部位的转移。原来的舌面音虽然转入其他部位，但是舌面音又有其他组的声母转来。普通话的舌面音有三个来源：1. 见组的见、溪、群，2. 晓组的晓、匣，3. 精组的精、清、从、心、邪。来源于见、晓组的[k]、[kʻ]、[x]在普通话里不跟[i]、[y]结合，这些声母遇到[i]、[y]时发音部位向前移变成[tɕ]、[tɕʻ]、[ɕ]。来源于精组的[ts]、[tsʻ]、[s]在普通话里也不跟[i]、[y]结合，这些声母遇[i]、[y]时发音部位向后移，也变成[tɕ]、[tɕʻ]、[ɕ]。因此这些来源不同的声母遇到[i]、[y]时就合流了。这样舌面音不但没有消失反而保持了较大的数量。

普通话中的[tɕ]、[tɕʻ]、[ɕ]，凡是从古代见、晓组来的叫做"团音"。凡是从精组来的叫做"尖音"。有的方音能区别这两组音，例如河南一些地方"剑"（古见母）读[tɕian]，"箭"（古精母）读[tsian]。这叫作分尖团。普通话中两者都读[tɕian]，叫做不分尖团。

（三）一些组的声母转为舌尖后音

普通话中的舌尖后音也就是翘舌音[tʂ]、[tʂʻ]、[ʂ]、[ʐ]是切韵音系中没有的。普通话中的[tʂ]、[tʂʻ]、[ʂ]有以下三个来源：(1)知彻澄，其中只有澄母的个别字如择、泽读[ts]。(2)庄初崇生，多数读[tʂ]、[tʂʻ]、[ʂ]，少数读[ts]、[tsʻ]、[s]。(3)章昌船书禅全部变为[tʂ]、[tʂʻ]、[ʂ]。日母的多数变为[ʐ]，少数变为[ər]。

普通话中[tʂ]、[tʂʻ]、[ʂ]跟[ts]、[tsʻ]、[s]有区别。在许多方言中两者不分。如果知道两者的来源也可以帮助掌握这两组音。[tʂ]、[tʂʻ]、[ʂ]的来源多，[ts]、[tsʻ]、[s]的来源少。因此在普通话中[tʂ]、[tʂʻ]、[ʂ]的数量大，约占这两组音加起来总数的三分之二，[ts]、[tsʻ]、[s]则占三分之一。因此凡是不能区别这两组音的，可以只记少数[ts]、[ts']、[s]这一组的，剩下的全是[tʂ]、[tʂ']、[ʂ]这组的，就不必记了。

下表可以显示这两组音的来源：

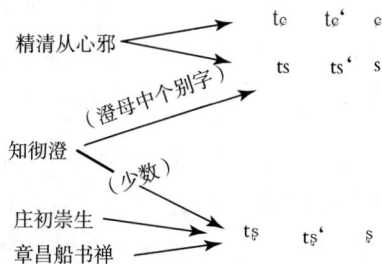

(四)○声母字的增多

在切韵音系中只有以母是○声母。在普通话中○声母字扩大。普通话中的○声母字有以下四个来源：1. 原来的以母字，除极少数如融容变为[ʐ]母字外，多数还是○声母。2. 影母字的全部。3. 疑母字的大部分。4. 云母字的大部分。5. 微母字的多数。

附录

论非、敷、奉、晓
四母，兼及次清音

先谈非、敷、奉三母。非、敷、奉、微(轻唇)是从帮、滂、並、明(重唇)分化出来的。这是从钱大昕以来音韵学家所公认的。到现在非、敷、奉三母在许多方言里已经没有区别，都变成[f]。音韵学者对非、奉两母的存在和差别都是承认的。对敷母的看法分歧较大。有人认为敷母并不存在。在轻唇音跟重唇音分化的同时，从帮母分化出来的轻唇音当时就跟从滂母分化出来的轻唇音合流，因此只有从帮母分化出来的非，并没有从滂母分化出来的敷。李荣先生就有类似的看法。① 王力先生虽然在他的著作中，② 承认有敷母，并把敷母的音拟为[f']，但他又说："有人认为一经分化，[p]和[p']的合口三等立刻合流为[f]，而吐气的[f']根本是不存在的。这话很有道理。"③

主张敷母根本不存在的理由，李荣先生的文章里提了以下几点：

一、唐慧琳《一切经音义》里的反切没有敷母。④

二、宋邵雍《皇极经世》里没有敷母。⑤

三、从唐代留下的口语记录中，可以看出非母跟敷母不分。例如唐高彦休《唐阙史》载咸通（860—873）中优人李可及讲笑话，说释迦如来是妇人，引《金刚经》"敷座而坐"为证，因为"敷座而坐"跟"夫坐儿坐"同音（"儿"是女子自称之词）。可见"夫"（非母）"敷"（敷母）声韵都相同。

慧琳在唐开元时曾住京师西明寺，可见盛唐时就没有敷母。

主张敷母在汉语语音史上存在过的也可以找到以下的理由：

一、根据陈澧《切韵考》归纳反切上字的结果，非母跟敷母是两类，不相混淆。⑥《广韵》、《集韵》的反切上字是这样，唐玄应的《一切经音义》、唐陆德明的《经典释文》所用反切上字也是这样。并且以上各书中所用反切上字，在非敷两类上基本是一致的。

二、《尚书·吕刑》"明明棐常"。《经典释文》在"棐"下注"音匪，又芳鬼反"。《广韵》匪，府尾切。属非母。芳，属敷母。鬼、尾都属尾韵，合口三等。可见这两个音只是声母不同，一个是非母，一

---

① 见李荣《切韵音系》附录三《皇极经世十声十二音解》。

② 如《汉语史稿》上册、《汉语音韵》和《音韵学初步》等。

③ 《汉语史稿》上册（第 112 页）。

④ 见黄淬伯《慧琳一切经音义反切声类考》，《历史语言研究所集刊》1930 年第一本。

⑤ 参看李荣的文章和周祖谟的《宋代汴洛语音考》。

⑥ 见《切韵考》卷二《声类考》。

个是敷母。如果是非敷不分，不可能这样注音。

三、唐末僧人守温提出敷母，《韵镜》、《七音略》、《切韵指掌图》等书都有敷母。如果敷母根本不存在，这种现象也不好理解。

我们认为从重唇音演变到轻唇音，敷母作为一个音类曾经存在过，但敷母的音值并不是[f']。[f']作为一个音位在汉语语音史中没有出现过。

[f']作为一个音素，从生理和物理上说是能够发出来的，这就是在发唇齿清擦声之后，发韵母之前，声门没有立即合拢，仍然开着，有一股较强的气流冲出。在辅音元音之间的这股气流语音学上叫作"流音"。发流音时，声门开着声带不颤动叫作清流，声门合拢，声带颤动叫作浊流。[f']就是清声清流，也叫清声送气；[f]是清声浊流，也就是不送气。擦声送气跟塞声或塞擦声送气性质不同。塞声或塞擦声在除阻之前气流完全阻住，忽然除阻气流迸发而出，因此气流特别强(可用纸条放在唇边试验)。擦声如果送气，气流就没有塞声和塞擦声送气那样强，因为发擦声时在持阻阶段气流并没有完全堵塞。忽然除阻，气流只是比持阻阶段强些，但不像塞声和塞擦声除阻时那样强烈。因此送气的擦声，即使能发出来，它跟不送气的擦声的差别并不显著。在没有听音训练的人听起来，送气的擦声跟不送气的擦声差别很小，不易识认。因此[f]和[f']作为不同的音位，在汉语语音史上是否曾经有过，是值得考虑的。我们考查一下古今汉语的声母，在擦声中用送气和不送气来区别音位的例子，除了有人认为非和敷是这样之外，找不到另外的例子。在切韵音系中晓、心、生、书等都没有送气和不送气的区别。在现代汉语各方言(包括普通话)中也没有发现过在擦声里用送气和不送气区别音位的例子。如果非和敷的区别曾经是擦声送气和不送气的问题，在现代各方言中也没有留下一点痕迹。这都是使人难以理解的。因此王力先生说有人认为"吐气的[f']根本是不存在的。这话

很有道理”。我们相信这话不只是有道理，而且是合乎实际的。用[f‘]作为敷母的拟音，只是某一家或几家的看法，没有充分根据。

上边说[f‘]这个音作为一个音位在汉语语音史上并不存在，并不等于说敷母不存在。这只是说用[f‘]来拟定敷母的音值不妥当。敷母的拟音怎样才合理？我们认为钱玄同先生和罗常培先生给轻唇音拟的音比较合理。两先生的拟音大致相同，如下：

非[pf]敷[pf‘]奉[bv‘]微[ɱ]①

我们认为这样的拟音比较合理，有以下两个理由：

一、帮滂并明变为非敷奉微，是从两唇的塞声变为唇齿的塞擦声，比较自然。唇和齿构成阻碍，因为齿有缝隙容易成为塞擦声。后来由塞擦声又变为擦声，也很自然。

二、[pf]跟[pf‘]的差别听起来比较明显，可以用来构成不同的音位。现在西安方言“追”读[pfei]，“吹”读[pf‘ei]，② 就是用[pf]和[pf‘]来区别的。尽管“追”和“吹”的声母并不是从古轻唇音来的（“追”是知母，“吹”是昌母），但[pf]和[pf‘]可以成为不同的音位，得到了证明。

既然敷母在汉语语音史上存在过，为什么在唐宋有关语音的文献中，有的没有敷母呢？例如慧琳唐开元中曾住京师西明寺，年代较早。据黄淬伯的考证，慧琳的《一切经音义》的反切在唇齿音里有方类，相当于非母；有扶类，相当于奉母；有武类，相当于微母；而没有相当于敷母的一类。为什么这样？这不难理解。据罗常培先生《唐五代西北方音》中的考证，《切韵》中的非[pf]、敷[pf‘]两母第八世纪在西北方言中已经合并成[pf‘]。而慧琳的时代正是八世

---

① 钱先生的拟音见赵荫棠《等韵源流》(第 46 页)。罗先生的拟音见《唐五代西北方音》(第 163－164 页)。

② 见《汉语方音字汇》(第 120 页)。

纪。① 至于陆德明的《经典释文》和玄应的《一切经音义》把非、敷两母分开，是因为他们的时代较早。陆德明（约 550—630）是六世纪到七世纪人。玄应撰写《一切经音义》是在唐贞观时候，② 也属七世纪。到了宋代像《韵镜》、《七音略》等为什么非、敷两母还分开？这是因为一些音韵学家懂得古音类，并且根据旧韵书，因袭旧习惯，所以还把这两母分开。可能当时在多数地区人民群众的口耳中这两母早已不分了。因此一些音韵学家主观上仍然遵守旧习惯要把非、敷两母分开，事实上在多数的反切中也能分开。但因一般人的口耳中不分，有时也影响音韵学家，在少数的反切中也把非、敷两母混起来。例如《广韵》、《集韵》以及贾昌朝的《群经音辨》中也有少数字的反切非、敷两母混用，也有时跟唐人的反切有出入。例如下表：

例字	玄应《一切经音义》		《广韵》		《集韵》		《群经音辨》		备　考
	反切	字母	反切	字母	反切	字母	反切	字母	
孚〔乳〕	方付	非	芳无	敷	芳无	敷			《一切经音义》卷二
犎	妃封	敷	府容	非	方容	非			同上卷十一
葑、封、澍			方用	非	芳用	敷			同上卷十一
放（效也）			分网	非	甫两	非	敷罔	敷	《群经音辨》卷二
甶			分勿	非	敷勿	敷	敷勿	敷	同上卷四

上表中的孚、犎、葑、封、澍、甶，在《广韵》和《集韵》中都没有又音。贾昌朝曾经参与过《集韵》的编定，而他的《群经音辨》在非、敷两母上有时竟跟《集韵》不一致。可见他对这两类音的区分有时也不严格遵守了。

下边谈谈晓母的问题。晓母是舌根清擦声。《韵镜》把晓母定为

---

① 开元元年是公元 713 年。
② 见玄应《一切经音义序》。贞观是公元 627—649 年。

清，《韵镜》中的"清"就是全清，跟心母审母一样。沈括的《梦溪笔谈》、黄公绍的《韵会》、刘鉴的《切韵指南》、旧传司马光的《切韵指掌图》所附邵光祖的《检例》、江永的《音学辨微》等都把晓母定为次清。近人罗常培、王力两先生给晓母拟的音都是[x]。究竟晓母是全清，还是次清？如果是全清应该拟为[x]，如果是次清应该拟为[xʻ]。根据上边对敷母的分析，我们认为汉语的清擦声没有送气和不送气的问题。心、生、书以及后来演变成[f]的非都是如此，可以送气，也可以不送气。送气的跟不送气的是一个音位。晓母的音值可以是[x]，也可以是[xʻ]，其他各清擦声都是如此。因此晓母可以看成是全清，不必算作次清，它的音值就可以拟成[x]，不必拟成[xʻ]，其他各清擦声也是如此。

根据这个认识，就可以确定次清音的范围。罗常培先生在《汉语音韵学导论》中曾经给次清音下了一个定义，他说："次清者即送气不带音之塞声、塞擦声及不带音之擦声也。"[①]他根据一些文献把晓母定为次清，因此次清的定义包括了送气不带音的擦声。我们认为清擦声既没有送气和不送气的问题，次清中就可以不包括清擦声，不管它实际上送气或不送气。如果让我们给次清下一个定义，那就是次清是指送气的清塞声和清塞擦声。

现在把我这篇文章的主要论点概括如下：

一、敷母在汉语语音史上存在过。它的音值应该是[pfʻ]，不应该是[fʻ]。[fʻ]作为一个音位，在汉语语音史上不存在。

二、汉语语音中清擦声没有送气和不送气的问题。晓母跟其他清擦声一样，也没有送气不送气的问题。因此晓母不必算作次清。

三、次清包括送气的清塞声和送气的清塞擦声，不包括清擦声，不管它实际上送气不送气。

---

① 见《汉语音韵学导论》（第43页）。

第二节　切韵音系的韵部和韵母

一、切韵音系的韵部和韵母以及四声的配合

在绪论里曾经提到韵部跟韵母不同。《广韵》中的二百零六韵都是韵部。一个韵部中可能只包括一个韵母，也可能包含几个韵母。清陈澧在他的《切韵考》中根据《广韵》的反切下字归纳整理，把各韵部中的韵母分析出来。宋代以来等韵学家的韵图用四等两呼的办法也把韵部中的不同韵母分列出来。陈澧的分析跟《韵镜》、《七音略》等韵图所列基本相同。赵元任先生的《方音调查表格》、科学院语言研究所的《方言调查字表》也是用表格把各韵部的韵母分别列出。下边按十六摄和二百零六韵以及四声的配合列了一个表，把各韵母分开，加上王力先生的拟音。关于这个表有三点说明：

（一）表中每一组，如果是三个韵部，声调的顺序是平、上、去。如果是四个韵部，第四个韵部是入声。① 如果在平上去三声中声调不全，所缺的声调用〇表示。

（二）如果在一个组里各韵部只有一个韵母，就只标等、呼和拟音。如果有几个韵母，每个韵母用一个字为代表，后边加上等、呼和拟音。在平、上、去中选一个平声字来代表一个韵母。没有平声的组选其他声调的字。

（三）表中所标的等、呼是根据韵母，不牵涉到声母。韵图中有时根据声母定等，因此这个表中的等有时跟韵图（如《韵镜》、《七音略》等）不一致。这个问题在后边介绍《韵镜》时再详细谈。

---

① 　在切韵音系里入声只跟有鼻声韵尾的韵母相配。详见绪论。

果摄

歌哿箇

　　ɑ(开口一等)

戈果过

　　伽 ĭɑ(开口三等,限戈韵)、^① 科 uɑ(合口一等)、靴 ĭuɑ(合口三等,限戈韵)

假摄

麻马祃

　　嘉 a(开口二等)、车 ĭa(开口三等)、华 wa(合口二等)

遇摄

鱼语御

　　ĭwo(合口三等)

虞麌遇

　　ĭu(合口三等)

模姥暮

　　u(合口一等)

蟹摄

齐荠霁

　　鸡 iei(开口四等)、圭 iwei(合口四等,限齐和霁韵)

○○祭

　　蔽 ĭɛi(开口三等)、岁 ĭwɛi(合三口等)

○○泰

　　盖 ɑi(开口一等)、外 uɑi(合口一等)

---

① ĭ 上的 ˘ 表示短元音,以下同此。

佳蟹卦

　　柴 ai（开口二等）、蛙 wai（合口二等）

皆骇怪

　　排 ɐi（开口二等）、乖 wɐi（合口二等，限皆和怪韵）

○○夬

　　败 æi（开口二等）、快 wæi（合口二等）

灰贿队

　　uɒi（合口一等）

哈海代

　　ɒi（开口一等）

○○废

　　刈 ǐɐi（开口三等）、肺 ǐwɐi（合口三等）

止摄

支纸寘

　　奇 ǐe（开口三等）、危 ǐwe（合口三等）

脂旨至

　　饥 i（开口三等）、追 wi（合口三等）

之止志

　　ǐə（开口三等）

微尾未

　　机 ǐəi（开口三等）、归 ǐwəi（合口三等）

效摄

萧篠啸

　　ieu（开口四等）

宵小笑

　　ǐɛu（开口三等）

肴巧效

    au(开口二等)

豪晧召

    ɑu(开口一等)

流摄

尤有宥

    ǐəu(开口三等)

侯厚候

    əu(开口一等)

幽黝幼

    iəu(开口三等)

咸摄

覃感勘合

    ɒm(开口一等)、入声 ɒp(开口一等)

谈敢阚盍

    ɑm(开口一等)、入声 ɑp(开口一等)

盐琰艳叶

    ǐɛm(开口三等)、入声 ǐɑp(开口三等)

添忝掭帖

    iem(开口四等)、入声 iep(开口四等)

咸豏陷洽

    ɐm(开口二等)、入声 ɐp(开口二等)

衔槛监狎

    am(开口二等)、入声 ap(开口二等)

严俨酽业

    ǐɐm(开口三等)、入声 ǐɐp(开口三等)

凡范梵乏

　　ǐwɐm(合口三等)、入声 ǐwɐp(合口三等)

深摄

侵寝沁缉

　　ǐěm(开口三等)、入声 ǐěp(开口三等)

山摄

元阮愿月

　　言 ǐɐn(开口三等)、园 ǐwɐn(合口三等)

　　入声揭 ǐɐt(开口三等)、厥 ǐwɐt(合口三等)

寒旱翰曷

　　ɑn(开口一等)、入声 ɑt(开口一等)

桓缓换末

　　uɑn(合口一等)、入声 uɑt(合口一等)

删潸谏鎋

　　颜 an(开口二等)、弯 wan(合口二等)

　　入声辖 at(开口二等)、刷 wat(合口二等)

山产裥黠

　　闲 æn(开口二等)、鳏 wæn(合口二等，限山和裥韵)

　　入声拔 æt(开口二等)、滑 wæt(合口二等)

先铣霰屑

　　坚 ien(开口四等)、涓 wen(合口四等)

　　入声结 iet(开口四等)、穴 iwet(合口四等)

仙狝线薛

　　连 ǐɛn(开口三等)、泉 ǐwɛn(合口三等)

　　入声别 ǐɛt(开口三等)、雪 ǐwɛt(合口三等)

臻摄

真轸震质

iĕn(开口三等)、入声 iĕt(开口三等)①

谆準稕术

ĭuĕn(合口三等)、入声 ĭuĕt(合口三等)

臻○○栉②

ien(开口三等)、入声 iet(开口三等)

文吻问物

ĭuən(合口三等)、入声 ĭuət(合口三等)

欣隐焮迄

ĭən(开口三等)、入声 ĭət(开口三等)

魂混慁没

uən(合口一等)、入声 uət(合口一等)

痕很恨(没)③

ən(开口一等)、入声 ət(开口一等)

宕摄

阳养漾药

　　强 ĭaŋ(开口三等)、狂 ĭwaŋ(合口三等)

　　入声脚 ĭak(开口三等)、缚 ĭwak(合口三等)

唐荡宕铎

　　冈 ɑŋ(开口一等)、光 uɑŋ(合口一等)

　　入声各 ɑk(开口一等)、郭 uɑk(合口一等)

江摄

江讲绛觉

---

　　① 在这一条下，王力先生还有 iwen 和 iwet 两个拟音。iwen 是《广韵》真韵困等的拟音，应该是合口三等。iwet 是《广韵》质韵帅、率等的拟音，也应该是合口三等。困等的反切下字是伦，应该归入谆韵（《集韵》就是把困等归入谆韵）。帅等的反切下字是律，应该归入术韵。《韵镜》、《七音略》真轸震质没有合口。《方言调查字表》这几个韵部也没有合口。

　　② 这一组上声有"榛"等并入隐韵，去声有"龀"并入焮韵。

　　③ 这一组的入声字麧、纥等，因字少附在没韵里。

ɔŋ(开口二等)、入声 ɔk(开口二等)

曾摄

蒸拯证职

冰 ǐəŋ(开口三等)、入声力 ǐək(开口三等)、域 ǐwək(合口三等)

登等嶝德

能 əŋ(开口一等)、弘 uəŋ(合口一等)

入声则 ək(开口一等)、国 uək(合口一等)

梗摄

庚梗映陌

彭 ɐŋ(开口二等)、迎 ǐɐŋ(开口三等)、横 wɐŋ(合口二等)、荣 ǐwɐŋ(合口三等)

入声格 ɐk(开口二等)、逆 ǐɐk(开口三等)、虢 wɐk(合口二等)

耕耿诤麦

争 æŋ(开口二等)、宏 wæŋ(合口二等，限耕、诤两韵)

入声隔 æk(开口二等)、获 wæk(合口二等)

清静劲昔

轻 ǐɛŋ(开口三等)、倾 ǐwɛŋ(合口三等，限清、静两韵)

入声掷 ǐɛk(开口三等)、役 ǐwɛk(合口三等)

青迥径锡

经 ieŋ(开口四等)、萤 iweŋ(合口四等，限青、迥两韵)

入声激 iek(开口四等)、阒 iwek(合口四等)①

通摄

东董送屋

公 uŋ(合口一等)、弓 ǐuŋ(合口三等，限东、送两韵)

---

① 阒今音[tɕʻy]，见《韵镜》。

入声谷 uk(合口一等)、菊 iuk(合口三等)

冬〇宋沃①

uoŋ(合口一等)、入声 uok(合口一等)

钟肿用烛

ĭwoŋ(合口三等)、入声 ĭwok(合口三等)

以上共计 16 摄，206 韵部。如果把音素结构相同的而平上去声调不同的各韵母归并成一个，切韵音系共有韵母 140 个。

二、十六摄二〇六韵跟普通话韵母的关系

切韵音系 206 个韵部 140 个韵母跟现在普通话的韵母比较发生了很大的变化。下面用表格表示这种变化。其中古韵部只举平声和入声。因为平声的音值，除音高音长的变化外，跟上去相同。

古　音			今　音		
摄	韵部	拟音	音值	例　字	跟古声母的关系
果摄	歌	ɑ	ɣ	哥贺俄阿	见系多数
			uo	多拖罗惰	端系多数，见系少数
			a	他大	端系少数
	戈	ĭa	ie	茄	见系个别字
		uɑ	o	波婆魔破	帮系
		ĭuɑ	ye	靴	晓组个别字
假摄	麻	a	a	巴拿马茶	帮系、知系多数、端系少数
			ia	家牙虾鸦	见系
		ĭa	ie	些且写也	精组、影组、知组个别字
			ɣ	车蛇者舍	章组
		wa	ua	瓜花瓦洼	见系
			a	傻	知系少数字

---

① 这一组的上声有"渳""鶺""胧"三字并入肿韵。

续表

古 音			今 音		
摄	韵部	拟音	音值	例 字	跟古声母的关系
遇摄	模	u	u	铺都姑乌	帮系、端系、见系
	鱼	ǐwo	y	女吕蛆徐居语虚余	泥组、精组、见系
			u	猪初书如	知系
			uo	所	生母个别字
	虞	ǐu	u	夫株刍儒	非组、知系
			y	缕趋枸榆	泥组、精组、见系
蟹摄	齐	iei	i	批低鸡诣	帮系、端系、见系
		iwei	uei	圭桂惠彗	见系多数
			ie	携	匣母个别字
	祭	ǐɛi	i	蔽例际艺	帮系、端系、见系
			ʅ	滞制世逝	知系
		ǐwɛi	uei	脆缀税卫	精组、知系、见系
	泰	ɑi	ei	贝沛	帮组
			ai	带奈蔡盖	端系、见系
		uɑi	uei	兑最绘	端系多数、见系多数
			uɑi	会(～计)刽外	见组
	佳	ai	ai	牌奶柴矮	帮组、泥组、影组
			ia	佳涯崖	见组一部分
			ie	解懈	见组一部分
		wai	ua	挂画蛙	见系
			uai	歪拐	见系
	皆	ɐi	ai	排斋揩挨	帮组、庄组、见系少数
			ie	皆介谐械	见系多数
		wɐi	uai	乖怪淮坏	见系
	夬	æi	ai	败迈寨	帮组、庄组
		wæi	uai	快	见组
			ua	话	晓组

古 音			今 音		
摄	韵部	拟音	音值	例 字	跟古声母的关系
蟹摄	灰	uɒi	ei	杯梅雷内	帮组、泥组
			uei	堆催魁回	端组、精组、见系多数
			uai	块	见组少数
	咍	ɒi	ai	台才开哀	端系、见系
	废	ĭɐi	i	刈	疑母
		ĭwɐi	ei	废肺吠	非组
			uei	秽	影母
止摄	支	ĭe	i	皮离徙奇	帮组、来母、精组少数、见系
			ei	碑被	帮组少数
			ɿ	雌斯紫刺	精组多数
			ʅ	知枝施是	知系多数
			ai	筛	庄组少数
			ər	儿尔	日组
		ĭwe	uei	随吹蕊毁	精组、章组、日组见系
			ei	累	泥组
			uai	揣	庄组
	脂	i	i	比地饥夷	帮组多数、端组、泥组、见系
			ei	悲眉备媚	帮组少数
			ɿ	资私姊四	精组
			ʅ	迟师旨视	知组、庄组、章组
			ər	二贰	日组
		wi	ei	垒类泪	泥组
			uei	虽追水葵	精组、知组、章组、见系
			uai	衰帅率	庄组
			i	季悸	见系少数字
	之	ĭə	i	你李基医	泥组、见系
			ɿ	兹子滓辎	精组、庄组一部分
			ʅ	持使止时	知组、庄组一部分、章组

古 音			今 音		
摄	韵部	拟音	音值	例 字	跟古声母的关系
止摄	之	iə	ɤ	厕	庄组少数字
			ər	而耳饵	日组
	微	ĭəi	i	岂毅希衣	见系
		ĭwəi	uei	尾未归威	微母、见系
			ei	飞肥匪费	非组多数
效摄	萧	ieu	iau	条聊浇尧	端系、见系
	宵	ĭɛu	iau	标小骄摇	帮组多数、见系
	宵	ĭɛu	au	朝招韶绕	知系、帮组个别字
	肴	au	au	包铙抄拗	帮组、泥组、知组庄组多数、影组
			iau	交巧咬孝	见、晓组
			ua	抓爪	庄组少数
	豪	ɑu	au	毛刀高奥	帮组、端系、见系
流摄	尤	ĭəu	iou	流秋求由	泥组、精组、见系
			ou	谋抽搜柔	非组一部分、明母少数、知系
			u	妇负富复	非组一部分
			au	矛	明母个别字
	侯	əu	ou	剖斗沟欧	帮组一部分、端系、见系
			au	茂贸	帮组少数字
			u	母牡亩戊	帮组一部分
	幽	iəu	iou	谬纠黝幼	帮组一部分、见系
			iau	彪	帮组少数字
咸摄	覃	ɒm	an	贪蚕堪暗	端系、见系
	合(人)	ɒp	a	答纳拉杂	端系
			ɤ	鸽喝盒合	见系
	谈	ɑm	an	担蓝甘酣	端系、见系
	盍(人)	ɑp	a	塔塌腊卅	端系
			ɤ	磕盍	见系
	盐	ĭɛm	ian	贬尖险炎	帮系、端系、见系

续表

古　音			今　音		
摄	韵部	拟音	音值	例　字	跟古声母的关系
咸摄	盐	ǐɛm	an	沾陕闪占	知系
	叶(入)	ǐɛp	ie	猎接捷叶	泥、精、影组
			ɤ	辄摺摄涉	知系
	添	iem	ian	甜念兼嫌	端系、见系
	帖(入)	iep	ie	贴蝶叠挟	端组、晓组多数
			ia	侠	晓组少数
	咸	ɐm	an	杉馋斩蘸	知组、庄组
			ian	缄减陷馅	见系
	洽(入)	ɐp	a	闸插眨炸	知组、庄组
			ia	夹恰掐峡	见系
	衔	am	an	搀衫谗忏	庄组
			ian	监嵌槛	见系
	狎(入)	ap	ia	甲匣狎压	见系
	严	ǐɐm	ian	俨腌剑	见系
	业(入)	ǐɐp	ie	劫怯业胁	见系
	凡	ǐwɐm	an	帆范犯泛	非组
	乏(入)	ǐwɐp	a	法乏	非组
深摄	侵	ǐěm	in	品林心今音	帮组、泥组、精组、见系
			en	沉森深壬	知系
			iŋ	禀	帮组个别字
	缉(入)	ǐěp	i	立习急邑	泥组、精组、见系
			ɤ	蛰涩	知系少数字
			ʅ	执汁湿十	章组
			u	入	日组少数字
山摄	元	ǐěn	ian	建言掀堰	见系多数
			yan	轩	见系个别字
		ǐwɐn	an	番烦反饭	非组多数
			uan	晚万阮宛	非组和见系少数字

续表

古音			今音		
摄	韵部	拟音	音值	例 字	跟古声母的关系
山摄	元	iwɐn	yan	原劝园远	见系多数字
	月(入)	iɐt	ie	揭竭歇谒	见系
		iwɐt	a	发伐筏罚	非组多数字
			ua	袜	微母
			ye	阙掘越曰	见系
	寒	ɑn	an	单难看安	端系、见系
	曷(入)	ɑt	a	达辣擦撒	端系
			ɣ	割葛渴喝	见系
	桓	uɑn	uan	端卵管碗	端系、见系
			an	般盘半漫	帮组
	末(入)	uɑt	o	拨泼末抹	帮组多数
			a	跋	帮组个别字
			uo	夺脱括活	端系、见系
	删	an	an	班慢栈讪	帮组、庄组
			ian	奸谏颜晏	见系
		wan	uan	拴关患顽	庄组、见系
	鎋(入)	at	a	铡瞎辖	庄组、见系
		wat	ua	刷刮	庄组、见系
	山	æn	an	办绽盏产	帮组、知系
			ian	间柬限眼	见系
		wæn	uan	鳏幻	见系
	黠(入)	æt	a	拔扎察杀	帮组、庄组
		wæt	ua	滑猾挖	见系
	先	ien	ian	边天肩烟	帮组、端系、见系
		iwen	yan	涓犬玄渊	见系
	屑(入)	iet	ie	撇铁结噎	帮组、端系、见系
		iwet	ye	决缺血穴	见系
	仙	iɛn	ian	鞭连乾延	帮组、端系、见系

续表

古 音			今 音		
摄	韵部	拟音	音值	例 字	跟古声母的关
山摄	仙	iɛn	an	缠展蝉善	知系
		ǐwɛn	yan	全宣捲圆院	精组、见系
			uan	传川船软	知系
	薛(入)	iɛt	ie	别列杰孽	帮系、端系多数、见组
			ɤ	哲折舌热	知系
			ye	薛	精组个别字
		ǐwɛt	ye	绝雪悦阅	精组、影组
			uo	辍拙说	知系
山摄	薛(入)	ǐwɛt	ie	劣	泥组个别字
臻摄	真	iĕn	in	宾邻巾因	帮组、见系
			en	珍陈身人	知系
	质(入)	iĕt	i	笔栗吉一	帮组、端系、见系
			ʅ	佚秩实日	知系多数
			ie	诘	见组个别字
	谆	ǐuĕn	uən	伦遵春盾	端系一部分、知系
			yn	俊旬均匀	精组一部分、见系
	术(入)	ǐuĕt	u	卒绌出述	精组
			y	律戌恤橘	泥组、精组一部分、见系
			uai	率蟀	庄组
	臻	iĕn	ən	榛臻	庄组
	栉(入)	iĕt	ɤ	瑟	生母一部分
			ʅ	虱	生母一部分
	文	ǐuən	ən	分焚愤份	非组多数
			uən	蚊闻吻问	微母
			yn	君群训云	见系
	物(入)	ǐuət	u	弗拂勿绂	非组多数
			o	佛	非组少数
			y	屈鬱	见系一部分

续表

古 音			今 音		
摄	韵部	拟音	音值	例 字	跟古声母的关系
臻摄	物(入)	iuət	ye	掘倔	见系一部分
	欣	iən	in	斤勤近隐	见系
	迄(入)	iət	i	讫乞屹	见系
	魂	uən	ən	奔喷盆门	帮组
			uən	敦尊昏温	端系、见系
	没(入)	uət	u	突卒骨忽	端系、见系
			o	勃脖馞殁	帮组
	痕	ən	ən	根恳很恩	见系
			uən	吞	透母
	(没)(入)	ət	ɣ	纥	匣母
宕摄	阳	iaŋ	iaŋ	良将姜羊	泥组、精组、见系
			aŋ	张昌商壤	知组、章组、日组
			uaŋ	装牂霜爽	庄组
		iuaŋ	aŋ	方傍放房	非组多数
			uaŋ	望筐狂王	微母、见系
	药(入)	iak	ye	略雀虐约	泥组、精组一部分、见系一部分
			iau	嚼药脚	精组一部分、见系一部分
			uo	着酌绰若	知组一部分、章组一部分、日组
			au	着(~火)勺芍	知系一部分
		iuak	u	缚	非组
			ye	钁攫	见组
	唐	ɑŋ	aŋ	旁当康昂	帮组、端系、见系
		uɑŋ	uaŋ	光旷黄汪	见系
	铎(入)	ɑk	o	博薄泊摸	帮组多数
			u	幕	帮组少数
			uo	托诺落作	端系多数
			ɣ	各鄂鹤乐	见系、端系少数
		uɑk	uo	郭扩廓霍	见系

续表

古 音			今 音		
摄	韵部	拟音	音值	例 字	跟古声母的关系
江摄	江	ɔŋ	aŋ	帮庞棒胖	帮组
			uaŋ	桩撞窗双	知系
			iaŋ	腔讲降项	见系
	觉(入)	ɔk	o	剥驳	帮组一部分
			au	雹	帮组少数
			u	璞朴	帮组一部分
			uo	桌啄捉握	知系、影组
			ye	确岳乐学	见系多数
			iau	角	见系少数
曾摄	蒸	iəŋ	iŋ	冰陵兢应	帮组、见系多数
			əŋ	澄称升仍	知系
			yn	孕	见系个别字
	职(入)	iək	i	逼力极忆	帮组、端系、见系
			ɿ	直织食植	知组、章组
			ɤ	侧测恻色	庄组
		iwək	y	域	影组
	登	əŋ	əŋ	朋灯能增恒	帮组、端系、见系一部分
			ən	肯亘	见系一部分
		uəŋ	uŋ	弘	晓组
	德(入)	ək	ei	北贼黑	帮组、精组少数字、见系少数字
			o	墨默	帮组一部分
			ɤ	得勒则刻	端系多数字、见系一部分字
		uək	uo	国或惑	见系
梗摄	庚	ɐŋ	əŋ	猛冷生更	帮组多数、泥组、知系、见系部分字
			iŋ	行硬杏	见系部分字
			a	打	端系个别字
		iɐŋ	iŋ	兵明京英	帮组、见系
			in	皿	帮组个别字

古　音			今　音		
摄	韵部	拟音	音值	例　字	跟古声母的关系
梗 摄	庚	wɐŋ	uaŋ	矿	见组
			əŋ	横	晓组
		ǐwɐŋ	yŋ	兄永泳咏	影组
	陌(入)	ɐk	ai	百拍拆窄	帮组一部分、知系一部分
			o	迫魄帛珀	帮组一部分
			ɤ	泽格客额	知组一部分
		ǐɐk	i	碧戟隙逆	帮组、见组
	陌(入)	wɐk	uo	虢	见母
	耕	æŋ	əŋ	棚萌橙争耿	帮组多数、知系、见系个别字
			aŋ	浜	帮组个别字
			iŋ	茎幸莺樱	见系多数字
		wæŋ	uŋ	轰宏	晓组
	麦(入)	æk	ai	麦脉摘	帮组、知系少数
			ɤ	责策革扼	知系多数、见系
			a	栅	知系个别字
		wæk	uo	获	晓组一部分
			ua	划	晓组一部分
	清	ǐɛŋ	iŋ	名令精轻盈	帮组多数、端系、见系
			əŋ	呈正声成	知系多数
			in	聘	帮组个别字
			ən	贞侦	知系个别字
		ǐwɛŋ	iŋ	倾顷营颖	见系多数字
			yn	琼	见系个别字
	昔(入)	ǐɛk	i	璧积夕益	帮组、端系、见系多数
			ɿ	掷赤适石	知系多数
			ɤ	射	知系个别字
			ie	液腋	见系少数字
			uo	硕	章组少数字

续表

古 音			今 音		
摄	韵部	拟音	音值	例 字	跟古声母的关系
梗摄	昔(入)	iwek	i	疫役	影组
	青	ieŋ	iŋ	瓶丁灵青经形	帮系、端系、见系多数
			in	馨	晓组个别字
		iweŋ	iŋ	萤	晓组一部分
			yŋ	迥	晓组一部分
	锡(入)	iek	i	壁的历绩击	帮系、端系、见系多数
			ʅ	吃	见系个别字
		iwek	y	闃(今音 tɕʻy)殈(今音 ɕy)	见系(见《韵镜》)
通摄	东	uŋ	əŋ	蓬篷蒙幪	帮组
			uŋ	东笼丛公红翁	端系、见系
		ĭuŋ	əŋ	风丰讽梦	非组、明母
	屋(入)	uk	u	卜秃鹿族谷斛	帮组、端系、见系
		ĭuk	u	福陆肃竹叔	非组、泥组一部分、精组、知组多数、章组多数
			y	菊畜郁育	见系
			iou	六	泥组个别字
			ou	轴粥肉	知、章、日三组中少数字
			uo	缩	庄组个别字
	冬	uoŋ	uŋ	冬统农宗	端系
	沃(入)	uok	u	督笃毒酷	端组、见组
			uo	沃	影组
	钟	iwoŋ	əŋ	封俸逢奉	非组
			uŋ	龙从重茸恭容	端系、知系、见系部分
			yŋ	胸雍勇庸	晓组、影组多数
	烛(入)	iwok	u	录足烛辱	端系多数字、知系
			y	绿曲局玉旭欲	端系少数字、见系

从上表可以看出从切韵音系韵母到普通话韵母有很大变化。从

总的趋势说韵母的数量减少。普通话的韵母是 36 个，这就是：

| a | o | ɤ | ai | ei | au | ou | an | ən | aŋ |

| əŋ | i | ia | ie | iau | iou | ian | in | iaŋ | iŋ |

| u | ua | uo | uai | uei | uan | uən | uaŋ | uəŋ① |

| y | ye | yan | yn | yŋ | ər | ï(ɿ、ʅ) |

这 36 个韵母同切韵音系的 206 韵的分法不同，206 韵是韵部不是韵母，而这 36 个是韵母。韵部和韵母的区别在前边第一章绪论里已经谈过。另外 206 韵是把音素结构相同而声调不同的韵母加以区别，如麻、马、祃，鱼、语、御之类。这 36 个韵母是对音素结构相同而声调不同的韵母不加区别。因此计算韵母的多少时，对切韵音系的 206 韵还要加以归并，也就是把切韵音系中音素结构相同而平上去声调不同的各韵归并，那切韵音系的韵母就是 140 个，从这 140 个韵母演变到普通话的 36 个韵母，减少的数量是很大的。

以下分别谈谈从切韵音系韵母到普通话韵母的主要变化：

（一）入声韵的消失

切韵音系中有附带塞声韵尾[-p]、[-t]、[-k]的三种入声字。这三种入声字也叫促声，其他非入声字也叫舒声。促声跟舒声的区别不只是音高音长的变化不同，主要是音素结构不同。这三种入声字演变到普通话，塞声韵尾全部消失。例如：

臘[lap]→[la]

别[piɛt]→[pie]

哭[kʻuk]→[kʻu]

这样在普通话中原来入声的"臘"就跟"大"（去声箇韵）"那"（去声箇韵）等同韵了。入声"别"就跟"邪"（平声麻韵）"偕"（平声皆韵）等同韵了。入声"哭"就跟"都"（平声模韵）"初"（平声鱼韵）等同韵

---

① 汉语拼音方案把[uəŋ]分成(ueng)和(ong)。

了。这样韵母的数量就减少了。

（二）[-m]韵尾归并于[-n]韵尾，[-m]韵尾消失

例如：

担[tɑm]→[tan]

甘[kɑm]→[kan]

炎[jiɛm]→[ian]

贬[piɛm]→[pian]

这样"担"（平声谈韵）就跟"丹""单"（都是平声寒韵）同音了。"甘"（平声谈韵）就跟"干""竿"（都是平声寒韵）同音了。"炎"（平声盐韵）就跟"颜"（平声删韵）"言"（平声元韵）同音了。"贬"（上声琰韵）就跟"扁""匾"（都是上声铣韵）同音了。这样韵母的数量也就减少了。

（三）声音相近的归并

例如：

褒[pɑu]（平声豪韵）、包[pau]（平声肴韵）普通话都读[pau]。

燎[liɛu]（平声宵韵）、聊[lieu]（平声萧韵）普通话都读[liau]。

尊[tsuən]（平声魂韵）、遵[tsǐuěn]（平声谆韵）普通话都读[tsuən]。

哽[kɐŋ]（上声梗韵）、耿[kæŋ]（上声耿韵）普通话都读[kəŋ]。

棕[tsuŋ]（平声东韵）、宗[tsuoŋ]（平声冬韵）普通话都读[tsuŋ]。

这样韵母也减少了。

（四）由两呼八等变为四呼

关于切韵音系的两呼八等（开口四等和合口四等）跟今音四呼的区别，在绪论的第三节中已经谈过。从切韵音系的两呼八等演变成今音的四呼，大致情况如下：

1. 古开口一二等变为今音的开口呼，例如：

丹[tɑn]（古寒韵，开口一等）→丹[tan]（今开口呼）

毛[mɑu]（古豪韵，开口一等）→毛[mau]（今开口呼）

班[pan]（古删韵，开口二等）→班[pan]（今开口呼）

茅[mau]（古肴韵，开口二等）→茅[mau]（今开口呼）

2. 古开口三四等变为今音的齐齿呼，例如：

连[liɛn]（古仙韵，开口三等）→连[lian]（今齐齿呼）。

疗[liɛu]（古笑韵，开口三等）→疗[liau]（今齐齿呼）

怜[lien]（古先韵，开口四等）→怜[lian]（今齐齿呼）

寥[lieu]（古萧韵，开口四等）→寥[liau]（今齐齿呼）

3. 古合口一二等变为今音合口呼，例如：

过[kuɑ]（古戈韵，合口一等）→过[kuo]（今合口呼）

光[kuɑŋ]（古唐韵，合口一等）→光[kuaŋ]（今合口呼）

关[kwan]（古删韵，合口二等）→关[kuan]（今合口呼）

瓜[kwa]（古麻韵，合口二等）→瓜[kua]（今合口呼）

4. 古合口三四等变成今音撮口呼，例如：

圆[jiwɛn]（古仙韵，合口三等）→圆[yan]（今撮口呼）

驹[kĭu]（古虞韵，合口三等）→驹[tɕy]（今撮口呼）

渊[ʔiwen]（古先韵，合口四等）→渊[yan]（今撮口呼）

迥[ɣiweŋ]（古迥韵，合口四等）→迥[tɕyŋ]（今撮口呼）

以上这四种变化是就一般的趋势说的，就全面来说两呼八等的变化并不是整齐的，例如古开口一二等有时没有变成开口呼而变成齐齿呼或合口呼等，其他三种也有类似的情况。这主要是受声母的影响。以下分别谈谈切韵音系的两呼八等受不同声母的影响所产生的不同的变化：

1. 古开口二等韵遇见系声母多数不变为开口呼，而变为齐齿呼，例如：

家[ka]（古见母，麻韵，开口二等）→家[tɕia]（今音齐齿呼，以下各例的今音都是齐齿呼，不一一注明）

佳[kai]（古见母佳韵，开口二等）→佳[tɕia]

衔[ɣam]（古匣母，衔韵，开口二等）→衔[ɕian]

间[kæn]（古见母，山韵，开口二等）→间[tɕian]

江[kɔŋ]（古见母，江韵，开口二等）→江[tɕiaŋ]

敲[k'au]（古溪母，肴韵，开口二等）→敲[tɕ'iau]

2. 江摄各韵都是开口二等，遇知系声母不变开口呼而变为合口呼，例如：

桩[tɔŋ]（古江韵，以下各例都是江韵字，不再注出）→[tʂuaŋ]（今音合口呼，以下同此）。

撞[ȡ'ɔŋ]→[tʂuaŋ]

窗[tʃ'ɔŋ]→[tʂ'uaŋ]

双[ʃɔŋ]→[ʂuaŋ]

3. 古开口三等遇知系声母不变为齐齿呼，而变为开口呼。①例如：

车[tɕ'ia]（古昌母麻韵开口三等）→车[tʂ'ɤ]（今音开口呼，以下各例今音都是开口呼，不再加注）

迟[ȡ'i]（古澄母脂韵开口三等）→迟[tʂ'ɿ]

朝[ȶĭɛu]（古知母宵韵开口三等）→朝[tʂau]

正[tɕĭɛŋ]（古章母劲韵开口三等）→正[tʂəŋ]

以上的情况是因为知系声母在普通话中变为舌尖后音，普通话中舌尖后音不跟齐齿呼结合，所以变为开口呼。开口三等跟知组结合时也有个别字因为声母没有变成舌尖后音，今音韵母仍变为齐齿呼，例如：

爹[ȶĭa]（古知母麻韵开口三等）→爹[tie]（今音齐齿呼）

4. 古流摄开口三等韵母遇非组声母多数不变为齐齿呼而变为

_____

① 知系声母不跟四等韵结合，详见第四节。

合口呼，例如：

浮［bvʻiəu］（古奉母尤韵开口三等）→浮［fu］（今音合口呼，以下三例同此）

妇［bvʻiəu］（古奉母有韵开口三等）→妇［fu］

富［pfiəu］（古非母宥韵开口三等）→富［fu］

复［bvʻiəu］（古奉母宥韵开口三等）→复［fu］

流摄开口三等韵，还有一部分遇非组声母（包括明母）变成开口呼，例如：

否［pfiəu］（古非母有韵开口三等）→否［fou］（今音开口呼）

谋［miəu］（古明母尤韵开口三等）→谋［mou］（今音开口呼）

矛［miəu］（古尤韵开口三等）→矛［mau］（今音开口呼）

5. 古合口一等韵母遇到帮组声母，只有今音是［u］韵的变成合口呼，例如"铺"（古模韵合口一等）今音读［pʻu］是合口呼。其他都变为开口呼，例如：

杯［puɒi］（古帮母灰韵合口一等）→杯［pei］（今音开口呼，以下三例同此）

般［puɑn］（古帮母桓韵合口一等）→般［pan］

盆［bʻuən］（古并母魂韵，合口一等）→盆［pʻən］

蓬［bʻuŋ］（古并母东韵，合口一等）→蓬［pʻəŋ］

以上情况的原因是普通话两唇音声母只跟［u］韵结合，不跟其他合口呼韵母结合。

合口二等韵跟晓组声母结合时，有时也变为开口呼，例如：

横［ɣwɐŋ］（古匣母庚韵，合口二等）→横［xəŋ］（今音开口呼）

6. 古合口三等韵遇知系声母不变撮口呼而变成合口呼，例如：

猪［ȶiwo］（古知母鱼韵，合口三等）→猪［tʂu］（今音合口呼，以下三例同此）

除［ȡʻiwo］（古澄母鱼韵，合口三等）→除［tʂʻu］

崇[dʒʻĭuŋ]（古崇母东韵，合口三等）→崇[tʂʻuŋ]

终[tɕĭuŋ]（古章母东韵，合口三等）→终[tʂuŋ]

以上情况的原因是普通话中舌尖后音不跟撮口呼结合。

7. 古合口三等韵遇非组声母不变撮口呼，一小部分变成合口呼，例如：

夫[pfĭu]（古非母虞韵，合口三等）→夫[fu]（今音合口呼，下一例同此）

无[ɱĭu]（古微母虞韵，合口三等）→无[u]

这一部分的今音韵母都是[u]。

另外一大部分今音韵母变成开口呼，例如：

凡[bvʻĭwɐm]（古奉母凡韵，合口三等）→凡[fan]（今音开口呼，以下几个例同此）

藩[pfĭwɐn]（古非母元韵，合口三等）→藩[fan]

分[pfĭuən]（古非母文韵，合口三等）→分[fən]

方[pfĭwaŋ]（古非母阳韵，合口三等）→方[faŋ]

冯[bvʻĭuŋ]（古奉母东韵，合口三等）→冯[fəŋ]

这种变化的原因是在普通话中唇齿音不跟撮口呼结合，在合口呼中只跟[u]韵结合，不跟合口呼中其他韵母结合。因此古合口三等的韵母除变[u]韵外，就把韵头去掉变成开口呼了。

8. 古合口三等韵遇精组、知系声母不变撮口呼而变合口呼，例如：

嵩[sĭuŋ]（古心母东韵，合口三等）→嵩[suŋ]（今音合口呼，以下三例同此）

从[dzʻĭwoŋ]（古从母锺韵，合口三等）→从[tsʻuŋ]

中[ťĭuŋ]（古知母东韵，合口三等）→中[tʂuŋ]

终[dzʻĭuŋ]（古章母东韵，合口三等）→终[tʂuŋ]

这种变化是因为在普通话中舌尖前音和舌尖后音都不跟撮口呼结合。

9. 古合口三等韵遇见组声母，有时变为合口呼，例如：

弓[kiuŋ]（古见母东韵，合口三等）→弓[kuŋ]（今音合口呼，下一例同此）

恭[kiwoŋ]（古见母锺韵，合口三等）→恭[kuŋ]

这样变化是因为普通话中舌根音不跟撮口呼结合。

有时古合口三等韵遇见组声母都变成齐齿呼，例如：

倾[k'iwɛŋ]（古溪母清韵，合口三等）→倾[tɕ'iŋ]（今音齐齿呼）

这是因为声母从舌根音变为舌面音了。舌面音能够同齐齿呼结合。

古舌根音变成舌面音，在普通话里舌面音可以跟齐齿呼结合，也可以跟撮口呼结合。因此古合口三等韵遇见组声母，也有变成撮口呼的，例如：

琼[g'iwɛŋ]（古群母清韵，合口三等）→琼[tɕ'yŋ]（今音撮口呼，以下两例同此）

君[kiuən]（古见母文韵，合口三等）→君[tɕyn]

群[g'iuən]（古群母文韵，合口三等）→群[tɕ'yn]

古合口三等韵遇晓组也有类似的情况。

以上所谈从切韵音系韵母演变到普通话韵母的大致情形，有些个别的很不规则的变化不能全都包括在内。想全面了解可以参看本节的表。

古入声韵演变到普通话韵母的情形，从古两呼八等到今音四呼的情况跟非入声（或舒声）大致相同，不过由于塞声韵尾的失去影响元音变化较复杂。详情参看上边的表，不能一一说明了。

第三节　切韵音系的声调

一、四声、四声的性质和它的重要性

根据韵书和韵图如《广韵》《韵镜》等，我们知道切韵音系有四个声调，就是平声、上声、去声和入声，这四种声调的实际的具体区别，虽然因为材料缺乏，我们现在还不能都知道，但从这四种声调演变到现在普通话和各方言的情形看来，我们可以断定切韵音系的四个声调的区别是音高的变化和音节结构的不同。平、上、去的区别是音高变化的不同，入声跟其他三个调类的区别除音高音长的不同外，还有音节结构的差异。这在第一章绪论里已经提到，不再多谈。

现在谈谈四声或声调在汉语中的重要性。四声可以分成两类，平、上、去是一类，入声是一类。平、上、去合称舒声，对舒声说入声也叫促声。因为古入声都有塞声韵尾，有的是[-p]，有的是[-t]，有的是[-k]。也就是在一个音节的发音过程中，口腔的两个部位，两唇、舌尖和齿龈或舌根和软颚忽然接触阻住气流，使声音戛然而止。这样就使音节短促，所以叫促声。反之没有塞声韵尾的音节就显得舒缓，所以叫舒声。

舒声中平、上、去之间是用音高变化的不同来区别意义，例如：

麻	ｃma	马	ᶜma	骂	maᵒ
炉	ｃlu	鲁	ᶜlu	路	luᵒ
褒	ｃpau	保	ᶜpau	报	pauᵒ
滩	ｃtan	坦	ᶜtan	炭	tanᵒ

以上每一组三个声调的区别都是在音节发音的过程中，音高的变化不同。尽管各调类音高的具体变化（调值），我们还不能知道，但是它们之间有音高变化的不同是可以推知的。可见在汉语中音高的变化是用来区别意义的。

促声也有区别意义的作用，例如：

仙　sien　　癣　siěn　　线　sièn　　薛　siet

仙、癣、线是音高的变化不同，薛跟仙、癣、线的不同，除了短促之外，音素的结构也不一样。

总之，不管是舒声还是促声都有区别意义的作用。我国自有韵书以来都是用声调作为划分韵部的大类，例如《广韵》五卷就是按四声分的，因为平声字多，把平声分为两卷，上、去、入各一卷，共五卷。《广韵》以下各韵书都是按声调分成大类的。《韵镜》以下各韵图，每个图也是按四声分成大类把字排列起来的。可见声调是汉语的特点之一，研究汉语就不能不重视声调的现象。

另外，从南北朝以来文学作品，尤其是诗歌的创作都注意声调的配合。沈约、谢朓、王融、周颙等人的诗文都讲究把不同声调的字配合起来，使作品富于声音的美。① 隋唐以来韵文作者把四声分成两大类，平声算一大类叫平；上、去、入算一大类叫仄。在韵文中要把这两大类互相配合起来，这样才能使韵文读起来顺口，听起来悦耳，增强了作品感人的力量，这就是调平仄。这种办法一直延续到现在，一些诗歌作者，尤其是旧体诗词作者，还在重视这种传统。因此研究汉语音韵的人对于声调现象是不能忽视的。

二、切韵音系的"四声"跟普通话四个声调的关系

声调也跟其他语音现象一样是在不断发展变化的。现在普通

---

① 参看《南史·陆厥传》和《梁书·庾肩吾传》。

话中也有四个声调，就是阴平、阳平、上声、去声。如果算上轻声，普通话共有五个声调。但是轻声是特殊的声调，是后起的，同切韵音系的四声没有直接关系。因此也有人管轻声叫"轻音"，不把它看成声调。[①] 我们谈切韵音系的四声跟普通话声调的关系，就不把轻声包括在内了。普通话的四个声调跟切韵音系的平、上、去、入四声有显著的差别，但普通话的四个声调是从切韵音系的四声演变来的。这种演变是有规律的，演变的主要条件是古声母的清浊。以下分别谈谈古四声演变到普通话四个声调的规律：

（一）古平声里浊声母字在今音里另成一类，叫作阳平。例如：

平（並母）　明（明母）　人（日母）　林（来母）

古平声里清声母字在今音里另成一类，叫作阴平。例如：

天（透母）　山（生母）　开（溪母）　春（昌母）

普通话中只有古平声按古声母的清浊分成阴阳两类。有的方音把古平、上、去、入都各自分成阴阳两类。例如上海把古平、上、去、入分成阴平、阳平、阴上、阳上、阴去、阳去、阴入、阳入八个调类。[②] 分化的条件也是按古声母的清浊。

（二）在古上声里，凡是全浊声母（並、奉、定、从、邪、澄、崇、船、禅、群、匣）的字今音归到去声去了。其他非全浊声母的字，今音还是上声，不变。以下各例全是古上声里全浊声母的字：

抱（並母）　　父（奉母）　　弟（定母）　　坐（从母）

象（邪母）　　柱（澄母）　　撰（崇母）　　善（禅母）

巨（群母）　　下（匣母）

---

① 　参看王力《汉语史稿》上册（第 195 页）。

② 　参看罗常培《汉语音韵学导论》（第 81 页）。

这些字今音都变为去声。也有少数例外，如：

釜(奉母)　　　缓(匣母)　　　〔勉〕强(群母)　　　艇(定母)

这些字古代是上声全浊声母，今音没有变还是上声，但这是特殊情况，就总的来说古上声全浊声母字变去，还是一条规律。

(三)古去声字全部保留在今音的一个调类里，还叫去声。但是普通话中去声的范围比切韵音系的去声范围扩大，除包括一些古入声字外，(后边要谈到)还包括古上声中一批全浊声母的字。

(四)古入声字演变的情况比较复杂。总的说来在普通话中古入声作为一个调类已经不存在，原来的入声字分派到阴平、阳平、上、去，各调类中都有。具体情况如下：

1. 古全浊声母的入声字，一般分派到今音的阳平里去，例如：

白(並母)　　　乏(奉母)　　　达(定母)　　　集(从母)

习(邪母)　　　宅(澄母)　　　镯(崇母)　　　食(船母)

十(禅母)　　　极(群母)　　　合(匣母)

也有少数例外，如：

特(定母)术(船母)——派入今音去声。

属蜀(都是禅母字)——派入今音上声。

屐(群母)——今音读[tɕi˥]，派入阴平。

2. 古次浊声母的入声字，一般分派到今音的去声里，例如：

木(明母)　　　物(微母)　　　纳(泥母)　　　力(来母)

肉(日母)　　　逆(疑母)　　　越(云母)

也有少数例外，如：

曰(云母)——今音派入阴平。

额(疑母)——今音派入阳平。

3. 古代的清声母字分派到今音阴平、阳平、上声、去声四个声调里都有，没有明显的规律。

以下是分派到阴平里的古清声母入声字：

八（帮母）	拍（滂母）	发（非母）	督（端母）
托（透母）	接（精母）	七（清母）	摘（知母）
拆（彻母）	捉（庄母）	杀（生母）	汁（章母）
说（书母）	割（见母）	哭（溪母）	忽（晓母）
鸭（影母）			

以下是分派到阳平里的古清声母入声字：

博（帮母）	福（非母）	得（端母）	蠹（透母）
则（精母）	锡（心母）	竹（知母）	责（庄母）
烛（章母）	菽（书母）	国（见母）	咳（溪母）
胁（晓母）			

以下是分派到上声里的古清声母入声字：

百（帮母）	匹（滂母）	法（非母）	铁（透母）
雪（心母）	卜（帮母）	窄（庄母）	嘱（章母）
尺（昌母）	谷（见母）	渴（溪母）	郝（晓母）
乙（影母）			

以下是分派到去声里的古清声母入声字：

必（帮母）	迫（滂母）	腹（非母）	的（端母）
榻（透母）	作（精母）	促（清母）	宿（心母）
绌（知母）	侧（庄母）	策（初母）	率（生母）
设（书母）	各（见母）	客（溪母）	赫（晓母）
益（影母）			

以上所谈切韵音系的四声演变到普通话四个声调的情形，可用下图表示：

古　　平　　　　上　　去　　　　入

清　浊　清　浊　　　清　浊

次　全　　　　次　全

今　阴平　阳平　上声　去声

例
天山开春（古平清）
七八出拍（古入清）
平明人林（古平浊）
国革得则（古入清）
蝶集拨达（古入全浊）
老米秒扰（古上次浊）
手口板典（古入清）
笔北百尺（古上次浊）
个借步路（古去清、浊）
坐社近稻（古上全浊）
恰阔作各（古入清）
腊木立末（古入次浊）

字

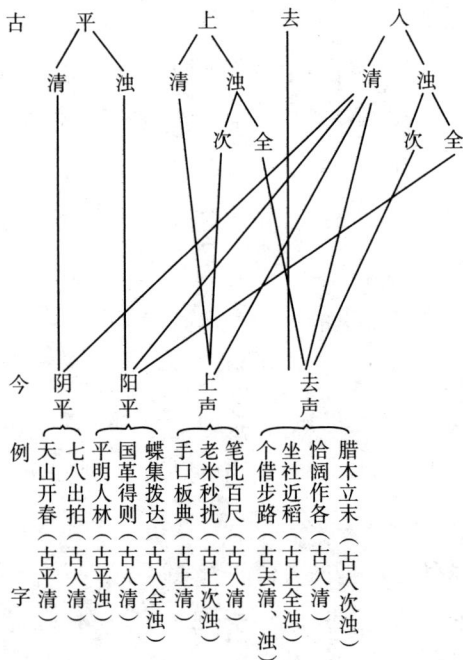

三、如何识别和掌握切韵音系的入声

（一）识别古入声字的意义

上边已经谈到古代的入声在普通话中完全消失，原来的入声字分派到普通话中的四个声调里去。现在北方广大地区，除了有些地区还有入声外，[①] 多数地区的人已经不能凭自己的口耳识别入声了。但有时为了工作、学习和研究的需要，还要能识别入声字。现在谈谈识别古入声字的必要性：

1. 为了便于指导学习普通话

在许多方言里如粤语、闽语、吴语等还存在入声，这些方言地

---

　① 例如山西的太原、平遥等，河南的安阳、汲县、沁县等，河北的宣化、武安、磁县等，陕西的米脂、府谷等，内蒙古的呼和浩特、丰镇等。详见《现代汉语规范问题学术会议文件汇编》和《方言和普通话丛刊》第一本。

区的人学习普通话的时候，要把入声字改为普通话中某一个声调。指导有入声方言区的学生学习普通话的教师，如果他知道某些字是古入声，他心里有数，在指导的时候可以打主动仗，这样教学效果就可以好些。如果他再知道入声演变的规律，知道什么样的入声字变到普通话的哪一个调里，那就更好了。如果教者生于有入声的方言区，他只要能区别自己方言的声调就可以知道哪些是入声字。如果他是没有入声的方言区的人，那最好是学习一下，以便具备识别古入声的能力。

2. 为了便于研究和写作旧体诗词

旧体诗词是我国文学的宝贵遗产，需要有人进行研究。旧体诗词的押韵有时押入声韵。而入声古今的变化比较复杂。如果不能识别入声就可能认不出来哪里是用韵。例如常建的《昭君墓》：

　　汉宫岂不死，异域伤独没。万里驮黄金，蛾眉为枯骨。回车夜出塞，立马背不发。共恨丹青人，坟上哭明月。

这首诗用普通话读起来好像没有韵，实际是押入声韵，"骨"和"没"都属入声没韵，"发"和"月"都属入声月韵。在《广韵》里标明没韵和月韵同用。如果不了解这种情况，就搞不清这首诗的格律了。

此外不了解哪些字是古入声，就可能不知道诗词中的换韵，把不是同韵的字当成同韵，或把同韵的字当成换韵。这样写作旧体诗词时也可能把韵用错。再有古入声字的一部分分派到普通话的阴平和阳平去。如果不能识别这一部分的入声字，就可能把古仄声字当成古平声字。这样对认识旧体诗词的格律，或写作旧体诗词时处理平仄格律都能发生错误。[①]

(二)识别古入声字的办法

1. 利用资料

------

① 　详细情况参看拙著《诗词语言的艺术》(第3—4页、第17—20页)。

在切韵音系的四个声调中入声所属的字较少，据《方言调查字表》所收常用的入声字不满六百。最好是把这些常用入声字全都记住。否则可以利用资料，除《广韵》《集韵》等韵书之外，有些字典、辞典或其他工具书也把入声标出来，或加注明或用符号。例如旧《辞海》、旧《辞源》、新《辞源》、《康熙字典》、《同音字典》、《国音常用字汇》以及《中华新韵》等都可以利用。

2. 利用语音演变的规律

根据语言演变的规律可以从普通话语音中推知哪些音节古代是入声字，哪些不是。董少文编的《语音常识》中有一个表就是利用古今语音演变规律，指出普通话中哪些音节是古入声字，哪些不是。现在把这个表中的个别地方稍加变更，其余全部照录，必要时加上说明：

(1)积极方面哪些字是入声

①[p]、[t]、[k]、[tɕ]、[tʂ]、[ts]

六个声母阳平字是入声。

这就是说普通话中凡是声母是塞声和塞擦声读阳平而不送气的音节是古入声字。这是因为现在普通话中的阳平一部分是从古代全浊声母的平声来的。这部分的字今音声母全都送气。另一部分是从古代全浊声母的入声来的，这一部分今音全不送气。总之今音阳平声母是塞声塞擦声而不送气的全是古入声字。以下分别举例：

[p]：拔跋白雹薄别脖舶泊勃博驳

[t]：答达得德笛敌跌碟蝶独读毒夺铎

[k]：格阁蛤革隔骨国

[tɕ]：及级吉急即脊疾集籍夹洁结杰竭节捷截局菊桔决掘厥觉爵绝

[tʂ]：铡闸炸宅着折辙哲轴竹烛逐酌直执职侄值

[ts]：杂则择泽责贼足卒族昨

②[fa]、[fo]不论阴、阳、上、去都是古入声字。例如：

[fa]：发伐筏乏罚阀法

[fo]：佛

③[t]、[t‘]、[n]、[l]，[ts]、[ts‘]、[s]七声母拼[ɣ]韵母，不论阴阳上去（实际上只有阳平和去声）都是古入声字。例如：

[tɣ]：得德

[t‘ɣ]：特忒慝

[nɣ]：讷

[lɣ]：乐勒肋仂泐

[tsɣ]：则择泽啧责帻簀仄昃

[ts‘ɣ]：侧测恻策册厕

[sɣ]：涩瑟塞啬穑色

④[tʂ]、[tʂ‘]、[ʂ]、[ʐ]四声母拼[uo]韵母，不论阴阳上去（实际上没有上声）都是古入声字。例如：

[tʂuo]：拙桌捉卓涿着酌斫琢啄浊濯擢镯

[tʂ‘uo]：绰戳辍啜龊

[ʂuo]：说烁铄朔槊硕

[ʐuo]：若弱箬

⑤[p]、[p‘]、[m]，[t]、[t‘]、[n]、[l]七声母拼[ie]韵母，除了"爹"字是古平声外，不论阴阳上去都是古入声字。例如：

[pie]：鳖憋别蹩瘪

[p‘ie]：撇瞥

[mie]：灭蔑篾蠛

[tie]：跌谍堞碟蝶迭叠垤绖鲽

[t‘ie]：贴帖铁

[nie]：捏聂镊孽涅啮苶嗫蹑臬

[lie]：猎躐鬣列烈裂冽劣

⑥[ye]韵母字除了"嗟""瘸""靴"之外，都是古入声字。例如：

[nye]：虐疟

[lye]：略掠

[tɕye]：绝厥蹶蕨橛掘决抉谲倔崛爵镢攫觉

[tɕ'ye]：阙缺雀鹊却确悫

[ɕye]：薛削学雪血穴谑

[ye]：曰约哕悦阅月越钺粤跃钥岳乐刖

⑦[k]、[k']、[x]，[ts]、[s]五声母拼[ei]韵母（[ts']不拼[ei]），不论阴阳上去（实际上没有去声）都是古入声字。例如：

[kei]：给

[k'ei]：剋（口语"打"或"申斥"说[k'ei]。）

[xei]：黑

[tsei]：贼

[sei]：塞（口语）

⑧有些字文言跟白话读音不同，文言没有韵尾，白话有韵尾[i]或[u]，这些字是古入声。例如：

学[ɕye]——[ɕiau]

觉[tɕye]——[tɕiau]

略[lye]——[liau]

岳[ye]——[iau]

雀[tɕ'ye]——[tɕ'iau]

虐[nye]——[iau]

约[ye]——[iau]

墨[mo]——[mei]

黑[xɤ]——[xei]

色[sɤ]——[ʂai]

迫[p'o]——[p'ai]

得[tɣ]──[tai]

特[t'ɣ]──[t'ai]

勒[lɣ]──[lei]

或[xuo]──[xuei]

(2)消极方面，哪些字不是入声

①[n]韵尾字、[ŋ]韵尾字不是入声。

②[ts]、[ts']、[s]三声母拼[ɿ]韵母不是入声。

③[ər]韵母不是入声。

④[uei]韵母(不包括文白两读中的白读字)不是入声。

3. 利用形声字的声符

形声字的声符是入声字，用这个声符造的字一般说是入声字。这里所说的形声字包括繁体字。例如：

蜀──濁鐲獨燭觸

畐──逼福幅蝠

曷──喝渴葛揭竭碣歇谒遏

甲──匣闸狎鸭押

合──蛤鸽盒恰洽拾给阁袷答

白──柏伯迫拍珀魄帛泊

辟──璧僻壁霹劈

易──锡剔踢

弗──拂佛佛

则──铡侧测恻

直──值殖植

害──割瞎辖镲豁

舌──括活刮

立──拉粒泣翌笠

夹──浃狭峡挟侠

咠——辑缉揖

睪——澤擇釋譯驛

各——烙骆胳洛络阁略格客咯骼

　　利用形声字的声符来识别入声字，也有少数例外。如以"各"为声符的路赂辂属去声暮韵。以"畐"为声符的富副属去声宥韵。以"兑"为声符的说阅帨都是入声字，而"兑"属去声泰韵。以"白"为声符的怕帕属去声祃韵。以"辟"为声符的臂譬避属去声寘韵。以"则"为声符的厕属去声志韵。以"弗"为声符的沸费属去声未韵等等。凡是以入声字为声符或声符跟入声有关而少数不读入声的字基本上是去声字，① 这是因为在先秦入声跟去声有相混的情况。② 如果记住这些少数例外的去声字，形声字的入声声符还是可以利用的。

---

　　① 有个别字声符是入声字而本字读平声，如"肃"是入声字，而以肃为声符的萧、箫是平声。

　　② 详见第三章第三节"先秦古音的声调"。

第四节 切韵音系韵摄跟等呼的关系
以及声母跟等的关系

一、韵摄跟等呼的关系

切韵音系的十六摄以及各摄所包含的韵部，并不是都具备开合两呼，也并不是都具备开口四等和合口四等，而是有很大的分歧。有的摄有开无合，有的有合无开，有的开合都有。有的只有一个等，有的有两个等，有的有三个等，有的四等俱全。

现在把十六摄和各韵部跟开合四等的关系列表如下（各韵部只举平声韵和入声韵，没有平声只有去声的就举去声韵）。

摄	调	开口 1	开口 2	开口 3	开口 4	合口 1	合口 2	合口 3	合口 4
果	平	歌		戈		戈		戈	
假	平		麻	麻			麻		
遇	平					模		鱼虞	
蟹	去	泰	夬	祭废		泰	夬	祭废	
蟹	平	咍	佳皆		齐	灰	佳皆		齐
止	平			支脂之微				支脂微	
效	平	豪	肴	宵	萧				
流	平	侯		尤幽					
咸	平	覃谈	咸衔	盐严	添			凡	
咸	入	合盍	洽狎	叶业	帖			乏	
深	平			侵					
深	入			缉					

摄	调	开口 1	开口 2	开口 3	开口 4	合口 1	合口 2	合口 3	合口 4
山	平	寒	删山	元仙	先	桓	删山	元仙	先
山	入	曷	鎋黠	月薛	屑	末	鎋黠	月薛	屑
臻	平	痕		真臻欣		魂		谆文	
臻	入	没		质栉迄		没		术物	
宕	平	唐		阳		唐		阳	
宕	入	铎		药		铎		药	
江	平		江						
江	入		觉						
曾	平	登		蒸		登		职	
曾	入	德		职		德		职	
梗	平		庚耕	庚清	青		庚耕	庚清	青
梗	入		陌麦	陌昔	锡		陌麦	昔	锡
通	平					东冬		东钟	
通	入					屋沃		屋烛	

把上边的表加以归纳，可以看出以下两种情况：

(一)各摄跟开合的关系

1. 效、流、深、江各摄有开无合。

2. 遇、通两摄有合无开。

3. 果、假、蟹、止、咸、山、臻、宕、曾、梗各摄开合都有。

(二)各摄和等的关系

1. 蟹、效、咸、山各摄四等都有。

2. 江摄只有二等。

3. 深、止两摄只有三等。

4. 梗摄有二、三、四等，缺一等。

5. 假摄有二和三等，缺一和四等。

6. 果、遇、流、臻、宕、曾、通各摄有一和三等，缺二和四等。

二、声母跟等的关系

切韵音系的声母并不是跟各等的韵母都能配合，有的能配合有的不能。现在把各声母跟各等的韵母能否配合的情况列了一个表，凡能配合的就在表上写一个"有"字，不能配合的就空着。

切韵音系声母同各等配合关系表

配合关系 声母 \ 等	一等	二等	三等	四等
帮	有	有	有	有
滂	有	有	有	有
並	有	有	有	有
明	有	有	有	有
非			有	
敷			有	
奉			有	
微			有	
端	有	①		有
透	有			有
定	有		②	有
泥	有	有		有
来	有	有		有
精	有		有	有
清	有		有	有
从	有		有	有
心	有		有	有
邪			有	

---

① "打"字端母二等，是例外。
② "地"字定母三等，是例外。

续表

配合关系 声母＼等	一等	二等	三等	四等
知 徹 澄 娘		有 有 有 有	有 有 有 有	
庄 初 崇 生		有 有 有 有	有 有 有 有	
章 昌 船 书 禅			有 有 有 有 有	
日			有	
见 溪 群 疑	有 有 有	有 有 有	有 有 有 有	有 有 有
晓 匣	有 有	有 有	有	有
影 云 以	有	有	有 有 有	有

把上边的表加以归纳可以看出以下六种情况：

（一）一、二、三、四等全有的有帮、滂、並、明、泥、来、见、溪、疑、晓、影十一个声母。

（二）一、二、四等有，三等没有的只有一个匣母。

（三）一、三、四等有，二等没有的有精、清、从、心四个声母。

（四）二、三等有，一、四等没有的有知、彻、澄、娘、庄、初、崇、生八个声母。

（五）一、四等有，二、三等没有的有端、透、定三个声母。今音读[t]、[t']的，洪音（今开合）是一等，细音（今齐撮）是四等。

（六）只在三等里有，一、二、四等都没有的有非、敷、奉、微、邪、章、昌、船、书、禅、日、群、云、以十四个声母。

三、学习声母、韵摄跟等呼的配合关系，有什么用途

知道了切韵音系声母、韵母和等、呼的配合关系，再结合前边所讲切韵音系的声母、韵母、声调跟普通话声母、韵母、声调的关系，有时就可以从今音推知古音。并可以从古今音的变化规律，推知方言跟普通话的对应规律。这对调查方言、审定今音和指导方言区的人学习普通话都有些方便。

怎样从今音推知古音，可以看以下各例：

房[faŋ]

声母——是奉母，因为今音是阳平，一定是从古浊声母来的。

声调——是平声，因为今音是阳平，是收鼻音韵尾的，不可能是从入声来的。

等——三等，因为非组字只在三等出现。

开合——合口，因为非组字除流摄开口三等有之外，全在合口三等。①

摄——宕摄，因为今音韵母是[aŋ]，在宕、江两摄。江摄只有二等，没有三等。"房"既然是三等，一定在宕摄。

仓[ts'aŋ˥]

声母——是清母，因为是阴平，又是送气，不能是精母和从母。（精母不送气，从母是阳平。）

---

① 　参看《方言调查字表》（第28页）。

声调——平声。不能是入声，因为有鼻韵尾。

等——一等。清母不跟二等结合，因此不能是二等。清母跟一、三、四等结合。古一等今音是洪音，三、四等今音是细音。"仓"今音是洪音，所以在一等。

开合——韵母在宕摄，声母在精组。宕摄合口不跟精组结合，所以是开口呼。①

摄——宕摄。今音是[aŋ]在宕、江两摄。江摄只有二等，没有一等。

岛[tau ˩]

声母——端母。今音不送气，就不是透母。没有变为去声，就不是定母。（古上声全浊声母今音变为去声。）

声调——上声。今音上声多数是古上声，有少数是从古入声（清声母）来的，但今音[au]韵母中除文白两读的字以外，一般说没有从古入声来的。

等——一等。端组字只出现于一、四等。今洪音是一等，细音是四等。

开合——开口。今音[au]韵在古效、流两摄。效、流两摄有开无合。

摄——效摄。今[au]韵多数在效摄，个别的在流摄。

留[liou ˩]

声母——来母。今音[l]声母全是从古来母来的。

声调——平声。今音阳平大部是从古平声浊母来的。古入声也有一部分到今音阳平里去，但这是全浊声（今音不送气）和一小部分清声母。[l]是次浊声母。古次浊声母入声字派到去声里去了。

等——三等。今音[iou]韵母全在古流摄。流摄有一、三两个

————————

① 参看本章第二节二，十六摄二○六韵跟普通话韵母的关系表。

等。除知系声母外，今音洪音是一等，细音是三等。[iou]是细音。

开合——开口。流摄有开无合。

摄——流摄。（见前）

以上所谈根据普通话语音跟古音的关系以及切韵音系的韵摄、等、呼和声母彼此间的配合关系来推断切韵音系的音类，这对掌握切韵音系有一定的帮助，可以节省一些记忆和查阅的时间。但只靠这样推断，有时还不能彻底掌握古音类，还必须查阅和熟习资料，有时还须用些记忆功夫，才能更准确和全面地掌握切韵音系。

第五节　切韵音系的主要材料
——《广韵》和《韵镜》

一、《广韵》

代表隋唐时代音系的韵书是隋陆法言的《切韵》，所以隋唐时代的音系也叫切韵音系。《切韵》成书于公元 601 年，① 原书已经失传。但是《切韵》的分部、收字以及反切基本上都保存在《广韵》里。因此可以说《广韵》就能够代表切韵音系。研究切韵音系，《广韵》是重要的材料之一。《广韵》也是现存的最古的最完整的韵书。② 《广韵》是研究中国音韵学的主要材料，可以以《广韵》为出发点上推更早的古音，下联今音，借以了解汉语语音的来龙去脉和发展方向。

《广韵》是公元 1008 年③陈彭年、邱雍等奉诏在《唐韵》的基础上重修的，全名是《大宋重修广韵》。全书五卷，上平声一卷，下平声一卷，上声一卷，去声一卷，入声一卷。上平声和下平声只是因为平声字多才分成两卷，并不是有两类平声。共收韵部 206 个，具体内容前边已经谈过。全书共收字 26194 个。

每个字下有对词义的注释，因此韵书除提供研究语音、作韵文时选字之用外，也是识字、研究训诂的材料。换句话说韵书也是字典或词典的一种形式。

现存的《广韵》根据注释的多少，有繁简两种本子。现在流行的有以下几种：

（一）古逸丛书覆宋本重修广韵（繁本）

---

① 隋文帝仁寿元年。
② 《切韵》和唐孙愐的《唐韵》现在还有一些残卷。
③ 宋真宗大中祥符元年。

（二）古逸丛书覆元泰定本（简本）

（三）张氏泽存堂重刊宋本（繁本）

（四）小学汇函内府本（简本）

（五）商务印书馆影印古逸本（繁本）

（六）周祖谟校本（以泽存堂本为底本用几种不同本校的，中华书局版）

关于《广韵》206韵分配到平、上、去、入四个声调的情况前边已经谈过。现在谈谈韵部内部的体例：每个韵部的名称是从这个韵部中选出的一个代表字，作为韵部名称的字，排在该韵之首。例如东韵的第一个字就是"东"。"东"下边有"菄""鶇"等17个字，用一个圆圈跟下边"同"等隔开。这17个字是同音，也就是声母韵母全同，现代人给它们的拟音是［tuŋ］（端母）。"东"下有小字注"春方也……"是"东"这个词的词义。最后是"德红切，十七"。这是说"东"以下17个字的读音，只在"东"下注明，其他16个字就不注音了。这17个字叫作一个"小韵"。

再看圆圈下边的"同"等，这又是一个小韵。"同"字下注"齐也，……"这是词义。最后注"徒红切，四十五"。这是说这个小韵共有45个字，它们的拟音都是［d'uŋ］（定母）。以"东"为首的小韵跟以"同"为首的小韵韵母相同声母不同。

同一个韵部中所收的字有的同音，有的不同音。进一步分析有以下不同情况：

（一）同音，如："东"和"菄"等。这就是同一个小韵的字。

（二）韵母相同声母不同，如"东"和"同"等。

（三）声母相同韵母不同，如："公"是见母，拟音是［kuŋ］（古红切）；"弓"也是见母，拟音是［kǐuŋ］（居戎切）。如果从等、呼上看，"公"是合口一等，"弓"是合口三等。

在前边曾经谈过韵部和韵母不同。一个韵部可以只包含一个韵母，也可以包含两个、三个以至四个韵母。东韵就是包含两个韵母，"公"的韵母是其中的一个，"弓"的韵母是另一个。

（四）声母韵母都不相同，例如"冯"是奉母合口三等，拟音是[bvʻiuŋ]。"蓬"是并母合口一等，拟音是[bʻuŋ]。

总之，凡是同韵部的字，如果只有韵腹，韵腹必须相同；如果有韵尾，韵腹和韵尾必须都相同。这样听起来才能和谐，作韵文时才可以押韵。至于韵头和声母都可以不同。① 就各小韵之间的关系来看都是不同音的，或声母同，韵头不同；或韵头同而声母不同。至于每个小韵内部各字则是同音的。

各小韵之间的具体差别，从今音里有时是看不出来的，这要参考其他资料，如韵图、反切用字等才能理解。

有的字下有又音，例如"中"下注"陟弓切，又陟仲切，四"。这是说"中"有两个读音，一个是[ˌȶiuŋ]（平声），另一个是[ȶiuŋˀ]（去声）。这个又音是"中"的又音，跟"中"这个小韵中其他三个字无关。并非"衷""忠"等也有这个又音。

各小韵声母和韵母的差别具体表现在反切上字和下字上。上字标小韵的声母，反切上字的声母跟小韵内各字的声母相同，也就是双声。下字标小韵的韵母（包括等、呼、调），反切下字的韵母跟小韵内各字的韵母相同，也就是叠韵。哪些反切上字代表哪个声，哪些反切下字用来表示哪些韵母，从前有人做过整理和研究。例如用来标见母的有居九俱举规吉纪几古公过各格兼姑佳诡等。用来代表东韵一等的有红公东等。用来代表东韵三等的有弓戎中宫终融等。②

韵部里各小韵排列的顺序没有明确的标准。现在看看东、冬两韵中各小韵排列的情况：

---

① 参看第一章。
② 详细内容参看陈澧《切韵考外篇》。

东韵：

东（德红切，端母，一等），同（徒红切，定母，一等），中（陟弓切，知母，三等），虫（直弓切，澄母，三等），终（职戎切，章母，三等），忡（敕中切，彻母，三等），崇（锄弓切，崇母，三等），嵩（息弓切，心母，三等），戎（如融切，日母，三等），弓（居戎切，见母，三等），融（以戎切，以母，三等），雄（羽弓切，云母，三等），瞢（莫中切，明母，三等），穹（去宫切，溪母，三等）……空（苦红切，溪母，一等），公（古红切，见母，一等）……

冬韵：

冬（都宗切，端母。冬韵只有一等，不需要注出等别，以下同此），彤（徒冬切，定母），賨（藏宗切，从母）农（奴冬切，泥母），攻（古冬切，见母），碹（户冬切，匣母），癃（力冬切，来母），宗（作冬切，精母），鬆（私宗切，心母），炵（他冬切，透母）

从以上两韵可以看出，各小韵的排列既没有按声母的发音条件（部位、方法）也没有照顾等别的是否相同。总之是没有明确标准的。

二、《韵镜》

想了解切韵音系，有些韵图是必须参考的资料。韵图是用表格来分析语音。现代有字母或音标用来标记语音。中国古代没有字母更没有音标。一些学者认识语音的能力很强，有时细微的差异也能辨别。但他们苦于没有工具，难于把他们对语音的认识简明地表达出来。于是他们发明了韵图，用表格来分析语音，使各种音节的差别清楚而简明地呈现在少数的图里，使学习的人可以以简驭繁，通过少数的图表而掌握全面的音节。这对语音的研究和学习都是很有价值的。现在我们有了字母和音标当然用不着再使用这种方法去分析字音。但是古人留下的这些韵图对于我们研究和认识当时的语音系统却是很有用的。在这些韵图中《韵镜》是现存的最早的一部。我们要了解切韵音系必须借助《韵镜》。下面把《韵镜》加以说明：

《韵镜》的作者和成书的准确年代现在还不清楚。从《韵镜》的序里我们知道 1161 年①三山张麟之刊行。1197 年②重刊。1203 年③张麟之又作一序。现在所看到的像《韵镜》这类韵图的文字记载都没有超过宋代。但据罗常培先生的考证，这类书"自《切韵》成书后即当继之以生，而非创自宋人，则固不容否认也"④。罗先生的论据充分，可以相信。因此我认为《韵镜》一书是能够反映切韵音系的。

《韵镜》在我国早已失传，现在看到的是从日本传回来的。常见的有《覆永禄本韵镜》，商务印书馆曾影印过，叫古逸丛书本。古籍出版社也曾影印过这个本子。

《韵镜》全书有 43 个图，这就是切韵音系的音节表。43 个图共收 3895 个字，这就是说切韵音系共有 3895 个音节。用每个字代表一组同音字。例如跟"东"同音的一组字有"菄""鶇""辣"……等，就用"东"来代表读[ₑtuŋ]的这个音节。⑤ 这些图有以下三种用途：

（一）表明不同音节互相区别的条件，包括声母、韵母、声调。韵母中包括等（一、二、三、四等）、呼（开口、合口）。

（二）表明声母跟韵母（包括等、呼）的配合关系，以及韵母跟等、呼的关系。例如轻唇音（非组）在韵图上只在三等的位置上出现，⑥ 说明轻唇音只跟三等韵结合，不跟一、二、四等结合。又例如江、讲、绛、觉各韵（江摄）在韵图上只有二等的位置上有字，其

---

① 南宋高宗绍兴三十一年辛巳。
② 南宋宁宗庆元三年丁巳。
③ 南宋宁宗嘉泰三年癸亥。
④ 见《〈通志·七音略〉研究》，《罗常培语言学论文集》（第 104 页）。
⑤ 这也就是《广韵》中的小韵。
⑥ 参看《韵镜》第十图、第十二图。

他各等的位置上空着。① 说明江、讲、绛、觉各韵只有二等，没有一、三、四等。

(三)这些图可以帮助练习拼音，掌握读音。

以上(一)(二)两条就是切韵音系的内容，因此想研究切韵音系，《韵镜》是必须参考的。

下面从《韵镜》中选了一个图，就是《韵镜》中的第二图。通过这个图再进一步分析《韵镜》的内容。这个图原来是竖行。为了使格式跟全书一致，把它改为横行。

内转第二开合①

		冬鍾	腫	宋用	沃燭
唇音	清	○○封○	○○覂○②	○○葑○	襆○轐○
	次清	○○峰○	○○捧○	○○○○	鏷○○○
	浊	○○逢○	○○奉○	○○俸○	僕○幞○
	清浊	○○○○	○○○○	雺○○○	瑁○媢○③
舌音	清	冬○○○	○○冢○	湩○○○	篤○瘃○
	次清	烔○偅○	○○宠○	統○踵○	○○梀○④
	浊	彤○重○	○○重○	○○重○	毒○躅○
	清浊	農○醲○	○○○○	○○挏○	褥○○○
牙音	清	攻○恭○	○○拱○	○○供○	梏○輂○⑤
	次清	○○銎○	○○恐○	○○恐○	酷○曲○
	浊	○○蛬○⑥	○○鞏○	○○共○	○○局○
	清浊	○○顒○	○○○○	○○○○	戄○玉○
齿音	清	宗○鍾縱	○○腫樅⑦	綜○種縱	嗽○爥足
	次清	鏓○衝樅	○○雝鬆	○○○○	○倲觸促⑧

① 参看《韵镜》第三图。

续表

		冬鍾	腫	宋用	沃燭
齿音	浊	賨○○從	○○○腫	○○○從	○齸矚○ ⑨
	清	鬆○春淞	○○○悚	宋○○○	淚○束粟
	浊	○○鱅松	○○旭	○○○頌	○○蜀續
喉音	清	○○邕○	○○擁	○○○○	沃○郁○ ⑩
	清	○○匈			爝○旭○
	浊	碹		碹	鵠○
	清浊	○○容庸	○○甬	○○○用	○○欲
舌音齿	清浊	礱○龍○	○○隴○	○○矓○	濼○錄○
	清浊	○○茸○	○○宂○	○○鞴○	○○辱○

这个图是按影印遵义黎氏校刊《覆永禄本韵镜》原样抄录，字体不变。因为这个本子是从日本传回来的，经过传抄翻刻，难免有误。现在把应该提出来的校勘问题，按上图所加号码的顺序说明如下：

①按《韵镜》及一般韵图的通例，韵母的开合不同要分别列入不同的图里，不能在同一个图里兼有开合，"开合"应是"合"之误。

②根据《广韵》腫韵，"覂"应作"覂"。

③根据《广韵》沃韵，"媚"是"媚"之误。

④根据《广韵》烛韵，"悚"应是"悚"之误。

⑤根据《广韵》沃韵和《七音略》，"梏"应是"梏"之误。

⑥根据《广韵》腫韵和《七音略》，"挐"应是"桀"之误。

⑦根据《广韵》和《集韵》的腫韵，"縱"应是"縱"之误。

⑧《七音略》在这个位置上是"㜮"，"㜮"是"妹"的异体字。《集韵》烛韵有"妹"字，这里的"俫"应是"妹"之误。

⑨根据《集韵》烛韵，"齸"当作"齸"。

⑩《广韵》和《集韵》"郁"都在屋韵，不在烛韵。《韵镜》第一图屋韵已有"郁"字，这个图的"郁"字当删。

以下是这个图的说明：

这个图的题目中有"内转"一词，也有的图叫"外转"。陈澧《切韵考》（外编）根据《四声等子》说：内转是唇舌牙喉四音里没有二等，有时只有齿音里有二等。外转是五音四等都全。第一图和第二图等只有齿音里有二等，所以叫内转。这个说法合乎《韵镜》多数图的情况，但不全是如此。例如十九图、二十图、二十六图、四十一图都没有二等也都叫外转。二十九图，三十二图在齿音之外都有二等也都叫内转。陈澧说："内转、外转但分别四等字之全与不全，与审音无涉。"因此我们对内外转可以不必深究。

左边一栏是声母。其中有的术语在前边绪论里已经解释过，有的还需要再加说明，下边分别谈谈：

"唇音"包括重唇音帮滂並明和轻唇音非敷奉微。"清"是不送气。"次清"是送气。"浊"是全浊。"清浊"是次浊。

"舌音"包括舌头音端透定泥和舌上音知彻澄娘。

"齿音"包括齿头音精清从心邪和正齿音。正齿音又分两组即庄初崇生和章昌船书禅。

"喉音"里的第一个"清"是指喉塞声影母。第二个"清"是指清擦声晓母。"浊"是指浊擦声匣母。"清浊"包括两个声母，第一个指半元音云母，第二个指元音以母。

"舌音齿"指半舌音来母和半齿音日母。

以上说明可以参看第二章切韵音系声母拟音表。

竖看第一栏之后各栏全是各声母跟冬宋沃或锺腫用浊七个韵部结合的各种音节。冬锺这一栏是平声，腫这一栏是上声（冬韵没有上声），宋用这一栏是去声，沃烛这一栏是入声。横看每栏四个位置，代表四等。第一位是一等，第二位是二等，第三位是三等，第四位是四等。例如"封"是非母锺韵三等字，就写在第三位上。非母只跟三等韵结合，不跟一、二、四等结合。因此一、二、四等没有字，用一个圆圈占着这个位置。又如"冬"是端母冬韵，冬韵只有一等，就把"冬"写在第一个位置上。其余类推。

这个图是声和韵配合成的音节表。同声母的一行（横行）有的是代表两个声母的，例如舌音清是代表端和知两个声母的。有的是代表三个声母的，例如齿音清是代表精（齿头）、庄（正齿）和章（正齿）三个声母。为什么能把两个或三个不同声母的字放在同一栏同一行而不发生矛盾和混淆呢？再有竖着的各栏是表示韵母相同的，但有时同一个竖栏里容纳两个或更多的韵母，如冬锺、宋用、沃烛，同处一个栏里，为什么也不发生矛盾和混淆呢？以下分别说明这些问题：

（一）几个不同的声母能够放在同一个栏，同一行的原因：

1. 帮滂並明和非敷奉微能够放在同一栏，同一行，原因是非敷奉微只跟三等合口的虞、废、微、尤、凡、元、文、阳、东、钟各韵结合，不跟其他各韵结合。帮滂並明跟一、二、三、四等韵都能结合，但跟帮滂並明结合的三等韵如祭、支、脂、宵等都是三等开口，也就是帮组不跟合口三等韵结合，所以帮、非两组放在同一栏，同一行，也不发生矛盾。在上边的第二图里封、峰、奉等写在三等位置上是非组字，雾、襆、僕等写在一等位置上是帮组字。

2. 舌音里端透定（舌头）、知彻澄（舌上）能够放在同一栏、同一行，原因是端透定只跟一等和四等结合，不跟二等和三等结合。知彻澄只跟二等和三等结合，不跟一等和四等结合。① 凡是在一等和四等的位置上出现的是端组字如"冬""统"等。凡是在二等和三等的位置上出现的是知组字，如"重""宠"等。

3. 齿音是精清从心邪（齿头），庄初崇生（正齿），章昌船书禅（正齿）三组声母，为什么也能放在同一个栏？原因是：精组能跟

---

① 参看本章第四节中"声母跟等的关系"，以下同此。

一、三、四等结合，不跟二等结合。庄组能跟二、三等结合，不跟
一、四等结合。章组只跟三等结合，不跟一、二、四等结合。因此
这三组声母只有在跟三等结合时才能发生矛盾。在《韵镜》图上解决
的办法如下：

　　精组声母本来跟三等和四等韵母都能结合，但在《韵镜》里把精
组的三等字一律放在四等。这样就把三等的位置空了出来。例如第
一图东韵的"嵩"（心母、三等）放在四等。总之，齿音这一栏一等和
四等全是精组字。一等是真的一等。四等中有的是真的四等，例如
第二十三图先韵的"笺""千""前""先"等，有的是假四等，例如上边
提到的"嵩"字等。这样在《韵镜》中三等的位置上就没有精组字了。

　　再说庄组字，本来庄组声母跟二等和三等韵母都能结合，但在
《韵镜》中把庄组的三等字一律放在二等。这就是说在《韵镜》齿音这
一栏凡是放在二等的全是庄组字，其中有的是真二等，例如第三图
江韵的"牕"（窗）"雙"等。有的是假二等，例如第六图脂韵的"师"
（生母，三等）。

　　精组的三等字移到四等，庄组的三等字移到二等。这样齿音一
栏的三等位置就空出来了。章组声母本来只能跟三等韵母结合，正
好留给它们占用。因此在《韵镜》齿音一栏里凡是三等位置上的字就
全是章组的了。

　　庄初崇生和章昌船书禅在等韵书上合称照穿床审禅，因此有的
书也把庄组叫"照二"，把章组叫"照三"。原因就是在韵图上把庄组
字一律放在二等，不管庄组声母实际上是跟二等韵母结合，还是跟
三等韵母结合。章组声母则只能跟三等韵母结合，在韵图上也只放
在三等的位置上。

　　上边提到精组声母能跟一、三、四等韵母结合，为了避免跟
庄、章两组声母矛盾，把应该在三等的精组字全移到四等。庄组声
母能跟二、三、等韵母结合，为了避免跟章组声母矛盾把应该在三

等的庄组字全移到二等。可能有人要问这样精组的三等跟四等，庄组的二等跟三等会不会发生矛盾？即使不发生矛盾，精组字中哪些是真四等，哪些是假四等？庄组字中，哪些是真二等，哪些是假二等？是否发生混淆？

先谈精组的三等跟四等，庄组的二等跟三等能否发生矛盾的问题。在《韵镜》43个图中，除了个别情况（后边谈到），一般说这样的矛盾可以避免。因为各韵摄并不是全都具备开口四个等和合口四个等，至于韵部更是如此了。例如江韵只有开口二等，东韵只有合口一等和合口三等。像庚韵有开口二等、开口三等、合口二等、合口三等四个韵母是个别的（详见本章第二节第一小节和第四节第一小节）。《韵镜》的作者利用这种情况把206韵组成43个图时，就可以避免上述的矛盾。具体讲在一般情况下同一个图里有精组的三等字（实际的三等），就没有精组的四等字（真四等）；有精组的四等字（真四等），就没有精组的三等字（实际的三等）。两者在一个图中一般说不对立。例如第十三图齐韵齿音一栏第四等的"妻""齐""西"等全是精组字，这都是真四等。齐韵只有四等没有三等，所以没有矛盾的问题。再看第二十九图麻韵齿音一栏四等的"嗟""些""邪"等是精组字，本来是三等，按《韵镜》的办法放在四等。麻韵只有二等和三等，没有四等，所以也没有矛盾。

庄组字的二等跟三等也同样在同一个图里不发生矛盾。例如第一图东韵齿音一栏的"崇"是庄组三等字，按《韵镜》的办法列在二等。东韵就没有二等，二等的位置原来就空着，所以不存在矛盾的问题。又例如第十五图佳韵齿音一栏的"钗""柴"等是庄组字，列在二等，这是真二等。佳韵只有二等，没有三等，所以也没有二等跟三等的矛盾。又例如第六图齿音中的"师"是庄组字，本来是三等，按《韵镜》的办法列在二等，以免跟章组的"尸"发生矛盾。"师"属脂韵，脂韵只有三等没有二等，二等的位置本来就空着，所以也不发生庄组字二等跟三等的矛盾。凡是二、三等都有的摄，庄组一般只在二等韵里出现，不在三等韵里出现。

精组的三等跟四等、庄组的二等跟三等，在《韵镜》的一个图里虽然一般说不发生矛盾，但在同一个图里也有个别情况在"等"的安排上有矛盾，解决的办法是另立一个图。例如第二十五图平声，是豪、爻（肴）、宵、萧共处一栏。我们看齿音这一栏。一等的"糟""曹""骚"都属豪韵精组，豪韵只有一等。二等的"巢""梢"等都属爻（肴）韵庄组，这是真二等。三等的"昭""烧""韶"等都属宵韵章组。四等的"萧"属萧韵精组，这是真四等。精组声母能跟一等的豪韵结合，也能跟三等的宵韵结合成"焦""樵""宵"等。在第二十五图里三等被章组的"昭""烧""韶"等占了。按《韵镜》的办法精组的三等放在四等，而第二十五图的四等又被萧韵（只有四等）占了。这样宵韵精组的"焦""樵""宵"等就无处可放了。解决的办法是另立一个第二十六图，图中只有宵、小、笑三个韵母。这三个韵母跟第二十五图的宵、小、笑是重复的，也是开口三等，《韵镜》上标的"合"是"开"之误（效摄有开口，无合口）。把"焦""樵""宵"等放在这个图宵韵齿音一栏的四等（实际是三等）。把应该是三等以母的"遥""耀"等也放在这个图的四等里。（详见后文）

现在谈谈精组字的真四等跟假四等，庄组字的真二等跟假二等是否互相混淆的问题。从《韵镜》的图上看不出来哪些是真的哪些是假的。但从韵书的反切下字上是可以看出来的。例如第一图齿音二等的"崇"是锄弓切，四等的"嵩"是息弓切，舌音三等的"中"是陟弓切。"崇""嵩""中"的反切下字相同，说明都是三等。"崇"因为是庄组字列在二等，是假二等。"嵩"因为是精组字列在四等，是假四等。又例如第二十五图齿音"巢"是锄交切，"梢"是所交切，它们都属肴韵，"肴"是胡茅切。巢、交、肴、茅是一类是二等，也就是真二等。又同一栏宵韵的"昭"是止遥切，"烧"是式招切，"韶"是市昭切而"招"又是止遥切。可见昭、遥、招、韶是一类,是三等。其他等的真假也都可以从反切下字看出来。

4. 喉音里的"清浊"(次浊)是指喻母,喻母实际上包括两个声母,一个是云母,另一个是以母。这两个声母都只能跟三等韵母结合。放在同一栏同一行里也能发生矛盾。解决的办法是把云母字放在三等的位置上,把以母字移到四等的位置上。例如第七图"洧""位"是云母三等字,放在三等的位置上。"唯""遗"是以母三等字移到四等的位置上,这叫假四等,实际是三等,为了避免矛盾移到四等位置上。因此有的书把云母也叫"喻三",把以母也叫"喻四"。

以上所讲《韵镜》中关于"等"的问题,都是些最主要的。此外《韵镜》上对"等"的安排也还有少数字跟实际不符的,在唇音、牙音和喉音中都有,本书不能一一说明。读者可用《方言调查字表》跟《韵镜》对照比较。凡两者有分歧的地方,以《方言调查字表》为准,因为该表是合乎实际的。

(二)不同的韵部或韵母有时也放在同一栏里,为什么也不发生矛盾?

这个问题上一节已经涉及,这一节再专谈一下。不同的韵部或韵母放在同一栏里所以不发生矛盾,是因为各韵母的"等",除了个别情况,一般说不相同。例如第二图冬和钟、宋和用、沃和烛都放在一栏里(冬韵没有上声。所以肿韵独占一栏)。原因是冬、宋、沃只有一等,钟、肿、用、烛只有三、四等(假四等)。凡是在一等位置上的都是冬、宋、沃各韵的字。凡是在三、四等位置上的都是钟、肿、用、烛各韵的字。例如"宗"在一等是冬韵的字,"钟"在三等是钟韵的字。实际放在四等位置上的也是钟、肿、用、烛各韵的字,它们本来应该在三等,由于区别不同的声母,才放到四等的位置上(说见上)。

有时四个韵母也能同时放到一栏里,例如第二十三图寒删仙先，旱潸狝铣，翰谏线霰，曷黠薛屑，都是四个不同的韵母同时放在一栏里。它们为什么不发生矛盾？原因是各韵母的等不同，寒旱翰曷是一等，删潸谏黠是二等，仙狝线薛是三等，先铣霰屑是四等。[①] 因此放在一等的位置上的都是寒旱翰曷各韵母的，如单（寒平）、亶（旱上）、旦（翰去）、达（曷入）等。放在二等的位置上的都是删潸谏黠各韵母的，如姦（删平）、赧（潸上）、晏（谏去）、八（黠入）等。放在三等的位置上的都是仙狝线薛各韵母的字，如乾（仙平）、展（狝上）、战（线去）、舌（薛入）等。放在四等的位置上的都是先铣霰屑各韵母的字，如天（先平）、典（铣上）、见（霰去）、节（屑入）。

齿音一栏包括三组声母，比较难于辨别，再加上几个韵部同处一栏里，情况就更加复杂。现在拿第二图的齿音作例进行分析。

下边根据《韵镜》第二图的齿音一栏，作了一个表。表中各栏横数是等别的不同。在同一横栏内竖排是声母的不同。竖排各栏是声调和韵母的不同。其中括弧内的说明是本书著者加上的。这样可能对了解《韵镜》有些帮助。

		（一等）	（二等）	（三等）	（四等）	
齿	清	宗（精、冬）	○	锺（章、锺）	縱（精、锺）	（平声）冬锺
	次清	騘（清、冬）	○	衝（昌、锺）	樅（清、锺）	
	浊	賨（从、冬）	○	○	從（从、锺）	
	清	鬆（心、冬）	○	舂（书、锺）	淞（心、锺）	
音	浊	○	○	鳙（禅、锺）	松（邪、锺）	
齿	清	○	○	腫（章、肿）	縱（精、肿）	（上声）肿
	次清	○	○	䡴（昌、肿）	愡（清、肿）	
	浊	○	○	○	○	
	清	○	○	○	悚（心、肿）	
音	浊	○	○	尰（尰）（禅、肿）	○	

① 参看第二章第二节“切韵音系的韵部和韵母”。

续表

		（一等）	（二等）	（三等）	（四等）	
齿	清	综(精、宋)	○	種(章、用)	縱(精、用)	（去声）宋用
	次清	○	○	○	○	
	浊	○	○	○	從(从、用)	
	清	宋(心、宋)	○	○	○	
音	浊	○	○	○	頌(邪、用)	
齿	清	傶(精、沃)	○	燭(章、烛)	足(精、烛)	（入声）沃烛
	次清	○	俶(娕)(初、烛)	觸(昌、烛)	促(清、烛)	
	浊	○	崒(崈)(崇、烛)	贖(船、烛)	○	
	清	洬(心、沃)	○	束(书、烛)	粟(心、烛)	
音	浊	○	○	蜀(禅、烛)	續(邪、烛)	

这个表里所列的字都是按原形抄录，其中有的有校勘问题，前边已经说明，这里不再重复。

《韵镜》用较少的图表(43 个图)表示复杂的声、韵性质以及声、韵的关系，包括了切韵音系的全部音节，因此有时不得不把不同的声母或不同的韵部放在一个栏里。例如把声母精清从心邪、庄初崇生、章昌船书禅，把韵部冬和钟等放在一栏里。这样有时就违反了定等的原则。等是根据韵母有无韵头[i]或韵腹是不是[i]和发主要元音时口开的大小而定的。[①] 这也就是说等是韵母的性质问题。在声、韵配合时等是有作用的，例如非敷奉微只能跟三等韵结合，不能跟一、二、四等韵结合。但等跟声母的性质无关。在《韵镜》里为图表的数量所限，把不同的声母或不同的韵母挤在一个栏里。这样有时只好把同一个韵母的不同音节，按声母的不同放在不同的等别里。例如同是烛韵[iwok]，只把声母是章昌船书禅的放在三等的位置上，而把声母是庄初崇生的放在二等的位置上，把声母是精清从心邪的放在四等的位置上。这全是人为的规定。这个传统延续下

---

① 参看第一章，第四节，六"等呼"。

来，一直到清末梁僧宝的《四声韵谱》还是把应该是三等韵而跟庄初崇生(也叫照二)结合的放在二等，把应该是三等韵而跟精清从心邪结合的放在四等。这样既不合乎音理，看起来也不醒目。因此也有些人对韵的分等概念不清，误认为等也跟声母性质有关，如认为庄组声母性质就是二等，以母的性质就是四等。这都是错误的。这都是从韵图的处理不当而产生的误解。

中国科学院语言研究所编的《方言调查字表》就完全根据韵母的性质确定韵母的等别。① 使每个韵母跟每个声母都有相遇的机会。凡是能结合的，就把结合成的字写在格子里，不能结合的就空着。这样就避免了互相矛盾的现象，也不致因为避免矛盾而改变了原来的等别。虽然多用了一些图，多占了一些篇幅，但眉目清楚，并且合乎实际不违背音理。

---

① 韵母的性质是从反切下字确定的，详见陈澧《切韵考》外编。

第六节　切韵音系的性质

关于切韵音系的性质，多少年来就有以下两种截然不同的看法：

一、以《广韵》为代表的切韵音系是陆法言等人把古今音和当时各地方音拼凑或者说综合起来的。持这种看法的人可以拿章太炎为代表。他说："《广韵》所包，兼有古今方国之音，非并时同地得有声势，二百六种也。"

现在还有些人是这样看的，他们的理由大致有以下两个：

（一）陆法言在《切韵》序上说："因论南北是非，古今通塞，欲更捃选精切，除消疏缓。"可见陆法言自己已经承认《切韵》是把古今南北的语音加以整理选择而写成的。

（二）普通话语音的韵母只有 39 个，而切韵音系的韵部有 206 个，为什么这么多？原因是切韵音系把古代不同韵部的和方音不同韵部的都分开，也就是从其分，不从其合。这样韵部就增多了。

二、切韵音系不是杂糅古今而是隋唐时代一个地方的语音或一些地方的、共同语语音的实录。这样主张的有陈寅恪①、李于平②、王显③、邵荣芬④等。

我基本上赞成以上所说两派中的第二派。我不同意切韵音系是杂糅古今语音而成的，我认为它基本上是隋唐时代一些地方使用的共同语语音的实录。以下具体谈谈我的看法。这些看法中有的是有人谈过的，有的还没见别人谈过，读者可以参阅上边所提各家的文

---

① 见《从史实论切韵》，《岭南学报》1949 年 9 卷 2 期。
② 《陆法言的〈切韵〉》，《中国语文》1957 年第 2 期。
③ 《〈切韵〉的命名和〈切韵〉的性质》，《中国语文》1961 年第 4 期。
④ 《〈切韵〉音系的性质和它在汉语语音史上的地位》，同上。

章，不一一说明。

一、切韵音系不可能是古今杂糅的

（一）切韵音系不可能是系统地全面地综合了隋唐以前的古音。对先秦以来的古音比较有系统的研究开始于宋朝吴棫的《韵补》，到明朝陈第的《毛诗古音考》才对古今音的变革有了比较正确的认识。隋唐时代的人对古音是无知的，有许多事实都说明隋唐时人不懂古音，[①] 一直到清代以至最近才把先秦古音的大概情况搞明白。可见隋唐时代人把古音系统地综合到《切韵》里，这是不可能的，但这也不等于说在切韵音系里一点古音成分也没有。切韵音系里包含某些古音成分也很有可能，这在后边再进一步说明。

（二）切韵音系不可能是系统地全面地综合了当时各地的方音。理由有以下三个：

1. 在当时的条件下，陆法言、颜之推等九个人，系统地调查各地方音是不可能的。在社会主义社会中由国家组织人力，委派专家调查各地方音都不是轻而易举的事。从 1955 年到现在科学院语言研究所作了一些调查方言的工作，还没有作得很好，也没有总结。据《切韵》序上说，《切韵》的体系是由刘臻等八人加上陆法言共九个人在一个晚上临时聚会中搞成的，这更不可能。

2. 切韵音系内部有整齐、严密的规律，例如：

非敷奉微只跟三等韵结合，不跟其他各等韵结合。

端透定只跟一、四等韵结合，不跟二、三等韵结合。[②]

有的"摄"有合无开，如遇、通。有的摄有开无合，如效、流、深、江等等。

---

① 参看顾炎武《答李子德书》，见《音学五书》开头。

② "打"字是二等，是例外。

有了这样整齐、严密的规律，才能成为一个音系。如果把各地方音杂凑起来，不可能有这样整齐、严密的规律。比如北京大学中国语言文学系语言教研室编过一本《汉语方音字汇》，这本书收集了17个地方的方音。这是17个方音的杂凑，不可能从这里整理出一个完整的、严密的音系。比如在北京音系中[f]不跟齐齿呼和撮口呼韵母结合。在《汉语方音字汇》中就不能整理出这样的规律，例如"飞"苏州话和梅县话都是[fi]。

又例如在北京音系中[ts]、[ts']、[s]、[k]、[k']、[x]都不跟齐齿呼和撮口呼韵母结合。但在其他某些方音中这两组声母都能跟齐齿呼和撮口呼韵母结合，如"精"在河北、河南一些地方就读[tsiŋ]，"经"在山东东部一些地方就读[kiŋ]。[①]

总之，在《汉语方音字汇》这样把各地方音杂凑在一起的材料中不可能整理出一个完整的严密的音系来。同样《切韵》如果也是杂凑方音而成的，也不可能有完整、严密的规律形成"切韵音系"。何况再加上隋唐以前的古音，那就只能是杂乱无章的一堆材料，谈不上有什么内部规律了。

3. 如果是把各地方音杂凑成书，异读字会多得难以想象。

异读字是同一个词在同一个音系中有不同的读音，例如在北京音系中"波"有[po]和[p'o]两种读法。"车"有[tʂʏ]和[tɕy]两种读法，"血"有[ɕie]和[ɕye]两种读法。在切韵音系中同样存在异读字，例如"虹"有古巷和户公两切，"嘚"有户冬、胡宋和徒送三切等等。据姜亮夫的统计，《广韵》中异读字有3751个。[②]《广韵》全书字数是26194个，异读字占14.32%。《广韵》中异读字不全是一个词的异读，例如"调"徒吊切是音调的调，徒聊切是调和的调。"重"，直陇

---

① 按严式标音应该是[ɕiŋ]。
② 见姜亮夫《瀛涯敦煌韵辑》卷十四。

切，是轻重的重；直容切，是重复的重。而真正是一个词的异读为数不是太多的。

如果《切韵》是用各地方音杂凑起来的，异读字就会多到难以想象。拿现代汉语来比，例如"人"各地的读音很分歧，现在只举几个点：

北京[zən]　　西安[zē]　　太原[zəŋ]　　汉口[nən]

成都[zən]　　扬州[lən]　　苏州[n̠in]　　温州[zaŋ]

沈阳[in]　　　南昌[lən]　　广州[jèn]　　厦门[laŋ]

潮州[naŋ]　　福州[iŋ]

如果用这些方音作材料编成一部韵书，如何编法？是从其中选一个或一些音，还是都容纳进去？如果从其中选一个或几个，选的标准是什么？如果都容纳进去，那就会杂乱无章，异读词要多到骇人的程度。就不会像《广韵》那样只占 14% 多一点了。

二、切韵音系韵部的数量问题

有人认为北京音系的韵母是 39 个，而《广韵》有 206 韵。为什么相差这样大？因而怀疑《广韵》的 206 韵是把古今的韵杂凑起来而成的。把《广韵》的 206 韵同普通话 39 个韵母这样简单地对比得出来的认识是不科学的。下边把这个问题加以分析：

《广韵》中的 206 韵是韵部，而不是韵母。有的韵部包含两个韵母，例如东韵包含合口一等和合口三等两个韵母。戈韵包含开口三等、合口一等和合口三等三个韵母。这样《广韵》的韵母就不是 206 个了。根据科学院语言研究所编的《方言调查字表》统计一下，《广韵》共有韵母 284 个。[①] 北京音系的韵母如果按切韵音系的算法要把

---

① 这个数字不是十分准确，例如冬韵的上声字少，附在肿韵里，臻韵字少，附在真韵里，栉韵字少，附在质韵里，痕韵的入声字少，附在没韵里等，都没有计算在内。

声调计算在内，那就不是 39 个。根据《中华新韵》统计的结果是 149 个，这还没把轻声计算在内，如果轻声也算，那就更多了。

拿《广韵》的 284 个韵母同北京音系的 149 个韵母相比，《广韵》的韵母是多了一些。但是不能只看这两个数字，就对《广韵》的韵母怀疑，应该看看其他各方言。下面就几个方言的韵母谈谈：

潮州话的韵母共 76 个，其中舒声韵 49 个，促声韵 27 个。舒声有 6 个声调（阴平、阳平、阴上、阳上、阴去、阳去）。促声韵有 2 个声调（阴入、阳入）。有的舒声不能 6 个声调全有，有的促声也不能 2 个声调全有。根据潮州话声、韵、调配合表，[①] 凡韵母和声调都具备就算一个韵母，某个声调缺字的不算。这样潮州话共有韵母 307 个。

临川话共有韵母 73 个。舒声韵 48 个，促声韵 25 个。舒声有 5 个声调（阴平、阳平、上声、阴去、阳去）。促声有 2 个声调（阴入、阳入）。根据罗常培先生《临川音系·临川韵镜》，凡是只有韵母而某个声调缺字的去掉，共有 263 个韵母。

此外，广州话的韵母 84 个。其中舒声韵 56 个，促声韵 28 个。舒声有 6 个声调（阴平、阳平、阴上、阳上、阴去、阳去）。促声韵有 3 个声调（上阴入、下阴入、阳入）。[②]

厦门话的韵母共 86 个。其中舒声韵 44 个，入声韵 42 个。舒声有 5 个声调（阴平、阳平、上声、阴去、阳去）。入声韵有 2 个声调（阴入、阳入）。[③]

如果把这些方言的韵母统计一下，都能接近或超过《广韵》韵母的数目。

总之，《切韵》韵母的数目，同现代各方言的韵母数目相比，有

---

① 见詹伯慧《潮州方言》，《方言和普通话丛刊》第二本（第 57—72 页）。
② 参看《方言和普通话丛刊》第一本，陈慧英、白宛如写的《广州音和北京音的比较》。
③ 参看《汉语方言词汇》（第 14 页）。

的是方言的韵母比《广韵》多，例如潮州；有的是方言的韵母和《广韵》接近，例如临川；有的方言的韵母比《广韵》少，例如北京。既然某些方言的韵母可以比《广韵》多，当然某些方言的韵母也可以比《广韵》少。这是毫不足奇的。因此只看到北京音系的韵母比《广韵》少就对《广韵》韵母的数目怀疑，是没有科学根据的。

三、切韵音系是不是一时一地语音的记录？它同古今音的关系如何？

切韵音系不是杂糅古今语音而成已如上述，但它是不是一时一地的语音实录呢？有人认为切韵音系是长安语音实录，[①] 也有人说它是以金陵士族语音为主，也就是东晋以前洛阳话的移植。[②] 我认为切韵音系基本上是记录了隋唐时代的"普通话"，但这个"普通话"不能像现在我们说的普通话那样严格。现在的普通话是"以北京语音为标准音"[③]，隋唐时代的"普通话"不可能明确地严密地以一个方音为标准。因为现在的普通话语音是从 1912 年读音统一会以来，由国家有组织有计划地逐渐明确起来的。《切韵》的系统的制订是在当时的条件下，由九个人在短暂的时间内（一夜之间）拟成的，不可能像现在普通话语音那样明确严密。《切韵》应该是根据当时较广大的地区（包括金陵、洛阳、长安等地）上层社会公用的，大家都能基本上听懂的"普通话"的语音。都能听懂是因为音类大致相同，因为音类大致相同，所以内部规律容易整齐、严密。而音值可能各地有细微的差别，但这种差别不影响互相交际，也可以不影响内部规律的整齐、严密。拿今音来比，例如[in]这个韵母，北京读[in]，济

---

① 见高本汉《中国语言学研究》和马伯乐《唐代长安方言》。

② 陈寅恪的主张，见前注。

③ 见 1956 年 2 月 6 日《国务院关于推广普通话的指示》。

南和西安读[iẽ]。① 就音值说[in]和[iẽ]有区别，就音类说是一个音类。这种差别既不影响三个地方互相交际，也不影响音系上的规律。在北京音系中[in]不同[k]、[kʻ]、[x]、[ts]、[tsʻ]、[s]结合，济南和西安音也是这样。"金"（古见母）北京读[tɕin]，"津"（古精母）北京也读[tɕin]。"金"济南和西安读[tɕiẽ]，"津"济南和西安也读[tɕiẽ]。

又如声调，北京有四个声调：

阴平	阳平	上声	去声
55	35	214	51

西安和济南也有这四个声调：

济南的四个声调：

阴平	阳平	上声	去声
213	42	55	21②

西安的四个声调：

阴平	阳平	上声	去声
21	24	53	45③

这三个地方的四个声调调值不同，有的差别较大，但调类相同，每个调类所包含的字也基本相同，只有少数字有出入。因此三个地方的人各用自己的声调互相交际，彼此可以类推，一般说不致误解。

现代人在思想上有了"以北京语音为标准音"的明确观念，又有了记音的工具：注音字母、拼音字母、国际音标等，有了这些条件，就产生了有明确标准的普通话语音。《切韵》制订的时代没有这些条件，要制订韵书也只有像《切韵》那样，有了音类（包括调类），

---

① 见《汉语方音字汇》（第 214 页）。
② 见《汉语方言词汇》（第 4 页）。
③ 见《汉话方言词汇》（第 5 页）。

至于音值(包括调值)如何,可以因地区的不同而有细微的差别。

现在谈谈切韵音系同切韵音系以前的古音和当时方音的关系。切韵音系不能是切韵音系以前的古音和当时各方音杂凑起来的,前边已经谈过。但又不能设想切韵音系中一点也不参杂古音和方音成分。譬如现在的普通话语音是严格根据北京语音的,但在《中华新韵》①中规定支、儿、齐可以通用,这反映了现代民歌、戏曲、新诗、谚语等实际用韵的情况。例如:

有话送给知人,有饭送给饥人。(谚语)

"知"同"饥"押韵。在《中华新韵》中"知"属支韵,"饥"属齐韵,两者不同韵而规定通用。在《广韵》中"知"属支韵,"饥"属脂韵,也规定同用。

又例如郭小川的诗句:

"你们的问题是在这里!"

党委书记指一指那面绛紫色的旗子。

"它如果真有革命的英雄主义,

就是跌倒了,也能够爬起!"②

在《中华新韵》中,"子"属支韵,"里"和"起"属齐韵,不是一个韵,但规定通用。在《广韵》中"子""里""起"都属止韵。

从以上各例可见在用普通话写的韵文中也有古音的影响,严格根据北京音系制定的韵书《中华新韵》中也不得不承认这个事实,明文规定用普通话写的韵文中可以有一定程度的古音成分。

隋唐时代既没有严格地根据一个方音确定民族共同语的思想,又没有根据国家法令有计划有组织地来这样做。只是由几个学者根

---

① 1941 年国民党政府公布,当时有木刻本。1950 年商务印书馆出版黎锦熙编的《增注中华新韵》。

② 见《两都颂·胜利矿纪事·不倒的旗》。

据当时一般的语音并参考了以前的韵书,① 制定了一部《切韵》。这样就不可能没有一点古音的影响。

现在就以下几组韵的分合问题,谈谈切韵音系同古音的关系:

声调	平	上	去	
广韵韵部	支	纸	寘	三韵同用
	脂	旨	至	
	之	止	志	

这三组韵在先秦两汉严格区分,不相混。这是段玉裁首先提出的。王念孙、江有诰以至现代的音韵学家都承认,这是段玉裁的重要贡献。他说"支脂之三韵,分之所以存古,类之所以适今"②。这是说在隋唐时代这三组韵已经不分,《切韵》把它们分开是为了存古。《广韵》标明同用是为了适合当时的语音。这话是可信的。但是段玉裁主张这三组韵是到隋唐时代突然合起来的,他在两处都是这样说的。他在《六书音韵表》里说"支与脂、之同用,则唐以前上自商颂,下迄隋季未见有一篇蹈此者","唐以前,支韵必独用"。他在给江有诰的信《答江晋三论韵》中说:"陈隋以前支韵必独用,千万中不一误。"这种看法不免引起我们的怀疑。因为语音的演变尤其是音类的变化是渐变的,也就是说是缓慢的,有时要延续几百年才能完成,没有突变。支、脂、之三组韵隋唐以前严格分开,到隋和唐初突然合一,这不合乎语言发展规律。为了解决这个问题,我曾查阅了一些资料,发现在汉魏之际已经有三组韵不分的例子。

我们看看阮籍《咏怀》中的一首:

---

① 如吕静的《韵集》、夏侯咏的《韵略》等,均见《切韵·序》。
② 见《六书音韵表》。

出门望佳人，佳人岂在兹（之）。

三山招松乔，万世谁与期（之）。

存亡有长短，慷慨将焉知（支）。

忽忽朝日隤，行行将何之（之）。

不见季秋草，摧折在今时（之）。①

这首诗支、之不分。阮籍生于汉献帝建安十五年（公元 210），卒于魏元帝景元四年（公元 263）。是汉魏之际三组韵已经相混。

我们再看看晋宋之际陶潜和谢灵运的诗：

陶潜（372—427）的以下各诗都是三组韵不分的，为了节省篇幅不录全诗只举押韵的字：

《饮酒二十首》（之九）

姿（脂）　　枝（支）　　奇（支）　　为（支）　　羁（支）

《读〈山海经〉十三首》（之十一）

旨（旨）　　死（旨）　　履（旨）　　恃（止）

《读〈山海经〉十三首》（之十二）

士（止）　　止（止）　　尔（纸）　　子（止）

谢灵运（385—433）的以下各诗也是三组韵不分的：

《会吟行》

汜（止）　　理（止）　　里（止）　　杞（止）　　似（止）　　雉（旨）

沚（止）　　子（止）　　纪（止）　　止（止）　　市（止）　　梓（止）

已（止）

《酬从弟惠连》（之四）

时（之）　　迟（脂）　　期（之）　　思（之）　　时（之）

---

①　括弧中是《广韵》韵部，以下同此。这些字的音除下页的奇、为、羁、计等字外，和先秦古音也是一致的。

《初往新安桐庐口》

至（至）　　思（志）①　意（志）　　计（霁）　　驶（志）②

媚（至）　　憙（志）③

《拟魏太子邺中集诗八首·阮瑀》

起（止）　　巳（止）　　士（止）　　沚（止）　　汜（止）　　子
（止）　　耳（止）

始（止）　　美（旨）

到了隋唐时代这三组韵不分，成了普遍的现象，例如隋唐之际的褚亮、刘孝孙、王珪等人的诗，盛唐时王维、李白、杜甫等人的诗往往这三韵不分。④

这样隋唐时代支、脂、之三组韵不分就不是突然的。《切韵》成书于隋文帝开皇初，开皇元年是公元581年。如果从阮籍生年210年算起，到隋开皇元年已经371年了。支、脂、之三组韵的从分逐渐到合用了三百多年，到隋唐时代完成，这是可信的。

以上是说支、脂、之三组韵在隋唐时代已经不分，《切韵》分开是保留了古音。但是也不能排除另一种情况，即这三组韵在隋唐时大部分地区已经不分，而在某些地方还能分。如果是这样《切韵》里边就保留了方音。

总之，《切韵》里边可能有古音成分，但这是古音的残留，数量不多，不是大量地全面地保留古音。这些古音成分也不影响切韵音系内部规律的完整和严密。

下边谈谈《切韵》序中关于"南北是非，古今通塞"一段如何理解。《切韵》序中说：

---

① "思"有平、去两读。

②③ "驶"和"憙"都有上、去两读。

④ 为了节省篇幅这些诗人的作品中支、脂、之三组韵不分的例子不一一列举，读者可以从《全唐诗》中查对原作的押韵。

论及音韵，以今声调既自有别，诸家取舍亦复不同。吴楚则时伤轻浅，燕赵则多伤重浊；秦陇则去声为入，梁益则平声似去。又支脂、鱼虞，共为一韵；先仙、尤侯，俱论是切。欲广文路，自可清浊皆通；若赏知音，即须轻重有异。[1] ……因论南北是非，古今通塞，欲更捃选精切，除削疏缓。

这一段主要是说当时各地方音分歧，其中也涉及古今韵部的变化和分合的问题，例如支脂、鱼虞、先仙等的分合。编写韵书有时要有所选择。关于古今韵部的分合问题，前边已经谈过一些。下边只就方音的分歧，和编写韵书时的选择问题谈谈。方音的问题有以下二种情况：

一、各地的音类相同而音值不同。这又可以从声调和韵母两方面来谈。先说声调，各地的调类相同而调值不同。根据我们看到的材料从齐梁以来汉语的声调只有平上去入四个，没有其他调类。隋唐时代各方言的调类也不会超出或少于这四个调类，而各地的调值是有分歧的。《切韵》序上所说"秦陇则去声为入，梁益则平声似去"，说的是调值的差别。调值上高低升降长短的差别现在可以用标尺、数字等方法来表示。隋唐时代没有这些方法，在韵书上就没法表示调值的不同。韵书上只能指出调类，各地方的人按他们自己方音的调值去读。当时的音韵学者可能在口耳上有标准，根据这个标准来判断是非。这个标准是什么？颜之推在《颜氏家训·音辞》里说："共以帝王都邑，参校方俗，考核古今，为之折衷。搉而量之，独金陵与洛下耳。"颜之推是参加制订《切韵》成员之一。他所说的"帝王都邑""金陵与洛下"的语音很可能就是正音的标准。"秦陇则

---

[1] "清浊"有时指音的高低，高音叫"清"，低音叫"浊"（详见童伯章的《中乐寻源》）。有时指发声母时，声带是否颤动，声带颤动的叫"浊"，反之叫"清"。总之，古人用这个词的含义不甚明确。"轻重"有时指音强，有时指响度，有时指音高；意义也有些含混。这里的"清浊"和"轻重"是指韵母上的细微差别。

去声为入"是说秦陇一带去声的调值同金陵、洛下相比，类似金陵、洛下入声的调值。"梁益则平声似去"是说梁益①一带平声的调值像金陵、洛下去声的调值。如果正音，要以金陵、洛下为准。但这在当时只能从口耳上纠正，韵书上是没法表现的。这也就是说各地的声调在当时的韵书上是没有什么选择的余地的。

如果说在声调上《切韵》有所选择，那不是调类，而是某个调类中的少数字。例如"荡"字魏晋读平声，② 后来变为去声。可能在隋唐时方音中还有读平声的，但《切韵》按金陵、洛下的标准定为去声。又如"下"字，汉魏晋南北朝都读上声不读去声。③ 可能到隋唐时代各方言中上去两声都有，《切韵》上声马韵和去声祃韵都收。

在韵母上各地方音也可能音类相同而音值上有的有细微差别。韵母上的音类相同指韵部、等、开合都相同，音类相同也还可以有细微差别，如元音鼻化（像［in］和［iẽ］）、元音的长短、轻重等。拿今音来比，广州的韵母有许多是长元音，同其他许多方音不同，广州的二合元音韵母，音节中心前后不同而韵母不同等。④ 隋唐时代如果也有类似的差别，在当时的韵书上是没法表现的。如果正音也只能在口耳之间进行。这也就是说像这样韵母上的差别当时的韵书也无能为力，也就是谈不到选择。

但在韵母上当时也有少数或个别字存在归类的问题。即在各方言中虽然韵母的音类相同，但某些字可能在不同的方言里所属的韵部或韵母不同。例如"兵"，《隋书·天文志》同"光""强""丧"押韵，应属阳韵，但魏王粲的《刀铭》已经同"清""呈""形""灵"押韵，又应该属清韵或青韵。《广韵》把"兵"归入庚韵。又如"横"，曹植《赠白

---

① 今陕西南部和四川。
② 详见江有诰《唐韵四声正》"荡"字条。
③ 参看王力先生的《汉语音韵学·古代声调问题》。
④ 参看《方言和普通话丛刊》第一本。

马王彪》同"苍""冈""黄"押韵，《隋书·天文志》同"洋""煤"押韵，也应归入阳韵，而《广韵》在唐、庚、映三韵中都收。可见在《切韵》编写时有些字各地所属的韵部或韵母不同，《切韵》的编者有所选择，有的划归某一韵，有的不同读法并存，归入几个韵。标准可能是根据金陵、洛下音。"横"在三韵中并存，可能在金陵、洛下音中就有三种异读。

二、各地方音在音类和音值上都有区别。例如《广韵》中的江韵在先秦属东部，东韵和江韵不分。后来江韵逐渐从东部分出，这个过程从南北朝一直到中唐才完成。顾炎武说"唐开元大历时江字尚读为工."但南北朝宋的沈演之《嘉禾颂》里"江""巳""同""彰""厢""阳"（《广韵》都属阳韵）为韵。① 可见《切韵》成书时在各地方音里同时存在两种情况，一种是江韵还没有同东韵分开，这从李华、李翱、柳宗元的韵文中可以看出。另一种是江韵和东韵已经分开。在《切韵》的编写中这两种情况要有所选择。选择的结果是江韵从东韵中分出来。

根据以上的分析，《切韵》的编写可能包含某些方音成分，也可能保留某些古音成分，但基本上是按当时以"帝王都邑"为中心的共同语的音系编写的。尽管有某些方音成分和少量的古音的残留，仍然不影响共同语音系的完整性和严密性。因此《切韵》所保存的材料，在汉语语音史上是十分有价值的。

---

① 以上均见顾炎武《唐韵正》"江"字条下。

第三章　先秦古音

先秦古音是指从西周到秦的古音。按年代顺序应该先谈这部分。但是研究先秦古音必须先了解切韵音系，用切韵音系比较、对照才容易看清先秦古音的本来面目，三百多年来的音韵学家都是这样做的。所以我们把先秦古音放在切韵音系之后，这样既便于研究，也便于说明和学习。

先秦古音也叫上古音。我们没有叫上古音，因为上古音要追溯到殷商和殷商以上的古音。我们为材料所限不能这样做，所以叫"先秦古音"。

研究先秦古音的方法跟研究切韵音系大不相同。研究切韵音系有隋唐以来传留下来的韵书、字母，有唐宋以来的等韵之学，有些韵图可供参考。因此对象明确，材料充分，比较容易着手。先秦古音的研究则是没有在先秦时代就已经整理好的现成材料可以依据，只能从文字记录的原始语言材料去整理归纳。因此这项工作要比研究切韵音系更难。如果从明朝顾炎武算起，三百年来虽然成绩显著，但仍有许多问题没有解决，需要进一步研究。

第一节　先秦古音的声母

一、研究先秦古音声母所依据的材料

研究切韵音系的声母可以依据的材料较多，较明确，例如韵书上的反切上字，韵图上的字母等。研究先秦古音的声母没有这些材料，只能从下列一些材料中，间接推知：

（一）形声字的声符

例如"排"，《说文》"从手，非声"①。可以推知"非"和"排"声母相同。"都"，《说文》"从邑者声"②。可以推知"都"和"者"声母相同。

（二）声训

在训诂中有声训一类。主张声训的人认为词（字）的声音相同或相近有时意义也相同或相近，因此他们用声音相同或相近的字来解释某些字。例如《说文》"天，颠也"③。"天"和"颠"声母相同。《释名》"冬，终也"④。"冬"和"终"声母相同。

（三）读若或读为

发明反切之前古人注音往往用读若或读为。例如《说文》"沖，读若动"⑤。"沖"和"动"声母相同。《周礼·秋官》"壶涿氏下士一人，徒二人"。注："故书涿为独，郑司农云独读为浊。""独"和"浊"声母相同。

（四）异文

古书中往往同一个材料而文字不同，从不同的文字中可以看出

---

① 《说文》十二上手部。
② 《说文》六下邑部。
③ 《说文》一上一部。
④ 《释名·释天》第一。
⑤ 《说文》十一上二水部。

古声母的情况及其发展变化。例如：《论语·季氏》"且在邦域之中矣"。《经典释文》"邦域，邦或作封"。"邦"和"封"先秦声母相同。《诗·鄘风·柏舟》"实为我特"。《经典释文》"我特，……韩诗作直"。"特"和"直"先秦声母相同。

（五）异切

从汉末到隋古书注释中的反切，往往同一个字而各家所用反切字不同。从不同的反切上字，可以推测古代的声母。例如《诗·大雅·云汉》"蕴隆虫虫"。《经典释文》"虫虫，直忠反，徐（邈）徒冬反，……郭（璞）又徒冬反。《韩诗》作烔，音徒冬反"。可证"虫"和"徒"古声母相同。又《诗·邶风·终风》"终风且霾"，《经典释文》"且霾，亡皆反，徐（邈）又莫戒反"。可证"霾"、"亡"、"莫"古声母相同。

以上所说的材料，在研究古韵部时也有用处。但研究古韵部这些材料不是主要的。研究古声母这些材料则是主要的。

二、先秦古声母的研究中一些主要成就

（一）古无轻唇音

这是钱大昕提出来的。钱大昕（1728—1804），字晓徵，号辛楣。他认为先秦没有非敷奉微等轻唇音，轻唇音是后代从重唇音帮滂并明分化出来的。[①] 这种看法证据确凿，合乎古音实际，并且对研究和阅读古书的帮助很大。例如：

《诗·邶风·谷风》"匍匐救之"，《礼记·檀弓》引"匍匐"作"扶服"，《家语》引作"扶伏"。《诗·大雅·生民》"诞实匍匐"，《经典释文》"匍匐，亦作扶服"。《左传》昭十三年"奉壶饮水，以蒲伏焉"。

---

① 见钱大昕《潜研堂文集》卷十五。

《经典释文》"蒲"下注"本又作匐同，步都反，又音扶，本亦作扶"。
"伏"下注"本又作匐同，蒲北反，又音服"。"匍匐""扶服""扶伏"
"蒲伏"都是同一个词的不同写法。"匍"（并）"蒲"（并）是重唇音，
"扶"（奉）"伏"（奉）是轻唇音，先秦不分。

《诗·小雅·车攻》"东有甫草"，《水经注》、王逸《楚辞》注引诗
"甫"作"圃"①。"甫"（非）是轻唇音，"圃"（帮）是重唇音。

《庄子·逍遥游》"化而为鸟，其名为鹏"。《释文》"鹏，……崔
（譔）音凤，云'鹏即古凤字'"。"鹏"（并）是重唇音，"凤"（奉）是轻
唇音。

《书·禹贡》"岷山之阳"，"岷山导江"。《史记·夏本纪》"岷山"
皆作"汶山"。"岷"（明）是重唇音，"汶"（微）是轻唇音。

(二)古无舌上音

这也是钱大昕提出来的，和古无轻唇音之说同样有价值。钱大
昕认为先秦两汉没有舌上音（知、彻、澄），舌上音是后来从舌头音
（端、透、定）分化去来的。② 例如：

《论语·公冶长》"或对曰申枨"。《史记·仲尼弟子列传》"申枨"
作"申党"。"枨"，直庚切，澄母字是舌上音。"党"（端）是舌头音。

枚乘《七发》"逾岸出追"。李善《文选》注："追，亦堆字，今为
追，古字假借之也。""追"（知）是舌上音，"堆"（端）是舌头音。

《说文》"田，陈也"。《史记·田敬仲完世家》："敬仲之如齐，
以陈字为田氏。"田、陈古同音。"田"（透）是舌头音，"陈"（澄）是舌
上音。

《荀子·正论》："故先王明之，岂特玄之耳哉。"杨倞注"特，犹直
也"。"特"和"直"同音，都训"但"。"特"（定）舌头音，"直"（澄）舌上音。

---

① 见《十三经注疏校勘记》。
② 见钱大昕《十驾斋养新录》卷五。

(三)娘日归泥

这是说先秦没有娘母和日母，娘母和日母是从泥母分化出来的。这是章炳麟提出来的。章炳麟(1869—1936)，又名绛，号太炎，浙江余杭人。他的有关音韵学的言论见于《文始》、《国故论衡》等书。娘母是舌面鼻音，泥母是舌尖鼻音，也可以把两者看成一个音位。下面通过一些例子，看看日母同泥母的关系：

《说文》入部和《释名·言语》"入，内也"。入，日母；内，泥母。

《释名·长幼》"男，任也"。《白虎通德论·嫁娶》"男者，任也"。任，日母；男，泥母。

《公羊传》定公八年"如丈夫何"，解诂曰"如犹奈也"。如，日母；奈，泥母。

《史记·周本纪》"慎靓王立，六年崩，子赧王延立"。索隐"按《尚书中候》以'赧'为'然'。郑玄云'然，读曰赧'"。然，日母；赧，泥母。

就形声字说，耐(泥)从而(日)得声，那(泥)从冉(日)得声等等，都能说明日母跟泥母的关系。

(四)庄组来源于精组

庄组庄、初、崇、生各母也叫"照系二等"，来源于齿头音精、清、从、心。这是黄侃提出来的。黄侃(1886—1935)，字季刚，湖北蕲春人。他的主张见于他的《声韵略说·论声韵条例古今同异下》。[①] 庄组跟精组的关系可以从形声字的声符看出来。庄组字所用的声符，往往是精组字。例如(见下表)：

---

① 见《黄侃论学杂著》(第100页)。

例字	例字的声母	例字的声符	声符的声母	例字	例字的声母	例字的声符	声符的声母
崇	崇	宗	精	臻	庄	秦	从
察	初	祭	精	骤	崇	聚	从
柴	崇	此	清	霜	生	相	心
疮	初	仓	清	瘦	生	叟	心

可见庄组字是从精组字分化出来的。

另外还有两个现象也能说明这个问题：

1. 有些字有几种读音，一种声母属精组，另一种属庄组。例如：省，有所景切，属生母；又有息井切，属心母。参，有仓含切，属清母；又有所今切，属生母等等。

2. 庄组字今音有一部分读[tʂ]、[tʂʻ]、[ʂ]，如争、窗、山等。另一部分读[ts]、[tsʻ]、[s]，如仄、册、所等，而知组和章组字则没有读[ts]、[tsʻ]、[s]的。① 现在有的方言区[tʂ]、[tʂʻ]、[ʂ]跟[ts]、[tsʻ]、[s]不分，如果对声母的来源和古今音的变化有所了解，在学习普通话，辨别这两组声母的时候，或者指导别人辨别这两组声母的时候都有方便。

（五）章组来源于端组

章组章、昌、船、书、禅各母也叫"照系三等"，来源于舌头音端、透、定。在钱大昕谈古无舌上音时所举的例中已经涉及到章组跟端组的关系。例如他举《考工记》"玉梐（枱）雕矢磬"，注"故书雕或为舟"。"舟"属章母；"雕"属端母等等。黄侃的《论声韵条例古今同异下》中明确提出章组来源于端组。② 下边通过一些例来说明：

《礼记·曲礼下》"岁凶年谷不登"。注"登，成也"。《史记·乐书》"男女无别则乱登"。集解引"郑玄曰'登，成也'"。朱骏声说

---

① 参看第二章第二节"切韵音系的声母跟普通话声母的关系"。
② 黄侃文没有"章组"这个名称，他叫"照""穿""神""审"。

"登，假借为成"。郝懿行说"登，借为成"①。登（端），舌头音；成（禅），正齿音（章组）。

《白虎通德论·五行》"冬之为言终也"。《释名·释天》、《广雅·释诂四》"冬，终也"。冬，端母；终，章母。

《白虎通德论·礼乐》"钟之为言动也"。同上《五行》"钟者动也"。钟，章母；动，定母。

《释名·释疾病》"喘，湍也"。喘，昌母；湍，透母。

如果从形声字来看，"颛""揣"都属章母，"遄"属禅母，它们都从"耑"得声，而耑属端母。"都"（端）"堵"（端）等都从"者"得声，而者属章母。"凋"（端）"调"（定）"倜"（透）都是舌头音，都从"周"得声，而周属章母。"税"和"说"都属书母，而它们都从"兑"得声，兑属定母。

（六）云母归匣

这是说云母是从古代的匣母分化出来的，云母也称"喻母三等"。这是曾运乾提出来的。曾运乾（1884—1945），字星笠，湖南益阳人。他的《喻母古读考》载于《东北大学季刊》第二期。以下各例可以证明云母归匣的理论：

《诗·郑风·出其东门》"缟衣綦巾，聊乐我员"。《经典释文》"我员，韩诗作'魂'，魂神也"。员，云母；魂，匣母。

《诗·王风·兔爰》"有兔爰爰"。《尔雅·释训》"爰爰，缓也"。爰，云母；缓，匣母。

《史记·楚世家》"康王宠弟公子围"，集解"徐广曰'《史记》多作回'"。围，云母；回，匣母。

《说文·戈部》"或，邦也。……域，或又从土"。这是说"域"就是"或"的异体字。域，云母；或，匣母。

---

① 见《说文通训定声》"登"下的说明和《尔雅义疏》"登，成也"的说明。

（七）以母归定

这是说以母是从古代定母分化出来的。这也是曾运乾在他的《喻母古读考》里提出来的。因为从前把云母和以母合起来称为喻母。因为韵图上把以母放在四等，所以以母也叫"喻四"。以下各例可以说明以母跟定母的关系：

《易·涣》"匪夷所思"。《经典释文》"匪夷，荀（爽本）作匪弟"。夷，以母；弟，定母。

《管子·戒》"桓公去易牙，……五味不至"。《论衡·谴告》"狄牙之调味也"。"狄牙"即"易牙"。易，以母；狄，定母。

《书·说命》，《经典释文》"本又作兑，音悦"。说或悦，以母；兑，定母。

《史记·周本纪》"赧王延立"。索隐"皇甫谧云'名诞'"。延，以母；诞，定母。

此外章炳麟把章组声母并入精组声母，高本汉等认为先秦有复辅音，如[-kl]、[ɣl]等。这样看法还没有得到公认，但从通假字的运用中也得到证明。本书第四章中再详谈这样问题，这里就不多说了。

根据以前和当代人对先秦古声母的研究，可以粗略地把先秦古声母列成下表：

1. 帮[p]　2. 滂[p']　3. 並[b']　4. 明[m]

（非、敷、奉、微是从这一组分化出来的。）

5. 端[t]　6. 透[t']　7. 定[d']　8. 泥[n]　9. 来[l]

（知、彻、澄、以、娘、日、章、昌、船、书、禅是从这一组分化出来的。）

10. 精[ts]　11. 清[ts']　12. 从[dz']　13. 心[s]　14. 邪[z]

（庄、初、崇、生是从这一组分化出来的。）

15. 见[k]　16. 溪[kʻ]　17. 群[gʻ]　18. 疑[ŋ]　19. 晓[x]
20. 匣[ɣ]　21. 影[○]

（云母是从这一组分化出来的。）

因为材料不足当前各家对先秦声母的情况还没有一致的看法。这个表只是把前人和当代人研究的成果归纳一下，距离定论可能很远，只供今后进一步研究的参考。

第二节　先秦古音的韵部

一、研究先秦古韵部依据的材料

在前边谈先秦古音的声母的时候，曾经提到研究先秦声母依据的材料，其中的声训、读若、异文、异切等也对研究先秦的韵部有用。但这不是研究先秦古韵部的主要材料。研究先秦韵部的主要材料是先秦韵文，其次是形声字的声符。下边从这两方面具体谈谈研究先秦韵部的材料：

（一）先秦韵文

先秦韵文具体说有《诗经》、《楚辞》，除《诗经》外其他各经中有韵的材料、诸子中有韵的材料等。在这些材料中《诗经》又是最主要的，其次是《楚辞》。

《诗经》是我们能够看到的最早的先秦诗歌的总集，其中的用韵能够充分保存了先秦古音的韵部。因此从宋以来研究先秦古韵的各家都以《诗经》为主要材料。

从《诗经》中归纳古韵部是用联系的办法，例如：

为何（《邶风·北门》）

珈佗河宜何（《鄘风·君子偕老》）

皮仪为（《鄘风·相鼠》）

河仪它（《鄘风·柏舟》）

嘉仪（《小雅·宾之初筵》）

罗为罹吪（《王风·兔爰》）

议为（《小雅·北山》）

多何（《秦风·晨风》）

多驰歌(《大雅·卷阿》)

池麻歌(《陈风·东门之池》)

只就这几个例来说，"为"跟"何""皮""仪""罗""罹""吡""议"押韵。"何"跟"珈""佗""河""宜""多"押韵。"多"跟"驰""歌"押韵。"歌"跟"池""麻"押韵。这样"为""何""珈""佗""河""宜""皮""仪""罗""罹""吡""议""多""驰""歌""池""麻"等就同属一个韵部，这就是歌部。这只是歌部的一部分字。用同样方法，还能找出一些属于歌部的字。并用同样方法可以归纳出其他各韵部。这样就可以把《诗经》中用过的全部韵部都找出来。

这个方法好像很简单，其实不然。古今的音韵学家为了求得《诗经》韵部曾经付出了艰巨的劳动。如果从宋吴棫算起到现在用了八百多年的时间。清朝的音韵学家用力最勤，贡献也最大。如果从顾炎武算起，到现在也用了三百多年，才把《诗经》的韵部基本上搞明白。

《诗经》的韵部为什么这样难求？主要有两个原因：一个是《诗经》用韵的格律灵活多样，不是很容易地可以看出来，另一个是对合韵的看法也不容易确定。

先谈《诗经》用韵的格律。《诗经》用韵的格律，如果像唐宋以来的律诗、绝句那样简单、明显，只需要较短的时间就可以把韵部归纳出来。但是《诗经》用韵的格式是变化多端形式纷繁的，有的是很不容易看出来的。关于《诗经》用韵的格式的复杂性江永和江有诰都有过分析。[①] 近来王力先生的《诗经韵读》中分析得更为细密。现在只约略谈谈，以见《诗经》用韵格式的复杂。

1. 全章一韵

有的每句用韵，如《郑风·出其东门》、《卫风·氓》的前两章。

---

① 见江永的《古韵标准》卷首《诗韵举例》和江有诰《诗经韵读·古韵总论》。

有的双数句用韵，如《周南·樛木》、《桃夭》。

有的双数句也可以不入韵，如《小雅·信南山》卒章一、三句入韵，第二句不入韵。

2. 一章内换韵

有的全章每句入韵，如《召南·采蘋》首章。

有的前半双数句入韵，后半每句入韵，如《周南·汉广》。

有的中间几句换韵，其他是一韵，如《鄘风·桑中》首章。

3. 交互押韵

交互押韵汉以后少见，但在《诗经》里大量存在，例如：

> 何彼襛矣，唐棣之华。曷不肃雍，王姬之车。(《召南·何彼襛矣》)

"襛"跟"雍"押韵；[1] "华"跟"车"押韵。

> 燕燕于飞，颉之颃之。之子于归，远于将之。(《邶风·燕燕》)

"飞"跟"归"押韵；"颃"跟"将"押韵。

《诗经》用韵的格式既然这样繁多，更加上古今音变化巨大，后人辨认《诗经》的用韵往往遇到困难。一些音韵学家有时也难免看错，例如把不入韵的字当成入韵，把入韵的字当成不入韵，把换韵处当成没有换韵等等。这样就使一些音韵学家对先秦古韵部的看法有了较大的分歧。尤其是交互押韵的地方往往被人忽略，换韵的地方也容易看错。例如：

> 自牧归荑，洵美且异。匪女之为美，美人之贻。(《邶风·静女》)

顾炎武认为"荑""异""美""贻"是平上去通为一韵。[2] 江有诰认

---

①　根据江有诰的说法，见《诗经韵读》卷一。
②　见《诗本音》卷二。

为"黉""美"同部，属脂部；"异""贻"同部，属之部。这是交互押韵。① 顾炎武没有认识到这是交互押韵，因而也没有把脂部跟之部分开。

> 昔我往矣，杨柳依依。今我来思，雨雪霏霏。行道迟迟，
> 载渴载饥。我心伤悲，莫知我哀。（《小雅·采薇》）

顾炎武认为"矣""依""思""霏""迟""饥""悲""哀"同韵部。② 江有诰认为"矣""思"同韵部属之部；其他入韵字同韵部，属脂部。这也是交互押韵。③

> 瞻彼洛矣，维水泱泱。君子至止，福禄如茨。韎韐有奭，
> 以作六师。（《小雅·瞻彼洛矣》）

顾炎武认为"矣""止""茨""师"同韵部。④ 江有诰认为"矣""止"同韵部，属之部；"茨""师"同韵部，属脂部，是换韵。⑤

> 载驰载驱，归唁卫侯。驱马悠悠，言至于漕。大夫跋涉，
> 我心则忧。（《鄘风·载驰》）

顾炎武认为"驱""侯"同韵，"自'驱马悠悠'以下别是一韵"⑥。段玉裁也认为"驱、侯不连下文，悠、漕、忧为一韵"⑦。江有诰的看法跟顾炎武、段玉裁相同，认为"驱""侯"同韵，属侯部。"悠""漕""忧"同韵属幽部。⑧ 但江永则认为"侯与驱、悠、漕、忧为韵"⑨。

> 崧高维岳，骏极于天。维岳降神，生甫及申。维申及甫，
> 维周之翰，四国于蕃，四方于宣。（《大雅·崧高》）

---

① 见《诗经韵读》卷一。"异"和"贻"实际是之职通韵。
② 见《诗本音》卷五。
③ 见《诗经韵读》卷二。"依""霏""悲""哀"应属微部，江氏脂微不分。
④ 见《诗本音》卷七。
⑤ 见《诗经韵读》卷二。
⑥ 见《诗本音》卷二。
⑦ 见《六书音韵表》表一。
⑧ 见《诗经韵读》卷一。
⑨ 见《古韵标准》平声第十一部，十九侯总论。

顾炎武认为"天""神""申""翰""蕃""宣"同韵，没有换韵。[1] 江有诰认为"天""神""申"属真部；"翰""蕃""宣"属元部，是换韵。[2]

类似上述这样的分歧很多，不能一一列举。

合韵是不同韵部的字，声音相近，也可以押韵。譬如现代的韵文中有时[y]跟[i]，[o]跟[ɤ]可以押韵，先秦也有这样的情况。音韵学家如果对这种情况有不同的认识，对古韵的辨别也就有了分歧。例如："母"字在《诗经》中《郑风·将仲子》、《小雅·四牡》、《小雅·杕杜》、《小雅·南山有台》、《小雅·小弁》、《小雅·北山》、《大雅·泂酌》等十几处，都是跟子、里、杞、李、已、海、止、友、梓、在、耻、久、恃、事、兹、饎等押韵，应属之部。而下面一章不同：

> 朝隮于西，崇朝其雨。女子有行，远兄弟父母。(《鄘风·蝃蝀》)

"母"跟"雨"押韵是个别情况，应该是合韵。较早的音韵学家顾炎武也主张"母""当以满以反为正"[3]。即应属之部，在《蝃蝀》诗中是合韵。其他各家如江有诰也主张这是"之鱼借韵"[4]。但陈第的《毛诗古音考》"母"字下，则没有认识到《蝃蝀》中的"母"是合韵。这样对《诗经》韵部的看法就不准确了。又例如：

> 题彼脊令，载飞载鸣。我日斯迈，而月斯征。夙兴夜寐，无忝尔所生。(《小雅·小宛》)

顾炎武认为"令""鸣""征""生"同韵。[5] 段玉裁认为"令"跟"鸣"

---

①　见《诗本音》卷九。

②　见《诗经韵读》卷三。

③　见《诗本音》卷一《周南·葛覃》注。

④　见《诗经韵读》卷一。

⑤　见《诗本音》卷六。

等不是同韵部是合韵。^① 江有诰认为是"真耕通韵"。也就是合韵。^②
先秦"令"跟"邻""颠""仁"等押韵，属真部。^③ "鸣""征""生"属耕
部^④这两部在先秦韵尾不同，真部收[n]，耕部收[ŋ]。

因为对合韵的认识不同，对韵部的看法也就不一致了。

(二)形声字的声符

研究先秦古韵部的材料主要是先秦韵文，已如上述。其次是形
声字的声符。形声字的声符是用来标字音的，因此声符基本上能够
反映古韵的情况。宋朝人已经注意到这个问题，例如徐蕆给吴棫写
的《韵补》序上说"音韵之正，本诸字之谐声"。而明确提出这个问题
的是段玉裁，他说"同谐声者必同部"^⑤。这个看法从《诗经》本身的
押韵就可以得到证明，例如：

"维岳降神，生甫及申。"(《大雅·崧高》)"神"从"申"得声，同
属真部。

"相鼠有齿，人而无止。人而无止，不死何俟。"(《鄘风·相
鼠》)"齿"从"止"得声，同属之部。

"丘中有李，彼留之子。彼留之子，贻我佩玖。"(《王风·丘中
有麻》)"李"从"子"得声，同属之部。

"习习谷风，维风及颓。将恐将惧，寘予于怀。将安将乐，弃
予如遗。"(《小雅·谷风》)"颓"和"遗"都是从"贵"得声，^⑥ 三者同属
微部。

"汉之广矣，不可泳思。江之永矣。不可方思。"(《周南·汉
广》)"泳"从"永"得声，同属阳部。

---

① 见《答江晋三论韵》，收入江有诰《音学十书》卷首。
② 见《诗经韵读》卷二。
③ 参看王念孙《古韵谱》卷上真第七。
④ 参看王念孙《古韵谱》卷上耕第六。
⑤ 见《六书音韵表·表二》。
⑥ "穨"是"颓"的异体字，见《集韵》灰韵。

"羔羊之皮，素丝五紽。退食自公，委蛇委蛇。"（《召南·羔羊》）"紽"和"蛇"都从"它"得声，三者同属歌部。

"舒而脱脱兮，无感我帨兮，无使尨也吠。"（《周南·野有死麕》）"脱"和"帨"都是从"兑"得声，三者同属祭部。

"鹳鸣于垤，妇叹于室。洒扫穹窒，我征聿至。"（《豳风·东山》）"垤""室""窒"都从"至"得声，同属质部。

有了"同谐声者必同部"的认识，先秦韵部研究的材料更扩大了。因为韵文中押韵的字究竟有限。例如《诗经》305 篇中，因为各家对《诗经》用韵的看法不同，入韵的字还没有确定的数目。江永在他的《古韵标准·例言》中说"凡千九百有奇"。夏炘的《诗古韵表》收约一千七百字。王力先生的《诗经韵读·〈诗经〉入韵字音表》收有一千八百多字。总之《诗经》入韵字不足两千。此外还有许多字在押韵地方没有用过。根据"同谐声者必同部"的原则，可以推知凡与《诗经》押韵的字同用一个声符的也必与这个押韵字同部。例如："皮"见于《召南·羔羊》。从"皮"得声的"陂"见于《陈风·泽陂》，从"皮"得声的"破"见于《小雅·车攻》，从"皮"得声的"波"见于《小雅·渐渐之石》，都是押韵的字，都属歌部。而从"皮"得声的"彼"在《诗经》中出现过二百二十多次，但都没有用来押韵，此外"疲""被""颇""披"等在《诗经》中也都没有用来押过韵，但可以推知它们也都属于歌部。又如《邶风·绿衣》用"风"押韵，属侵部，"风"从"凡"得声。而"凡"和从"凡"得声的"汎""芃""帆"等字在《诗经》中都没有用来押过韵，也应该属侵部。从"曾"得声的"憎"见于《齐风·鸡鸣》等篇，"增"见于《小雅·天保》，都是用来押韵的，都属蒸部。而"曾"和从"曾"得声的"层""甑""缯"等在《诗经》中都没有用来押过韵，也应该都属蒸部。从"炎"得声的"菼"见于《王风·大车》，"惔"和"谈"见于《小雅·节南山》，"餤"见于《小雅·巧言》，也都是用来押韵的，都属谈部。而"炎"和从"炎"得声的"啖""琰""剡"等字在《诗经》中都是没有用来押过韵的，也应属于谈部。

这样就可以把先秦古韵部各部所属的字的范围扩大了。

在利用形声字的声符时，也应该注意某些例外的情况。因为《诗经》的时代距离某些字最初造的时候可能很远，在造字的当时凡是用形声的方法创造的，所用的声符应该都是跟造出的字同韵部。但是后来语音有了发展，有的形声字的声音也可能跟它的声符不属于同一个韵部了。例如"难"字在《王风·中谷有蓷》里跟"乾""叹"押韵，在《小雅·常棣》里跟"原""叹"押韵。王念孙《古韵谱》、夏炘《古韵表集说》都把"难"归入元部。但从"难"得声的"傩"在《卫风·竹竿》中跟"左""瑳"押韵，王念孙和夏炘都把"傩"归入歌部。又例如"隅"字是从"禺"得声的，在《邶风·静女》中跟"姝""踟"押韵，在《唐风·绸缪》中跟"刍""逅"押韵，在《小雅·绵蛮》中跟"趋"押韵，在《大雅·抑》中跟"愚"押韵。王念孙和夏炘都把"隅"归入侯部。可是也是从"禺"得声的"颙"在《小雅·六月》里却跟"公"押韵。王念孙和夏炘都把"颙"归入东部。这两个例都是属于"阴阳对转"的。关于阴阳对转下边就要专谈。

二、阴、阳、入和三者的对转

一些音韵学家把先秦古韵部分成三类，这就是阴、阳、入。这三类韵部的关系是互相搭配和互相转化。想了解先秦古音的系统和发展变化的某些规律，有必要对阴、阳、入的理论进行探讨。

（一）什么叫阴、阳、入？

在第一章绪论里解释过入声，在第二章谈切韵音系的声调时也谈过入声。这都是从声调的角度来谈的。这里谈阴、阳、入是从音节的组织结构来谈的。就音节结构说：凡是用元音收尾的或者没有韵尾的韵叫阴声，凡是用鼻声（[m]、[n]、[ŋ]）收尾的韵叫阳声，凡是用塞声（[p]、[t]、[k]）收尾的韵叫入声。这三种韵搭配起来，使韵部系统化。在切韵音系的材料里入声只跟同部位的阳声相配，不跟阴声相配。用[-p]配[-m]（都是双唇音），用[-t]配[-n]（都是舌尖中音），用[-k]配[ŋ]（都是舌根音）。例如：

阳声	入声
谈[ɑm]	盍[ɑp]
寒[ɑn]	曷[ɑt]
唐[ɑŋ]	铎[ɑk]

清代的音韵学家一般都主张用入声配阴声，也有人指责切韵音系的材料里以入声配阳声是错误。例如顾炎武《音论·近代入声之误》说《切韵》中有的阳入相配"若吕之代嬴，黄之易芈"[①]。夏炘《古韵表集说》说"唐韵入声仅三十四部，分配多舛"。切韵音系的材料用入声配阳声反映了当时的语音系统，不能算错。研究先秦古韵的系统拿入声配阴声，或者把阴、阳、入配成套，从理论上讲也都是应该的。当前一些音韵学家一般都是这样做的。例如：

阴声	入声	阳声
——	叶部[ɑp]	谈部[ɑm]
脂部[ei]	质部[et]	真部[en]
鱼部[ɑ]	铎部[ɑk]	阳部[ɑŋ][②]

叶部配谈部，没有跟它们相配的阴声，所以阴声空着。脂部有韵尾[-i]，发[i]时舌尖前伸抬起，这跟发[t]和[n]有相似之处，所以也配成套。这三组音都是主要元音相同因此配成套。

(二)阴、阳、入的对转

在汉语语音的发展中阳声或入声的韵尾都可能失去，这样阳声

---

① 秦国姓嬴，而秦始皇是吕不韦的儿子。这就是"吕之代嬴"。楚国姓芈，而楚幽王是黄歇（春申君）的儿子。这就是"黄之易芈"，比喻系统不同，不能相配。参看《史记》之《春申君列传》和《吕不韦列传》。

② 见王力《汉语音韵》（第166页）。

或入声就转变成阴声了。阳声和入声之间也可能因为韵尾的发音部位相同互相变化。这就叫"阴、阳、入对转"。从切韵时代演变到现在阴、阳、入对转的现象很多。例如："班"切韵时代应该读[pan]，普通话也读[pan]，但现在温州话读[pa]，苏州话读[pɛ]，[①] 都把[-n]韵尾失去。这就是阴阳对转。有时塞声韵尾失去，就形成阴入对转，例如"榻"切韵时代应该读[t'ap]，可是现在普通话里却读[t'a]，这就是阴入对转。

在先秦古音里阴阳对转、阳入对转或阴入对转都曾经有过。研究先秦韵部对这些现象必须有所了解。通过以下各例，看看先秦古韵阴、阳、入对转的情况：

阴阳对转的例：

　　　　隰桑有阿，其叶有难。既见君子，其乐如何？（《小雅·隰桑》）

"难"字是有[-n]韵尾的，在《王风·中谷有蓷》里跟"乾""叹"押韵，应属元部，是阳声。但在《隰桑》里跟"阿""何"押韵。"阿""何"都属歌部，是阴声。江有诰说《隰桑》中的"'难'当作'那'"[②]。"难"跟"那"的关系是阴阳对转。

　　　　卜筮偕止，会言近止，征夫迩止。（《小雅·杕杜》）

"近"从"斤"得声本来是有[-n]韵尾的，是阳声字。但在《杕杜》里跟"偕""迩"押韵。"偕""迩"属脂部是阴声字。[③]《卫风·硕人》"顾"跟"衣"押韵，属微部，"顾"也是从"斤"得声的。

阴入对转的例：

　　　　泛彼柏舟，在彼河侧。髧彼两髦，实维我特。之死矢靡慝。（《鄘风·柏舟》）

---

① 见《汉语方音字汇》（第162页）。
② 见《诗经韵读》卷二。
③ 根据顾炎武说，见《诗本音》卷五。

在《广韵》中"侧"属入声职韵，"特"和"慝"属入声德韵。在先秦它们都属入声职部。"特"是从"寺"得声。"寺"从"之"得声。"寺"和"之"都属之部，是阴声。这就是阴入对转。

> 有来雍雍，至止肃肃。相维辟公，天子穆穆。（《周颂·雍》）

"肃"跟"穆"押韵，二者在《广韵》里都属入声屋韵。在先秦都属入声沃（觉）部。可是在《王风·采葛》中从"肃"得声的"萧"跟"秋"押韵；在《郑风·风雨》中从"肃"得声的"潇"跟"胶""瘳"押韵。"萧""秋""潇""胶""瘳"都属幽部，是阴声。

阳入对转的例：

> 雝雝鸣雁，旭日始旦。士如归妻，迨冰未泮。（《邶风·匏有苦叶》）

"旦"跟"雁""泮"押韵，属元部。旦是阳声。但是在《桧风·匪风》里，从"旦"得声的"怛"跟"发""偈"押韵。"怛"在《广韵》里属入声曷韵，"发"在《广韵》里属入声月韵，"偈"在《广韵》里属入声薛韵。这些字在先秦都属入声月部。

> 皋皋訿訿，曾不知其玷。兢兢业业，孔填不宁。我位孔贬。（《大雅·召旻》）

"贬"跟"玷"押韵，属谈部，是阳声。但"贬"从"乏"得声，"乏"在《广韵》中属入声乏韵，在先秦属盍（叶）部。

三、宋以来主要音韵学家研究先秦韵部的概况

研究先秦古韵，较早的有宋朝的吴棫、郑庠，明朝的陈第等人。他们虽然有些成就，但都属草创，距先秦古韵的实际尚远。到清初顾炎武才对先秦古韵有了系统的全面的研究，为古韵学奠定了基础。后来经过江永、段玉裁、戴震、孔广森、王念孙、江有诰、章炳麟、黄侃诸家不断深入研究，古韵学的规模逐渐完备。近世罗常培、王力诸先生更在古韵的体系和拟音上提出些新的见解。这样就

使先秦古韵学的科学性更加强了。以下简要地谈谈各家研究的成果。

清以前研究先秦古韵的只介绍郑庠，其他从略。郑庠宋人，事迹已不可考。他的《诗古音辨》著录于《宋史·艺文志》，原书已失传。他对先秦古韵部的看法见夏炘的《诗古韵表二十二部集说》卷上。郑庠把先秦古韵分为六部如下：

一部	东冬江	屋沃觉①
	阳庚青	药陌锡
	蒸	德
二部	支微	
	齐佳	
	灰	
三部	鱼	
	虞	
	歌麻	
四部	真文	质物
	元寒	月曷
	删先	黠屑
五部	萧	
	肴	
	豪尤	
六部	侵	缉
	覃	合
	盐咸	叶洽

表中第一、第四、第六三部都是阳声，第二、第三、第五三部都是阴声。入声跟阳声相配，与切韵音系相同。

---

① 前边东冬江是平声，举平以该上去。后边屋沃觉是入声。以下仿此。

顾炎武(1613—1682)，字宁人，号亭林，昆山人。他的音韵学著作有《音学五书》。在顾炎武以前研究先秦古韵都是拿《广韵》韵部来审察先秦用韵，凡是先秦用韵跟《广韵》不合的，就把《广韵》不同的韵部合起来。像郑庠所分的六部，就是这样得出来的。到顾炎武才不把《广韵》的韵部当成一个整体，而是审查先秦韵文用韵的每个字，重新分类。也就是把《广韵》的韵部拆开重新组合以求得古韵的真面貌。这一点是顾炎武的创见。他这样分析的结果，把先秦古韵分为以下十部：

(一)东部①　包括东冬锺江。②

(二)脂部　包括脂之微齐佳皆灰咍，支之半，尤之半。去声祭泰夬废。入声质术栉物迄月没曷末黠鎋屑薛职德，屋之半，麦之半，昔之半，锡之半。

(三)鱼部　包括鱼虞模侯，麻之半，入声烛陌，屋之半，沃之半，觉之半，药之半，铎之半，麦之半，昔之半。

(四)真部　包括真谆臻文欣元魂痕寒桓删山先仙。

(五)萧部　包括萧宵肴豪幽，尤之半。入声屋之半，沃之半，觉之半，药之半，铎之半，锡之半。

(六)歌部　包括歌戈，麻之半，支之半。

(七)阳部　包括阳唐，庚之半。

(八)耕部　包括耕清青，庚之半。

(九)蒸部　包括蒸登。

(十)侵部　包括侵覃谈盐添咸衔严凡，入声缉合盍叶帖洽狎业乏。

关于入声，顾氏只承认《广韵》中的歌，戈、麻无入声，侵覃

---

① 见《音学五书·古音表》，原书对先秦古韵部没有立韵部名称，只称第一、第二等。本书为了跟各家比较，用各家一般通用的名称。

② 原书有上去，本书只举平入，用平该上去。没有平的举去声。

以下九韵有入声，其余入声在《广韵》中配阳声都是错的，应该配阴声。他把入声都归入他认为应该相配的各部中，不独立成韵部。

江永(1681—1762)，字慎修，江西婺源人。江氏对先秦古韵的看法见于他的《古韵标准》。他把古韵分为十三部，称为第一部、第二部等，没有立名称。他跟顾炎武的区别有以下三点：

（一）真元分立①

真部包括真谆臻文欣魂痕；元部包括元寒桓删山仙。江氏析先韵为二：1. 先千天坚贤田年颠渊玄等字归真部，2. 肩前戈燕莲涓边县等字归元部。

（二）侵谈（覃）分立

侵部以侵韵为主，另收覃韵的南男湛耽潭等字，谈韵的三，盐韵的僭僣等字，东韵的风枫。谈部有覃韵的涵，谈韵的谈甘蓝等字，盐韵的詹，严韵的严，咸韵的谗，衔韵的岩监。

（三）幽（尤）宵（萧）分立

幽部以尤侯幽三韵为主（尤韵除去归入之部之字），另收萧韵的萧潇条聊，宵韵的陶等，肴韵的胶呶怓茅包苞匏炮，豪韵的牢謷橐滔慆骚袍陶绹敖曹漕等。宵部以宵韵为主，另收萧韵的佻苕蜩僚晓，肴韵的骰郊巢，豪韵的号劳高膏蒿毛旄刀忉桃敖。

（四）鱼侯（尤）分立

鱼部包括鱼模，侯则归入幽（尤）部。江氏把虞分为二：1. 虞娱吁訏盱芋夫肤等字归入鱼部；2. 禺颙儒须需诛邾殊俞蝓瑜臾区躯朱珠符凫瓿雏郛输厨拘等字归入幽（尤）部。

侯部虽然从鱼部分出，但是转入幽（尤）部，并没有独立成部。

---

① 江氏没有立名称，只称第一部、第二部等。这里为了便于说明和比较，用了各家一般通用的名称。

所以江氏只比顾氏多了三部。

　　江氏对入声的看法跟顾氏不同。顾氏认为除侵部（阳声）有跟它相配的入声外，其它的入声全配阴声。因此他把入声的绝对多数都归入相配的阴声，个别的归入阳声（侵部），全都不独立成韵部。江氏则主张入声可以配阴声也可以配阳声，"数韵共一入"[①]。例如屋韵既可以配东韵，也可以配侯韵。因此江氏把入声独立出来，另立八个入声韵部，如下：

　　（一）屋部[②]

　　以屋烛为主，另收沃韵的毒笃告，觉韵的角椓浊渥，锡韵的迪戚，去声侯韵的奏字。

　　（二）质部

　　以质术栉物迄没为主，另收屑韵的结节噎血阕穴垤蝷颣，薛韵的设彻，职韵的即字。

　　（三）月部

　　以月曷末黠鎋薛为主，另收屑韵灭截等字。

　　（四）铎部

　　以药铎为主，另收沃韵的沃，觉韵的较驳藐濯嚣，陌韵的貊白伯柏戟柞绤逆客赫格宅泽，麦韵的获，昔韵的昔舄踖绎奕懌尺石硕炙席蓆夕借等字，锡韵的栎的翟溺，去声御韵的庶，祃韵的夜。

　　（五）锡部

　　以锡韵为主，另收麦韵的簎谪適厄，昔韵的脊踖益易蜴辟璧。

　　（六）职部

　　以职德为主，另收麦韵的麦馘革，屋韵福辐伏服或穆牧，去声

―――――――――――

队韵的背，代韵的载，志韵的意，怪韵的戒，平声哈韵的来。

（七）缉部

以缉韵为主，另收合韵的合軜，叶韵的楫厌，洽韵的洽。

（八）叶部

以叶韵为主，另收业韵的业，狎韵的甲。

这样，江氏所分的韵部阴、阳声十三部，入声八部，总计有二十一部。江氏虽然没有明确提出阴、阳、入相配的关系，但他把入声独立出来，并且看到了阴、阳、入相配的事实，这对研究先秦古音的系统是有价值的。

段玉裁(1735—1815)，字若膺，号茂堂，江苏金坛人。他对先秦古韵的主张见于他的《六书音韵表》，他把古韵分为十七部，如下：

1. 之部① 　2. 萧部 　3. 尤部

4. 侯部 　 5. 鱼部 　6. 蒸部

7. 侵部 　 8. 覃部 　9. 东部

10. 阳部 　11. 庚部 12. 真部

13. 谆部 　14. 元部 15. 脂部

16. 支部 　17. 歌部

段玉裁继承了江永的成果，但有所发展，他提出以下新的看法：

（一）支脂之分成三部

段氏认为《广韵》把支、脂、之分为三部是保存了先秦古音，在先秦这三部是严格分开的。段氏主张：

1. 支部以支佳两韵为主(应入歌部的字除外)，另收齐韵的提

---

① 《六书音韵表》没有韵部名称，段氏称为"第一部、第二部……"为了比较，我们给它们定名为"之部"等。

携觿圭，霁韵的髻帝缔繫睨，祭韵的挮。

2. 脂部以脂微齐皆灰为主，另收咍韵的哀，海韵的恺，代韵的爱僾溉逮，纸韵毁迖涻尔泚訨砥坻，佳韵的柴，果韵的火，轸韵的牝。

3. 之部以之咍为主，另收尤韵的譆尤邮谋丘裘牛纰，有韵的有友否右玖久妇负秄，宥韵的疢又富旧祐，厚韵的母亩，脂韵龟駓伾，旨韵的洧鲔鄙，至韵的备备，皆韵的霾薶，怪韵的戒怪，灰韵的梅媒，贿韵的每悔晦，队韵的佩背海痗，轸韵的敏。

（二）真谆分为两部

真部以真臻先为主，另收蒸韵的矝，青韵的苓零令，径韵的佞，映韵的命，仙韵的翩偏等。

（三）侯部独立

江永分虞韵之半属侯，但他把侯归并于尤部。段氏把侯部独立出来。侯部以侯韵为主，另收虞韵之半，又收宥韵味昼二字。[①]

段玉裁对入声的处理：入声不独立，分派到之、尤、鱼、侵、覃、真、脂、支八部里，阴声阳声都有。[②]

孔广森（1752—1786），字众仲，一字㧑约，号㯕轩，山东曲阜人。他的音韵学著作有《诗声类》。他对古韵分部的特点是东冬分成两部。他的冬部以冬韵为主，把以冬众宗中虫戎宫农夆宋为声符的字都归入冬部。另外还收入东韵三等大部分的字以及江韵中的降字。

前边提到阴阳对转的理论，是孔广森的创见。他主张古韵应分十八部。这十八部分为阳声九部，即元部（他叫原类）、耕部（他叫丁类）、真部（他叫辰类）、阳部、东部、冬部、侵部、蒸部、谈部。

---

① 以上三项参看《六书音韵表》、《诗经韵分十七部表》和王力《汉语音韵》（第155—156页）。

② 详见《诗经韵分十七部表》。

阴声九部，即歌部、支部、脂部、鱼部、侯部、幽部、宵部、之部、叶部(他叫合类)。他所说的阳声都是收鼻声韵尾的，他所说的阴声基本上是收元音韵尾的(叶部除外)或者是没有韵尾的。阴阳对转是指阴声和阳声主要元音相同，不同的韵尾可以互相转化，或者把韵尾失去。具体的情况如下：

1. 歌元对转　　2. 支耕对转

3. 脂真对转　　4. 鱼阳对转

5. 侯东对转　　6. 幽冬对转

7. 宵侵对转　　8. 之蒸对转

9. 叶谈对转

其中的"叶谈对转"实际是阳入对转，[①]"宵侵对转"不够合理。[②]"歌元对转"也还需要进一步研究(详见后文)。其他六种都基本上合理，并且合乎古韵发展变化的事实。

孔广森不承认先秦有入声。他认为入声是南北朝人创造出来的，[③]这是错误的。因此他把先秦的入声多数归入从支到之七部的阴声里，都不独立。他把入声合、盍、缉、叶、怗、洽、狎、业、乏收[p]韵尾的九韵合成叶部，他认为叶部是阴声，这是不合理的。因为他不承认入声，他只提出阴阳相配的系统，没有提出阴、阳、入相配。这是他的缺点。

王念孙(1744—1832)，字怀祖，江苏高邮人。他对先秦古韵的看法见于他的《古韵谱》。他把先秦古韵定为二十一部：

1.东 2.蒸 3.侵 4.谈 5.阳 6.耕 7.真 8.谆 9.元 10.歌 11.支 12.至 13.脂 14.祭 15.盍 16.缉 17.之 18.鱼 19.侯 20.幽 21.宵

---

①② 参看后边王力古韵表的拟音。

③ 《诗声类》卷一的序言中说："入声创自江左，非中原旧读。"

他对古音分部的特点是：

（一）至部独立

王念孙的至部后来的音韵学家也称质部。在《广韵》去声至霁两韵及入声质栉黠屑薛五韵中，凡是从以下各字得声的字都归入至部：至疐质吉七日疾悉栗桼毕乙失八必卪节血彻设。

（二）祭部独立

《广韵》中去声祭泰夬废四韵没有平、上声跟它们相配，却跟入声月曷末黠辖屑等韵相配。王氏把祭泰夬废和跟它们相配的入声提出来独立成祭部。王氏认为他的祭部中有入声也有去声。

（三）缉部独立

从侵部里分出缉部。

（四）盍部独立

从谈部（就是段玉裁的覃部）里分出盍部（后来的音韵学家也称叶部）。

（五）侯部有入声

王氏以屋谷欲秃木沐卜族鹿读朴僕禄束速狱辱琢曲玉蜀属足局粟角珏岳縠等字为侯部入声。

王念孙对入声的处理：他除了把收［p］韵尾的九韵分别归入盍、缉两部入声之外，其他入声都分别归入支至脂祭之鱼侯幽宵九部阴声，都不独立。

江有诰（1773—1851），字晋三，安徽歙县人。他对先秦古韵的看法见于他的《音学十书》。他的一些主张跟王念孙不谋而合。王氏主张祭、缉、盍独立，江氏也是这样看的（王氏的盍部，江氏称叶部）。江氏没有采用王氏的至部，但是采用了孔广森的冬部，而改称中部。这样江有诰对先秦古韵的分部也还是二十一部。

江有诰的朋友夏炘著《诗古韵表二十二部集说》，综合了王念孙、江有诰的看法，把先秦古韵定为二十二部。

章炳麟(1869—1936)的有关先秦古韵的看法大部分见于他的《国故论衡》和《文始》。他主张从脂部分出一个队部来。因此他把先秦古韵部定为二十三部。

从顾炎武到章炳麟各家研究先秦韵部，除江永外一般说都是把入声放在同它们相配的阴声或阳声里，除了缉、盍（或叶）因为没有跟它们相配的阴声而独立之外，其他都不独立。这是因为入声跟阴声或阳声有对转关系，在先秦的韵文里有时互相押韵。但入声跟阴声或阳声韵尾不同，不是同类。在《诗经》中入声不跟阴声、阳声通押而全章都押入声韵的很多，例如《小雅·黄鸟》首章用穀、穀、族押韵。以下各例都是全章押入声韵的：《我行其野》二章（押韵字从略，以下同此）、《正月》三章和七章、《何人斯》末章、《蓼莪》四章、《小明》末章、《裳裳者华》三章、《青蝇》二章、《都人士》二章、《采绿》首章、《渐渐之石》二章、《大雅·大明》三章等等。因此在先秦韵部中应该把入声独立出来。并且阴、阳、入三类韵部从先秦的语音系统上来看也应该配合起来。孔广森虽然把阴声、阳声两类相配，但他误认为"入声创自江左"，不承认先秦有入声。虽然他主张"叶谈对转"，实际上就是把阳声跟入声相配，但他仍然把其他入声附在阴声里，没有独立出来。

最早把阴、阳、入三类韵部配合起来的是戴震。戴震(1724—1777)，字东原，安徽休宁人。他的音韵学著作有《声韵考》和《声类表》。他在《答段若膺论韵》①中把先秦古韵分为九类二十五部。现在把他的二十五部列成下表。并在他用的名称之后注上音韵学家一般常用的名称，以便对照比较，在个别的名称后用拼音字母注音。

	阳声	阴声	入声
第一类：	1. 阿（歌）	2. 乌（鱼）	3. 垩（铎）

---

① 见《声类表》卷首。

第二类：4. 膺（蒸）　　5. 噫（之）　　6. 亿（德、职）

第三类：7. 翁（东、冬）8. 讴（幽、侯）9 屋（屋）

第四类：10. 央（阳）　　11. 夭（宵）　　12. 约（药）

第五类：13. 婴（耕）　　14. 娃（支）　　15. 戹（è）（锡）

第六类：16. 殷（真、文）17. 衣（脂、微）18. 乙（质）

第七类：19. 安（元）　　20. 霭（祭）　　21. 遏（月）

第八类：22. 音（侵）　　　　　　　23. 邑（缉）

第九类：24. 腌（谈）　　　　　　　25. 鸃（yè）（盍、叶）

　　戴氏在阴、阳、入的分别上尚有缺点，例如把阿（歌）看成阳声等，但他重视阴、阳、入的语音系统是可贵的。

　　后来按阴、阳、入系统来处理先秦古韵的有黄侃。黄侃对先秦古韵的看法见于他的《音略》、《声韵通例》等文。[1] 他把先秦古韵定为二十八部。罗常培先生根据他的论文，把他的二十八部列成一个表如下：[2]

阴声	阳声	入声
1. 歌（开）	2. 寒（开）	3. 曷（开）
戈（合）	桓（合）	末（合）
顾炎武所立	江永所立	王念孙所立
	4. 先	5. 屑
	郑庠所立	戴震所立
6. 灰	7. 魂（合）	8. 没
段玉裁所立	痕（开）	章氏所立
	段所立	

---

① 都收在中华书局出版的《黄侃论学杂著》中。

② 见罗常培先生编的《上古音讲义》第一部分。个别地方跟原书不一致，据《黄侃论学杂著》改正。

9. 齐	10. 青	11. 锡
郑所立	顾所立	戴所立
12. 模	13. 唐	14. 铎
郑所立	顾所立	戴所立
15. 侯	16. 东	17. 屋
段所立	郑所立	戴所立
18. 萧		
江所立		
19. 豪	20. 冬	21. 沃
郑所立	孔广森所立	戴所立
22. 咍	23. 登	24. 德
段所立	顾所立	戴所立
	25. 覃	26. 合
	郑所立	戴所立
	27. 添	28. 帖
	江所立	戴所立

先秦古韵之学经过顾炎武、江永、段玉裁、孔广森、王念孙、江有诰各家的探讨，研究，大局已定。夏炘归纳为二十二部。王国维说"古音二十二部之目遂令后世无可增损"①。一般说是可以这样提的。因为戴震提出二十五部和以后各家增多的韵部，基本上是把入声从附属于阴声（少数附属于阳声）各部中提出来使之独立，而不是或很少是增加新的韵部。

现代音韵学家对先秦韵部的研究，一般是继承戴震、黄侃按阴、阳、入的系统分类的办法。现在只举罗常培、王力两先生的看法。

---

① 见《周代金石文韵读序》，《观堂集林》卷八。

罗先生和周祖谟先生合著《汉魏晋南北朝韵部演变研究》把先秦古韵分为三十一部，如下：

1. 之	11. 蒸	21. 职
2. 幽	12. 冬	22. 沃
3. 宵		23. 药
4. 侯	13. 东	24. 屋
5. 鱼	14. 阳	25. 铎
6. 歌		
7. 支	15. 耕	26. 锡
8. 脂	16. 真	27. 质
9. 微	17. 谆	28. 术
10. 祭	18. 元	29. 月
	19. 谈	30. 盍
	20. 侵	31. 缉

王力先生把先秦古韵分为十一类二十九部，如下：

（一）1. 之部[ə]　　2. 职部[ək]　　3. 蒸部[əŋ]

（二）4. 幽部[əu]　　5. 觉部[əuk]①＿＿＿＿＿

（三）6. 宵部[au]　　7. 药部[auk]＿＿＿＿＿

（四）8. 侯部[o]　　9. 屋部[ok]　　10. 东部[oŋ]

（五）11. 鱼部[a]　　12. 铎部[ak]　　13. 阳部[aŋ]

（六）14. 支部[e]　　15. 锡部[ek]　　16. 耕部[eŋ]

（七）17. 歌部[ai]　　18. 月部[at]　　19. 元部[an]

（八）20. 脂部[ei]　　21. 质部[et]　　22. 真部[en]

---

① 　就是罗的沃部。

(九)23. 微部[əi]　　24. 物部[ət]①　　25. 文部[ən]②

(十)＿＿＿＿＿＿　26. 缉部[əp]　　27. 侵部[əm]

(十一)＿＿＿＿＿　28. 叶部[ap]　　29. 谈部[am]③

罗王两家的看法多数相同，但有以下的差别：

（一）罗承认孔广森的冬部，主张冬部跟阴声幽部入声沃部（王力的觉部）相配。王不承认冬部。他认为冬部应该跟侵部归并。④

（二）戴震曾提出霭、遏两部，霭是阴声，遏是入声配合起来。罗先生和周祖谟先生受戴的影响把祭（即戴的霭）月（即戴的遏）分成两部使祭（阴）元（阳）月（入）相配。⑤ 罗、周两先生认为歌部没有相配的阳声和入声。王力先生认为祭部（《广韵》的祭泰夬废等韵）应该跟入声月曷末薛鎋等韵合成入声月部，跟阴声歌部阳声元部相配。

（三）王比罗少冬、祭两部。因此王是二十九部，罗是三十一部。

王力先生最近出版的《诗经韵读》又承认到战国时期冬部已经从侵部分出来。战国时期的韵部是三十部。⑥ 这样上述两家差别的第一项问题就不大了。两家主要的差别是第二项。

关于第二项的差别两家看法的是非还没有定论。王力先生把祭、月合并成入声月部，跟他对先秦声调的看法是一致的。这个问题留待后边谈先秦声调的时候再谈。至于阴、阳、入相配的问题，是祭、元、月相配，还是歌、元、月相配？我个人倾向罗、周两先生的看法，主张祭、元、月相配，歌部没有相配的阳声和入声。我

---

① 就是罗的术部。

② 就是罗的谆部。

③ 见《汉语音韵》（第 166 页）。

④ 见王力的《上古韵母系统研究》，《汉语史稿》（第 147 页）。

⑤ 参看后边《先秦古韵分部沿革简表》。

⑥ 见《诗经韵读》（第 8 页）。

的理由如下：

（一）各阴声韵部跟什么样的入声韵部相配，往往是看它们在先秦韵文中是否通韵。例如鱼铎通韵、宵药通押、侯屋通韵、脂质通韵、幽沃（觉）通韵、之职通韵、支锡通韵等等，①　在《诗经》和《楚辞》中是常见的。但在《诗经》和《楚辞》中没有发现歌部跟月部通韵的例子。如果把祭部分出来，祭部跟月部关系密切，两部通韵的例子很多，如《魏风·十亩之间》"外"（《广韵》泰韵）、"泄"（《广韵》薛韵）、"逝"（《广韵》祭韵）通押。《大雅·生民》"軷"（《广韵》末韵）、"烈"（《广韵》薛韵）、"岁"（《广韵》祭韵）通押等等。

（二）在王力先生的《诗经韵读》中有两处，王先生认为是歌部和元部通韵。一处是《陈风·东门之枌》"差"（歌部）、"原"（元部）、"麻"（歌部）、"娑"（歌部）。另一处是《小雅·桑扈》"翰"（元部）、"宪"（元部）、"难"（元部）、"那"（歌部）。这两处是否是"歌元通韵"，各家的看法还不一致。在《东门之枌》中顾炎武认为"原"字不入韵，也不能说没有道理。在《东门之枌》中"原"字在第二章第二句之末。《诗经》的韵例非常复杂，第二句也可以不入韵，像《小雅·信南山》卒章、《小雅·宾之初筵》首章、《大雅·蒸民》三章、《大雅·江汉》五章等等，都是第二句不入韵的。至于在《桑扈》里是不是"歌元通韵"，分歧就更大了。顾炎武和王念孙都认为"翰""宪"谐韵，属元部；"难""那"谐韵属歌部。是换韵，不属一个韵部。顾炎武举了三个例子，证明"难"属歌部。一个是《左传》襄公十八年"刘难、士弱率诸侯之师，焚申池之竹木"。杜注"难，乃多反"。另外两例是《礼记·月令》"天子乃难，以达秋气"和"命有司大难"。这两例中的"难"字郑注都是"乃多反"。可见在先秦"难"字有两个读音，一属元部，一属歌部。《桑扈》里的"难"可以认为属歌部，不是"歌元通韵"。

---

①　参看王力的《诗经韵读》和《楚辞韵读》。

如果把祭部独立出来跟元部相配，祭部和元部也可以找到关系。例如"䢃""勱""䞑"在《广韵》中都属夬韵，先秦属祭部，它们的声符都是"萬"，"萬"在《广韵》属願韵，先秦属元部。又如"涣"《广韵》属泰韵，先秦属祭部。"涣"的声符是"奂"，又音"唤"。"奂"和"唤"《广韵》属换韵，先秦属元部。"鸡"《广韵》属泰韵，先秦属祭部。"鸡"的声符是"旱"，"旱"在《广韵》属旱韵，先秦属元部。总之，祭、元、月之间的关系，要比歌、元、月之间的关系更密切一些。

罗常培先生作过一个《先秦古韵分部沿革简表》①，现在节录一部分并加上罗常培、王力两家的分部，供读者参考。

先秦古韵分部沿革简表

郑庠之六部	东1			
顾炎武之十部	东1		阳7	耕8	蒸9
江永之十三部	东1		阳8	庚9	蒸10
段玉裁之十七部	东9		阳10	庚11	蒸6
王念孙之廿一部	东1		阳5	耕6	蒸2
江有诰之廿一部	东15	中16	阳14	耕13	蒸17
夏炘之廿二部	东16	中17	阳15	耕14	蒸18
戴震之廿五部	翁7		央10	婴13	膺4
孔广森之十八部	东5	冬6	阳4	丁2	蒸8
章炳麟之廿三部	东14	冬16	阳21	青4	蒸20
黄侃之廿八部	东16	冬20	唐13	青10	登23
罗常培之三十一部	东13	冬12	阳14	耕15	蒸11
王力之廿九部	东10	（并入侵）	阳13	耕16	蒸3

---

① 见中国科学院语言研究所《上古音讲义》第一部分。

	支	锡	脂	微	术	质	祭	月	之	职
郑　庠	支2									
顾炎武	支2									
江　永	支2									
段玉裁	支16		脂15(并入真)						之1	
王念孙	支11		脂13			至12	祭14		之17	
江有诰	支7		脂8				祭9		之1	
夏　炘	支7		脂8			至9	祭10		之1	
戴　震	娃14	庖15	衣17	乙18	霭20	遏21			噫5	亿6
孔广森	支11		脂12						之17	
章炳麟	支3		脂8	队7	至5		泰11		之19	
黄　侃	齐9	锡11	灰6	没8	屑5		曷末3		哈22	德24
罗常培	支7	锡26	脂8	微9	术28	质27	祭10	月29	之1	职21
王　力	支14	锡15	脂20	微23	物24	质21		月18	之1	职2

	鱼	铎	歌	真	文	元
郑　庠	鱼3			真4		
顾炎武	鱼3		歌6	真4		
江　永	鱼3		歌7	真4		元5
段玉裁	鱼5		歌17	真12	谆13	元14
王念孙	鱼18		歌10	真7	谆8	元9
江有诰	鱼5		歌6	真12	文11	元10
夏　炘	鱼5		歌6	真13	文12	元11
戴　震	乌2	垩3	阿1	殷16		安19
孔广森	鱼13		歌10	辰3		原1
章炳麟	鱼2		歌10	真6	谆9	寒12
黄　侃	模12	铎14	歌戈1	先4	痕魂7	寒桓2
罗常培	鱼5	铎25	歌6	真16	谆17	元18
王　力	鱼11	铎12	歌17	真22	文25	元19

郑庠	萧5						侵6			
顾炎武	萧5	（併入鱼）					侵10			
江永	萧6	尤11					侵12		覃13	
段玉裁	萧2	（併入尤）	尤3		侯4	（併入尤）	侵7		覃8	
王念孙	宵21		幽20		侯19		侵3	缉16	谈4	盍15
江有诰	宵3		幽2		侯4		侵18	缉21	谈19	叶20
夏炘	宵3		幽2		侯4		侵19	缉22	谈20	叶21
戴震	夭11	约12	讴8			屋9	音22	邑23	腌24	䜱25
孔广森	宵16		幽15		侯14		缓7	合18	谈9	（併入合）
章炳麟	宵1		幽15		侯13		侵17	缉18	谈22	盍23
黄侃	豪19	沃21	萧18		侯15	屋17	覃25	合26	添27	怗28
罗常培	宵3	药23	幽2	沃22	侯4	屋24	侵20	缉31	谈19	盍30
王力	宵6	药7	幽4	觉5	侯8	屋9	侵27	缉26	谈29	叶28

三百年来对先秦古韵分部的研究从粗疏到细密，从简略到详尽。各家主要的差别，有以下各点：

（一）对先秦韵文主要是《诗经》的用韵格式、韵脚所在的看法不同以及对合韵的看法不同，因而对韵部的归纳也有了分歧。

（二）对入声的看法和处理不同：

1. 有人认为先秦根本没有入声，例如孔广森。

2. 许多音韵学家认为先秦入声跟阴声关系密切，一般把入声附在阴声里，不独立。戴震以前多数音韵学家都是这样看的。

3. 把入声从附属地位独立出来，江永、戴震、黄侃和当代一些音韵学家都是这样主张。因此先秦韵部就多了起来。

（三）从顾炎武以来许多音韵学家只是根据材料，用考据方法归纳韵部。归纳出来多少就是多少。很少研究语音理论，也不了解汉语语音的系统。戴震、黄侃以及现代一些音韵学家注意了汉语语音系统，把韵部分为阴、阳、入三类，并把它们配合起来。这样先秦古韵的面貌就不同了。

四、研究先秦古韵部当前和今后存在的问题

（一）先秦的韵部三百年来由于各家的辛勤劳动基本上已经清楚，但由于材料不足，先秦的韵母如何还不清楚。韵部是按韵腹和韵尾区别的。如果没有韵尾，韵腹相同或相近就是同韵部。如果有韵尾，韵腹韵尾都相同或相近就是同韵部。这可以从韵文的押韵字归纳出来，凡是互相押韵的字都是韵腹或韵腹和韵尾相同或相近的。也就是同韵部。但它们的韵头如何？只是从互相押韵的字还是看不出来。这也就是说先秦的韵母如何？现在还不能确知。[①] 黄侃提出的古韵部用歌戈来代表歌部，用寒桓来代表元部等就是分析了韵头，歌、寒是开口，戈、桓是合口，但还没有把先秦所有的韵母都分析出来。也有些音韵学家分析了先秦古韵的全部韵头（介音），例如李方桂先生的《上古音研究》，董同龢先生的《上古音韵表稿》等，但这都是一家的拟测，还没有得到公认，有待于今后音韵学家进一步研究。

（二）多数音韵学家都承认入声跟阴声关系密切。在先秦韵文中入声往往跟阴声押韵。但入声跟阴声的关系是什么？有人主张多数阴声跟入声一样，原来都是有辅音韵尾的，后来阴声的韵尾失去。[②] 也有人主张入声跟阴声只是对转的关系。这都需要今后进一步研究去解决。

（三）研究切韵音系，因为有资料可查，不但韵部的界限清楚，各韵部所属的字也很明确。研究先秦古韵没有这样条件。现在只能把韵部的大概搞明白，至于各韵部所属的字，各家往往根据自己的

---

① 关于韵部和韵母参看本书"绪论"第四节。

② 高本汉、李方桂等都是这样主张的。参看王力《汉语音韵学》（第430—440页）和李方桂《上古音研究》（第33页）。

认识和依据划归某部。尽管多数字的归部现在各家的看法相同，但是还有些字的归部大家的意见分歧，至今不能统一。例如：《小雅·宾之初筵》"钟鼓既设，举酬逸逸"，罗常培先生把"设"和"逸"都归入质部。① 王力先生的《诗经韵读》把"设"归入月部，说"设"跟"逸"是"月质合韵"。②《桧风·羔裘》"羔裘如膏，日出有曜。岂不尔思？中心是悼"，罗常培先生认为"曜"属宵部，王力先生认为"曜"属药部，《桧风·羔裘》这一章是"宵药通韵"③。《小雅·庭燎》"夜如何其？夜乡晨。庭燎有辉。君子至止，言观其旂"，罗常培先生认为"晖、旂"都属微部。王力先生认为"晖"和"旂"都属文部。④ 类似这样的分歧，都有待于进一步研究去解决。

（四）先秦古韵的音值，有许多音韵学家拟订，但分歧很大，没有定论。也还需要进一步研究，使之跟先秦古韵的实际逐渐接近，以便得出一个为大家公认的结论。

五、先秦古韵部和切韵音系韵部的对照及先秦古韵部和形声字的关系

（一）从先秦古韵部来看切韵音系的韵部，形声字的声符和先秦韵部的关系

从顾炎武以来各音韵学家所提出的先秦古韵的分部跟切韵音系的比较一般都有说明，本书在先秦古音的韵部一节中也提到一些，但为了节省篇幅和读者精力，未能一一照录原书。为了便于读者了解汉语韵部的发展变化分合的关系，有必要把最近音韵学家研究先秦韵部的成果跟切韵音系的韵部加以对照比较。现在只以罗常培先生为代

---

① 参看本章所附各部所包括的字跟声符的关系表。以下关于罗先生的看法同此。
② 见《诗经韵读》（第319页）。
③ 见《诗经韵读》（第238页）。
④ 见《诗经韵读》（第273—274页）。

表，把他的三十一部跟《广韵》的韵部加以比较，其他当代各家从略。

此外为了掌握先秦韵部有必要借重形声字的声符。从段玉裁到王力一般都按他们自己所分的韵部，提出有关各部的谐声字表。我们在这个材料里也把罗先生所作各部有关的谐声字表照录出来。

以上两项基本是根据罗先生和周祖谟先生合著的《汉魏晋南北朝韵部演部研究》。[①] 这本书印刷时校对不精，本书作者曾经把这本书上所列《广韵》各部的例字及谐声字表中的字根据有关材料一一核对，发现有些字印错。例如之部中的"支"是"友"之误，幽部中的"牖"是"牖"之误，真部中的"凡"是"卂"之误，侯部中的"抠"是"枢"之误，祭部中的"匈"是"匂"之误等等。本书都加以改正。另外还补充了一些较常见的字。为了读者学习方便，本书把一般字典上不见或很生僻的谐声用字用拼音字母注音。这种注音不是先秦古音而是字音，是根据《广韵》、《说文》段注、江有诰《廿一部谐声表》以及《康熙字典》等的反切，直音而标注的。有的还加上简要的说明。

1. 之部

包括下面几类字：

之《广韵》之止志三韵字。

咍《广韵》咍海代三韵的一部分，如该台来才哉臺灾，海在，再态菜代等字。

灰《广韵》灰贿队三韵的一部分，如灰恢媒梅栬，悔，佩晦等字。

皆《广韵》皆怪两韵的一部分，如豺，戒诫械怪等字。

尤《广韵》尤有宥三韵的一部分，如尤邮谋牛丘罘，有友久疚妇负右，囿富旧等字。

侯《广韵》厚韵母亩等字。

脂《广韵》脂旨至三韵的一部分，如龟丕，否鄙，备等字。

真《广韵》轸韵敏字。

凡在谐声上跟下列各字有关的都属于之部：

台枲(xǐ)来才𢦏(zāi，哉、栽等的声符)臺里貍思丝其臣(yí颐、姬等的声符)而兹甾(zī)司辞𠩺(lí，釐𤅫等的声符)之疑能㠯(以)，矣止齿巳已耳士喜子史吏事采友丕宰鄙寺乃再𤰈(bèi，备、犕等字的声符)某母佩亥妇负又有右尤丘牛邮久龟。

2. 幽部

包括下面几类字：

豪《广韵》豪晧号三韵的一部分，如牢曹陶骚，晧老道草造好考宝，报好等字。

肴《广韵》肴巧效三韵的一部分，如包茅膠，饱卯，孝等字。

萧《广韵》萧篠啸三韵的一部分，如萧条聊，鸟蓼，啸等字。

尤《广韵》尤有宥三韵除少数归之部以外，其余都在本部。

幽《广韵》幽黝幼三韵的字。

侯《广韵》厚韵的叟字牡字，候韵的茂字戊字。

宵《广韵》宵韵的茮字，椒字。

脂《广韵》脂韵的逵字，旨韵的轨字，簋字。

凡在谐声上跟下列各字有关的都属于幽部。

九州求流休舟忧游曹攸秋皋翏(liú，蓼、谬等的声符)舀髟(biāo)卯丣(古文酉，柳、留等的声符)周矛柔包匋孚寿幽酉酋臭叟牢爪叉(zǎo，蚤的声符)丩(jiū)囟秀冒好报手老牡兽雔(chóu)帚首道守阜缶由戊丑老保簋(guǐ)刘肘受枣韭臼咎草昊孝鸟彪牟蔻牖早讨幼叴(jiù，厩的声符)就奥掃。

3. 宵部

包括下面几类字：

豪《广韵》豪晧号三韵的一部分。如高劳豪毛刀桃，倒潦，盗悼到懆暴等字。

肴《广韵》肴巧效三韵的一部分，如郊巢，效教罩等字。

萧《广韵》萧篠啸三韵的一部分，如尧苕僚，皎，吊等字。

宵《广韵》宵小笑三韵的字。

凡在谐声上跟下列各字有关的都属于宵部：

毛尞(liáo)小少票受(biào)暴夭敖卓劳交高乔刀召到兆苗䍃
(yóu)要爻教巢吊尧盗皃(mào)枭号了麃(biāo)焦朝料表杳𪩘(nǎo)
猋(biāo)皁(zào)翟(曜的声符，曜见《桧风·羔裘》)。

4. 侯部

包括下面几类字：

侯《广韵》侯厚候三韵字。

虞《广韵》虞麌遇三韵的一部分，如愚隅刍株濡榆枢趋驹，主愈
数侮，树附务等字。

凡在谐声上跟下列各字有关的都属于侯部：

娄句朱禺区侯尢(shū，篆文乀，跟几有区别)殳(shū)需须俞刍
后取後臾口尌(shù)厚主冓(gòu)走斗奏豆付敄(wù，务、雾等的声
符)具扁(lòu)。

5. 鱼部

包括下面几类字：

模《广韵》模姥暮三韵字。

鱼《广韵》鱼语御三韵字。

虞《广韵》虞麌遇三韵的一部分，如夫娱吁虞芋肤，羽雨宇甫父
武辅，赋惧。

麻《广韵》麻马祃三韵的一部分，如牙爪家华邪葭巴，马者野夏
下写舍寡，夜射暇稼霸等字。

凡在谐声上跟下列各字有关的都属于鱼部：

且者父甫于夸(kuā)夫牙叚家车巴吴虍(hū)卢古居瓜乌於与卸射去亚鱼舍余素瞿贾莫庶度鸁巨矩壶奴图予土无毋巫疏马吕卤下女处羽雨五吾予午许户武鼠黍禹鼓夏宁(zhù)旅寡圉鲁兔初步互股杜如虡(jù)。

6. 歌部

包括下面几类字：

歌《广韵》歌哿箇三韵字。

戈《广韵》戈果过三韵字。

支《广韵》支纸寘三韵的一部分，如为奇皮宜离施池危，侈靡，訾议等字。

麻《广韵》麻马祃三韵的一部分，如麻加沙蛇嗟差，瓦，驾等字。

脂《广韵》至韵地字。

凡在谐声上跟下列各字有关的都属于歌部：

它冎(guǎ，祸、过等的声符)为皮可何哥离(lí)離也施危(原注：危声段玉裁归支部，此从江有诰、张惠言、朱骏声)我義羲加多宜奇差麻靡虧丽(原注：丽声段玉裁、张惠言归支部，此从江有诰、朱骏声)罗罷化左禾垂吹沙瓦隋坐果惢(suǒ)卧戈那。

7. 支部

包括以下几类字：

齐《广韵》齐荠霁三韵的一部分，如圭携，启帝鬄丽等字。

佳《广韵》佳蟹卦三韵字。

支《广韵》支纸寘三韵的一部分，如支枝提卑斯知簏郦，是氏，刺易渍等字。

凡在谐声上跟下列各字有关的都属于支部：

支斯圭巂(xī)卑知虒(sī)氏是此(原注：此声段玉裁、王念孙归脂部，此从孔广森、江有诰）只解束(cì)帝易卮(zhī)奚兒规买。

8. 脂部

包括以下几类字：

脂《广韵》脂旨至三韵的一部分，如夷私咨尸脂耆伊眉尼迟葵，矢几美履旨视比水，利二四至次自季等字。

皆《广韵》皆骇怪三韵的一部分，如皆谐阶，楷，届等字。

齐《广韵》齐荠霁三韵的一部分，如泥犀妻迷犁，米弟体礼济，细计戾惠谐暳等字。

支《广韵》支纸寘三韵的一部分，如纰，尔迩弥等字。

凡在谐声上跟下列各字有关的都属于脂部：

夷伊师私耆犀眉皆齐妻西尼稽氏比米次利几美矢死履兕(sì)旨弟豐(lǐ)癸示致二自四弃戾细计惠季贰。

9. 微部

包括以下几类字：

微《广韵》微尾未三韵字。

脂《广韵》脂旨至三韵的一部分，如遗悲追谁绥繠，唯位肆冀器曁鼻，萃类遂等字。

咍《广韵》咍海代三韵的一部分，如开哀闿，恺，槩慨爱逮等字。

灰《广韵》灰贿队三韵的一部分，如枚推崔雷回，罪餒，内退对配辈昧等字。

皆《广韵》皆怪两韵的一部分，如乖怀，坏喟等字。

支《广韵》支纸寘三韵的一部分，如委衰萎燬等字。

戈《广韵》戈果两韵的襄倭火等字。

凡在谐声上跟下列各字有关的都属于微部：

衣希幾斤祈非飞肥妃微归韦军(辉的声符，辉见《小雅·庭燎》

跟旂押韵)威委开哀枚追隹(zhuī)蕤雷衰鬼魏回畏乖褢(huái)岂尾畾(léi)罪毁火帅气既豙(yì，毅的声符)鼻畀类辔卒(萃、瘁的声符)遂祟位费未贵卉胃尉臾(kuì，喟之古文)隶爱肆冀退内队配对。

10. 祭部

包括以下几类字：

泰《广韵》泰韵字。

夬《广韵》夬韵字。

祭《广韵》祭韵字。

废《广韵》废韵字。

怪《广韵》怪韵的一部分，如果芥拜韰等字。

霁《广韵》霁韵的一部分，如契蓟慧蛥等字。

凡在谐声上跟下列各字有关的属于祭部：

大兑贝外会带虿厉赖祭盖乂艾匃(gài)害介匄(gài)曷葛埶(yì)罽(jì)世曳列制折筮韧(qì)契市(fú，区别于市)最寽(lǜ)夬(guài)𠯑(guā)岁彖竄发拜毳敝彗(huì)芮卫吠裔泰。

11. 蒸部

包括以下几类字：

登《广韵》登等嶝三韵字。

蒸《广韵》蒸拯证三韵字。

耕《广韵》耕耿诤三韵的一部分，如宏闳弸泓等字。

东《广韵》东韵弓雄梦等字。

凡在谐声上跟下列各字有关的都属于蒸部：

登朋曾升雁(yīng，即鹰字)弃朕(zhèn)兴夌(líng)亙丞承徵兢厶(góng)厷冰冯乘仍爯(chèng)蝇瞢梦弓雄。

12. 冬部

包括以下几类字：

冬《广韵》冬宋两韵字。

东《广韵》东送两韵的一部分，如中冲虫终崇戎躬宫融浓①等字。

江《广韵》江降两韵的一部分，如降字。

凡在谐声上跟下列各字有关的都属于冬部：

中躬宫虫冬夆（xiáng）降隆农宋戎宗众。

13. 东部

包括以下几类字：

东《广韵》东董送三韵的一部分，如东同公工蒙，动总孔，送控等字。

锺《广韵》锺肿用三韵字。

江《广韵》江讲绛三韵的一部分，如厖邦双，讲，巷等字。

凡在谐声上跟下列各字有关的都属于东部：

东重同丰奉夆（féng）逢充公工巩空冢囟悤（cōng）从龙童容用甬庸封凶匈兇夎（zōng）邕雍共送双尨冢蒙豐茸。

14. 阳部

包括以下几类字：

阳《广韵》阳养漾三韵字。

唐《广韵》唐荡宕三韵字。

庚《广韵》庚梗敬②三韵的一部分，如京明兄英兵庚行卿横彭盟衡亨，永景丙梗，更竞泳等字。

凡在谐声上跟下列各字有关的都属于阳部：

王行衡生（huáng，往字的声符）网冈黄易（yáng）爿（qiáng）永方旁皇亢兵光京羊兼（yàng）襄庚康唐乡卿上畺（jiāng）强兄桑爽沙（liáng）彭央昌明两仓相亯（xiǎng，古享字）向尚象皿孟卬（áng）丙更

---

① "浓"在《广韵》中属锺韵，不属东韵。因此先秦冬部中应包括《广韵》中锺韵某些字。

② 敬韵就是映韵。

庆亡充(huāng)丧长良量章商羹竞香鬯(chàng)望。

15. 耕部

包括以下几类字：

青《广韵》青迥径三韵字。

清《广韵》清静劲三韵字。

庚《广韵》庚梗敬三韵的一部分，如平鸣生甥惊莹荣，敬等字。

耕《广韵》耕韵的一部分，如丁嘤争等字。

凡在谐声上跟下列各字有关的都属于耕部：

丁成亭生令盈鸣殸(qìng)壬(tǐng，跟壬有区别)廷呈荧青鼎名平宁婴甹(pīng)敬冥争开(jiān)并顷贞霝(líng)坙(jīng)井耿同(jiōng)幸晶省夐(xiòng)羸(luó，羸的古文，嬴、赢的声符)。

16. 真部

包括以下几类字：

先《广韵》先铣霰三韵的一部分，如天千田年坚贤颠渊玄，电甸等字。

真《广韵》真轸震三韵的一部分，如人仁臣申神身信新因宾陈邻频，尽引，进讯慎等字。

臻《广韵》臻韵的一部分，如蓁榛莘等字。

谆《广韵》谆準稕三韵的一部分，如旬均询钧，闰等字。

凡在谐声上跟下列各字有关的都属于真部：

天田千因人臣身真秦民卂(xùn，跟凡字形不同)㷠(lín，磷的本字)频寅宾肙(yuān，同渊)旬辛新申匀阑(lìn，蔺的声符)进臤(qiān，坚的声符)玄引印闰。

17. 谆部

包括以下几类字：

痕《广韵》痕很恨三韵字。

魂《广韵》魂混慁三韵字。

殷《广韵》殷[1]隐焮三韵字。

文《广韵》文吻问三韵字。

真《广韵》真轸震三韵的一部分，如辰巾尘贫囷，畛忍闵陨，胤吝等字。

谆《广韵》谆準稕三韵的一部分，如春屯伦纯淳循，準，顺等字。

臻《广韵》臻韵诜侁等字。

先《广韵》先铣霰三韵的一部分，如先典殄殿犬燹荐等字。

山《广韵》山裥两韵的一部分，如艰鳏盼等字。

仙《广韵》仙韵的川字，穿字。

凡在谐声上跟下列各字有关的都属于谆部：

先辰囷(jūn)屯春门殷分艮尊昏孙西垔(yīn)免奔贲君员罤(kūn)昆𦎫(chún，惇、谆的声符)川云存巾仑(lún)堇(jǐn)文军斤刃典昷(wēn)熏盾豚㐱(zhěn)舜寸㥯(yǐn，隐的声符)麏殿本允胤坤穿顺。

18. 元部

包括以下几类字：

寒《广韵》寒旱翰三韵字。

桓《广韵》桓缓换三韵字。

删《广韵》删潸谏三韵字。

山《广韵》山产裥三韵的一部分，如山间简幻等字。

元《广韵》元阮愿三韵字。

仙《广韵》仙狝线三韵字。

先《广韵》先铣霰三韵的一部分，如肩燕涓霰见宴等字。

凡在谐声上跟下列各字有关的都属于元部：

---

① 殷韵就是欣韵。

元原爱冤夗(wǎn)宛吅(xuān)单萑(huān)番樊緐(fán)反娩万曼
軖(yǎn，幹的声符)乾廌(yàn，獻的声符)宪建寒雁彦产安晏(yàn)
侃干旱难夗(cán)戋(jiān)赞散丹旦看丸萑(huān)莧(huán)奂(huàn)
官毌(guàn，跟母不同形)胬(luàn)䜌(luán)算爨彖(tuàn)断岜段般
半半(bàn)盥款卵删姦䛝(guān，联的声符)山间柬卷宦班闲幻泉全
旋亘廛專袁睘(qióng)展夿(ruǎn)报善然扇扁(原注：段玉裁《六书音
韵表》列在真部，但两汉韵文中如篇翩编褊偏等字皆与元部字相押，
故列入元部)雋(jùn)弄(zhuǎn，潺的声符)瞉(qiān)次(xián，跟次
有别)延焉弚(yǎn)衍耑(qiǎn)连边面辡(biàn，辩、辨的声符)便弁
虔绵件肙见肙(yuān)燕。

19. 谈部

包括下面几类字：

添《广韵》添忝掭三韵字。

谈《广韵》谈敢阚三韵字。

严《广韵》严俨酽三韵字。

盐《广韵》盐琰艳三韵字。

衔《广韵》衔槛鉴三韵字。

咸《广韵》咸赚陷三韵的一部分，如谗斩陷等字。

凡在谐声上跟下列各字有关的都属于谈部：

炎甘兼詹戋(jiān)猒(yàn)函臽(xiàn)弇(yǎn)佥(qiān)甛(甜)芟
(shān)闪冉敢严厂(yǎn)斩奄染欠占毚(chán，原注：占、毚两个字
归在谈部从江有诰说)。

20. 侵部

包括下面几类字：

覃《广韵》覃感勘三韵字。

侵《广韵》侵寝沁三韵字。

咸《广韵》咸赚陷三韵的一部分，如咸缄减等字。

凡《广韵》凡范梵三韵字。

谈《广韵》谈韵三字。

东《广韵》东韵风字。

凡在谐声上跟下列各字有关的都属于侵部：

心壬𡈼（yín，淫的声符）林今金念酓（yǐn）尤（yín，沈、耽的声符）南咸覃凡男彡（shān）尋音𡍺（jīn）朁侵突（shēn）锦三甚品禀审参琴森。

21. 职部

包括下面几类字：

德《广韵》德韵字。

职《广韵》职韵字。

屋《广韵》屋韵的一部分，如服牧伏福或等字。

麦《广韵》麦韵的一部分，如麦革𩇵等字。

凡在谐声上跟下列各字有关的都属于职部：

北式畐（bì，福、辐的声符）異食戠（zhì）仄陟直啬（sè）㥽（cè）息意弋匿亟（jí）棘或国德则贼革或力黑色塞畐（fú）克麦导（古文得字）伏牧墨。

22. 沃部

包括下面几类字：

沃《广韵》沃韵字。

屋《广韵》屋韵的一部分，如六陆復腹轴逐匊淑育祝畜蹙懊肃夙宿穆等字。

觉《广韵》觉韵的一部分，如学觉等字。

锡《广韵》锡韵的一部分，如戚迪寂等字。

凡在谐声上跟下列各字有关的都属于沃部：

六叕(lù，陆、稑的声符)肃叔戚畜祝匊(jú，菊、鞠的声符)学竹復肉告育毒夙侐(sù，夙的古文，宿的声符)奥逐孰穆目。

23. 药部

包括下面几类字：

铎《广韵》铎韵的一部分，如乐凿鹤等字。

药《广韵》药韵的一部分，如药籥跃绰虐削爵约等字。

沃《广韵》沃韵的一部分，如沃熇等字。

觉《广韵》觉韵的一部分，如较驳貌濯等字。

锡《广韵》锡韵的一部分，如翟的溺栎激等字。

凡在谐声上跟下列各字有关的都属于药部：

樂暴夭卓龠(yuè，鑰、瀹的声符)翟爵交虐繛(zuò)勺雈(hè)弱敫(yuè，徼的声符)雀。

24. 屋部

包括下面几类字：

屋《广韵》屋韵的一部分，如屋谷木卜鹿族沐独读縠僕樕等字。

烛《广韵》烛韵字。

觉《广韵》觉韵的一部分，如角浊渥椓岳嶽捉剥等字。

凡在谐声下跟上列各字有关的都属于屋部：

谷角族屋狱哭足束救賣(yù，鬻的古文)辱曲玉殼(què)蜀木彔(lù)粟菐(pú)豕(chù)卜攴(pū)局鹿秃。

25. 铎部

包括下面几类字：

铎《广韵》铎韵字。

药《广韵》药韵的一部分，如著略若掠卻噱缚矍等字。

陌《广韵》陌韵的一部分，如白伯柏柞逆客格宅泽赫索虢等字。

昔《广韵》昔韵的一部分，如石尺席昔炙亦奕绎舃(xì)夕籍液等字。

凡在谐声上跟下列各字有关的都属于铎部：

各洛石夕乍庶席隻蒦（huò 獲的声符）舄若虡（jù，劇的声符）屰（nì，逆的声符）睪（yì）谷（jué，卻的声符，跟谷有别）臺（guō，郭的古文）昔乇（zhé，託的声符）戟炙白霍尺百赤赫咢（è，鄂的声符）壑泉（xì）霸（pò）亦索虢夔。

26. 锡部

包括下面几类字：

锡《广韵》锡韵的一部分，如历析锡狄击绩剔鬲鶂等字。

昔《广韵》昔韵的一部分，如易益辟壁脊迹积碧適等字。

麦《广韵》麦韵的一部分，如责戹摘脉策册划隔等字。

凡在谐声上跟下列各字有关的都属于锡部：

易益析束（cì，刺的声符）责商（dī，滴、適的声符）辟鬲脊狄戹臭（jú，鶂、郹的声符）亦厤（lì，歷曆的声符）役册毄（jī，擊、繫的声符）画阒辰（pài，派、脉的声符）。

27. 质部

包括下面几类字：

屑《广韵》屑韵的一部分，如结血节铁。

质《广韵》质韵字。

术《广韵》术韵恤潏遹等字。

栉《广韵》栉韵字。

黠《广韵》黠韵的一部分，如八黠劼等字。

职《广韵》职韵的即抑二字。

凡在谐声上跟下列各字有关的都属于质部：

至质日一乙失匹七桼（qī，漆、膝的声符）吉壹栗毕必宓瑟疾悉实逸抑八穴屑即戜（dié，鐵的声符）血设撤别疐（zhì）闭。

28. 术部

包括下面几类字：

没《广韵》没韵字。

术《广韵》术韵字。

质《广韵》质韵笔弼二字。

迄《广韵》迄韵字。

物《广韵》物韵字。

凡在谐声上跟下列各字有关的都属于术部：

出卒内术(zhú，述的声符)勿弗聿殳(mò，没本字)矞(yù，鹬的声符)骨屈突率兀乞字(bó，勃、悖的声符)曰鬱。

29. 月部

包括下面几类字：

曷《广韵》曷韵字。

末《广韵》末韵字。

鎋《广韵》鎋韵字。

黠《广韵》黠韵的一部分，如拔札察戛价殺等字。

月《广韵》月韵字。

薛《广韵》薛韵字。

屑《广韵》屑韵截楔啮蔑絜等字。

凡在谐声上跟下列各字有关的都属于月部：

曷达末昏(kuō)发兑友(bó)叕(chuò，辍、掇的声符)月伐戉舌列桀雪威辥(薛)埶(yì，熱的声符)害介欮(jué)厥粤孑刺夺折獗刷绝劣岁寽(lù)劫(jié)羍(xiá)祭臬(niè)戌首(mò)乙(札、扎的声符)罚

本书著者按：月部的谐声用字跟祭部的谐声用字有些是重复的，例如兑祭害介曷埶列寽昏发等，原因是这两部在上古相通，也就是阴入对转，所以用的谐声字相同。例如以兑作声符的悦、阅

《广韵》都属薛韵)属月部，而兑(《广韵》泰韵)和以兑作声符的锐
(《广韵》祭韵)都属于祭部。曷(《广韵》曷韵)属月部，而以曷为声符
的愒(《广韵》泰韵)偈(《广韵》祭韵)则属祭部。发(《广韵》月韵)属月
部，而以发为声符的废(《广韵》废韵)则属祭部。列(《广韵》薛韵)属
月部，而以列为声符的例(《广韵》祭部)则属于祭部等等。王力先生
把祭部归并于月部，这也可能是一个理由。

30. 盍部

包括下面几类字：

盍《广韵》盍韵字。

叶《广韵》叶韵字。

怗《广韵》怗韵的一部分，如协挟燮褋鞢等字。

业《广韵》业韵字。

狎《广韵》狎韵字。

洽《广韵》洽韵的一部分，如夹插窊箑等字。

乏《广韵》乏韵字。

凡在谐声上跟下列各字有关的都属于盍部：

盍舝(tà，榻、蹋的声符)枽(yè)耴(zhé)聂疌(jié)妾巤(liè，獵、
臘的声符)涉业曄甲劫法夹臿(chā)帀(zā)乏劦(xié，協、脅的
声符)。

31. 缉部

包括下面几类字：

合《广韵》合韵字。

缉《广韵》缉韵字。

洽《广韵》洽韵的一部分，如洽恰祫等字。

怗《广韵》怗韵的一部分，如慹垫等字。

凡在谐声上跟下列各字有关的都属于缉部：

合臽（è，隰，濕的声符）沓（tà）眔（tà）龘龘（tà）立邑入集十習及急卂（qì）戢（jí）廿（rì，不读 niàn）執澀（sè）。

（二）从切韵音系韵部来看先秦韵部

下面用一个表来说明切韵音系韵部和先秦韵部的关系：

切韵音系		先秦韵部	例字	备考
摄	韵部			
果摄	歌①	歌	②	全部
	戈	歌	波禾，果，货	多数
		微	蓑倭，火	少数
假摄	麻	鱼	牙瓜家，马，夜	一部分
		歌	麻加沙，瓦，驾	一部分
遇摄	模	鱼		全部
	鱼	鱼		全部
	虞	鱼	夫娱，羽雨，赋惧	一部分
		侯	愚隅枢，侮，务	一部分
蟹摄	齐	支	圭携，启，丽	一部分
		脂	泥妻，米弟，细计	一部分
		祭	契蓟慧蟪	霁韵的一部分
	祭	祭		全部
	泰	祭		全部
	佳	支		全部
	皆	脂	皆阶，楷，届	一部分
		之	豺骇，戒怪	皆怪两韵的一部分
		微	乖怀，坏喎	一部分
		祭	界芥，拜薤（xiè）	怪韵的部分
	夬	祭		全部

---

① 切韵音系的韵部只举平声，包括上、去。例如"歌"包括"哿""箇"。

② 凡是切韵音系的韵部所包括的字，全部包括在先秦某韵部中的，不举例字。

续表

切韵音系		先秦韵部	例字	备考
摄	韵部			
蟹摄	灰	之	灰媒，悔，佩	一部分
		微	枚推，罪，内退	一部分
	咍	之	该台，海在，再菜	一部分
		微	开，恺，槩慨爱	一部分
止摄	支	支	枝提知，是氏，刺	一部分
		歌	奇皮，侈靡，议	一部分
		脂	尔迩弥	少数
		微	衰委萎毁	少数
	脂	脂	夷私，矢水，利至	一部分
		之	龟丕，鄙，备	一部分
		幽	逵(脂)轨(旨)簋(旨)	少数
		歌	地	至韵个别字
		微	遗悲，位，萃	一部分
	之	之		全部
	微	微		全部
效摄	萧	幽	萧条，鸟蓼，啸	一部分
		宵	尧僬，皎，吊	一部分
	宵	幽	茇椒	宵韵少数字
		宵		全部
	肴	幽	包茅，饱，孝	一部分
		宵	郊巢，教罩	一部分
	豪	幽	牢曹，老草，报好	一部分
		宵	高毛，倒潦，盗悼	一部分
流摄	尤	之	尤邮，有友，囿富旧	少数
		幽	州浮流，柳朽，秀袖	多数
	侯	侯	沟娄，口偶，构豆	多数
		之	母，亩	厚韵少数字
		幽	叟牡，茂戊	厚韵和候韵少数字

续表

切韵音系		先秦韵部	例字	备考
摄	韵部			
流摄	幽	幽		全部
咸摄	覃	侵		全部
	合	缉		全部
	谈	谈		全部（"三"字除外）
		侵	三	个别字
	盍	盍		全部
	盐	谈		全部
	叶	盍		全部
	添	谈		全部
	帖	盍	协挟燮褋	多数
		缉	鲽（dié）垫（同）	少数
	咸	谈	掺谗斩陷	一部分
		侵	咸缄，减	一部分
	洽	盍	夹插窫箑	一部分
		缉	洽恰袷	一部分
	衔	谈		全部
	狎	盍		全部
	严	谈		全部
	业	盍		全部
	凡	侵		全部
	乏	盍		全部
深摄	侵	侵		全部
	缉	缉		全部
山摄	元	元		全部
	月	月		全部
	寒	元		全部
	曷	月		全部
	桓	元		全部

续表

切韵音系 摄	韵部	先秦韵部	例字	备考
山摄	末	月		全部
	删	元		全部
	鎋	月		全部
	山	元	山间简幻	一部分
		谆	艰鳏盼	一部分
	黠	月	拔札察殺	一部分
		质	八黠劼(jié)	一部分
	先	元	肩燕涓见	一部分
		真	天千田，电甸	一部分
		谆	先典殄犬殿	一部分
	屑	月	截楔啮蔑	一部分
		质	结血节铁	一部分
	仙	元	乾焉缠延	多数
		谆	川穿	仙韵的少数字
	薛	月		全部
臻摄	真	真	人仁身，尽引，进讯	一部分
		之	敏	轸韵的个别字
		谆	辰巾，忍闵，吝	一部分
	质	质	必毕吉室七漆	多数
		术	笔弼	少数
	谆	谆	春屯，準，顺	一部分
		真	旬均询，闰	一部分
	术	术	出述术戌	一部分
		质	恤溺遹	一部分
	臻	谆	诜侁(xīn)	臻韵少数字
		真	蓁榛莘	一部分
	栉	质		全部
	文	谆		全部

续表

切韵音系		先秦韵部	例字	备考
摄	韵部			
臻摄	物	术		全部
	欣(殷)	谆		全部
	迄	术		全部
	魂	谆		全部
	没	术		全部
	痕	谆		全部
宕摄	阳	阳		全部
	药	药	药跃绰虐	一部分
		铎	著略若郤	一部分
	唐	阳		全部
	铎	铎	薄博莫郭霍	多数
		药	凿鹤乐	少数
江摄	江	冬	降	个别字
		东	厖邦双,讲	一部分
	觉	沃	觉学	一部分
		药	较驳藐濯	一部分
		屋	角浊渥岳捉剥	一部分
曾摄	蒸	蒸		全部
	职	职		全部(除即抑二字)
		质	即抑	个别字
	登	蒸		全部
	德	职		全部
梗摄	庚	阳	京明兄,景梗,泳	一部分
		耕	平鸣生,敬	一部分
	陌	铎		全部
	耕	蒸	宏闳泓弸(pēng)	一部分
		耕	丁嘤争	一部分
	麦	职	麦革馘(guó)	一部分
		锡	责摘脉策	一部分

续表

切韵音系		先秦韵部	例字	备考
摄	韵部			
梗摄	清	耕		全部
	昔	铎	石尺席亦夕	一部分
		锡	易益壁迹適	一部分
	青	耕		全部
	锡	沃	戚迪寂	一部分
		药	翟的溺栎激	一部分
		锡	历析狄击绩剔	一部分
通摄	东	蒸	弓雄熊，梦	一部分
		冬	中冲虫终崇宫	东送两韵的一部分
		东	东同公工，孔	一部分
		侵	风芃，讽凤	少数字
	屋	职	服牧伏福	一部分
		沃	六陆復轴逐淑育祝畜夙	一部分
		屋	屋谷木卜鹿族独读仆	一部分
	冬	冬		全部
	沃	沃	梏鹄笃督毒	多数
		药	沃熇(hù)	少数字
	钟	东		全部
	烛	屋		全部

（三）以上两个表的用途

1. 从这两个表可以看出语音随着时代的迁移而不断变化。有的音类变化大些，有的音类变化小些。总的看来，变化是绝对的。这些变化尽管很复杂，但也有些规律可循。了解这些规律对变化的理解和掌握是有帮助的。下边举几个例：

（1）先秦幽、宵两部全是效摄（包括切韵音系萧、宵、肴、豪）。（按：此条应说，效摄〔包括切韵音系萧、宵、肴、豪〕全部来自先秦幽、宵两部。）

（2）先秦的阳部全在宕摄（包括切韵音系阳、唐两部）。（按：此条应说，宕摄中之阳、唐两部全部来自先秦的阳部。）

（3）先秦元部基本上变为山摄各韵的阳声（包括元、寒、桓、删、山、先、仙）。先秦的真部有的变为切韵音系山摄的先部，先秦的谆部有的变为山摄的山韵、先韵、仙韵，这是少数。先秦的月部基本上变成切韵山摄各入声韵。先秦的质部有的归入切韵音系山摄的黠、屑二韵，这也是少数。

（4）切韵音系的江韵（包括"讲""绛"）是从先秦的冬部（少数）和东部（多数）分出来的，和阳部无关。

（5）有些演变是不规则的，但在不规则中也还有条理可寻。例如切韵音系轸韵的"敏"先秦归入之部，二者相差很远。但"敏"的声符"每"在先秦之部，以每作声符，诲、梅、悔、晦，海等都属先秦之部。又如"风"切韵音系属东韵，先秦归侵部，二者相差也较远，但风（風）的声符是"凡"，先秦属侵部，以凡为声符的芃、凤（鳳）也在侵部，以风作声符的枫、讽等也在侵部。

2. 可以利用这两个表查出很多字，先秦属于何部。办法是先查某一个字属于切韵音系何部。这一步有些工具书可以利用，如《古今字音对照手册》（丁声树编，科学出版社版），这本书收字太少不够用。查不到的字可以再查梁僧宝的《四声韵谱》（古籍出版社版），这本书收字较全。查到某字的切韵音系的韵部之后，再查上边的两个表，并参考形声字的声符，这样一般的字先秦属于何部就可以找到了。例如"谋"，先查到它在切韵音系属于尤部，再查上边两个表。知道切韵音系的尤部有两个来源，就是先秦的之部和幽部，在幽部中找不到谋字，再查之部就找到了。此外也可以利用形声字，"谋"的声符是"某"，在先秦之部的谐声表中就有"某"字。又例如"楼"字，先查出它在切韵音系属侯部，再查上边的表知道切韵音系的侯部是从先秦侯、之、幽三部来的，从之部来的是个别字没有楼字，从幽部来的为数也少，也没有楼字，再查侯部的谐声表里有"娄"，楼的声符是"娄"，这就可以确定楼属先秦侯部了。

唐作藩同志编了一部《上古音手册》(江苏人民出版社出版)可作参考。这本书收字较多，但没有标出切韵音系的韵部，不便于比较。并且把多数音韵学家认为的去声划入和它们相配的入声。这是一个理论问题(详见后文)，在应用上问题不大。因为一则不影响对古韵文押韵的认识，例如"微君之故，胡为乎中露"(《诗·邶风·式微》)，"露"属切韵音系的暮韵，一般归入鱼部，而唐归入铎部。如果归入鱼部，则故、露同部。如果归入铎部，则鱼、铎通韵。看法不同，实质没有变化。二则唐把一些去声归入入声，也不影响对通假字的认识。例如《诗·大雅·荡》"枝叶未有害，本实先拨"。《列女传》引此诗作"本实先败"。"拨"和"败"互相通假。"拨"先秦属月部，"败"多数音韵学家归入祭部，唐作藩同志把败归入月部。如果把败归入祭部，这就是祭月对转。如果把败归入月部，则是拨、败同部。都不影响对拨和败的通假关系的看法。

另外也有少数字先秦归入何部，各家的看法不一致。这要了解一些前人的著作，选取较好的说法。如王念孙《古韵谱》及《说文谐声谱》、朱骏声《说文通训定声》、江有诰《诗经韵读》、段玉裁《六书音韵表》、张惠言《说文谐声谱》等，都可以参考。

以上两表都是分析韵部的，没有涉及声母，如何检查先秦某一个字的声母，在这里也附带谈谈。了解先秦某字的声母还须先查切韵音系声母，再根据一些音韵学家研究先秦声母所得的结论(已见前)，来看先秦某些字声母的关系。这样就可以识别通假字的关系了(详见第四章)。

我曾计划编写一本切韵音系和先秦古音对照手册，把《广韵》《集韵》所收字都包括进去，标出反切、声母、韵部、等、呼，和先秦韵部对照。对某些字的归部各家有不同看法也择要注出。蹉跎至今也没有动手，而老病日侵，今生恐难如愿，只有期望别人编写了。

第三节　先秦古音的声调

在先秦古音的研究中，对声调的研究成绩最小。研究切韵音系的声调虽然还不能知道调值，但平、上、去、入四个调类还是很明确的。每个调类所属的字也很明确，原因是有韵书可以作为依据。研究先秦的声调不但调值没法知道，连对调类的看法也有很大的分歧。先秦有入声这是多数音韵学家所承认的，因为入声是有辅音韵尾的，它同其他声调的差别除音高音长外，主要是音节结构不同，所以根据韵文的押韵再参照后来的韵书也可以大致看出来。至于入声以外的声调，靠现有的材料就不好辨认了。

从明清以来一些音韵学家对先秦声调的看法分歧很大。大致有以下三种：

一、认为先秦没有声调，或者有类似声调的现象而当时并不重要。例如陈第在《毛诗古音考》之《邶风·谷风》"怒"字下注中说："四声之说起于后世。古人之诗，取其可歌可咏，岂屑屑毫厘，若经生为邪！且上去二音亦轻重之间耳。"

二、承认先秦有声调，但认为先秦人对于声调不像隋唐那样，在韵文尤其是诗的押韵中严格遵照四声，平必押平，上必押上，去必押去，入必押入。而是四声可以随便用，歌诗的人临时根据乐谱的需要变更音的高低长短。这叫作"四声一贯"。顾炎武说："古人之诗已自有迟疾轻重之分；古平多韵平，仄多韵仄；亦有不尽然者，而上或转为平，去或转为平上，入或转为平上去，则在歌者之抑扬高下而已。故四声可以并用。"[1]江永的看法大致也属于这一类，但他又跟顾炎武不同。他承认异调相押，但他不承认歌者临时变调，而主张古诗

---

[1]　见《音论·古人四声一贯》。

的格律允许异调互押，这跟后代词曲可以杂用四声一样，他说："亦有一章两声或三四声者，随其讽诵咏歌，亦自谐适，不必皆出一声。如后人诗余歌曲，正以杂用四声为节奏，诗韵何独不然？"①

以上两种看法都是用切韵时代的四声来看先秦声调的，感到两者的差别很大，于是就认为先秦没有声调，或者有声调而韵文的押韵可以不管，这都是不正确的。首先是先秦没有声调或者说有类似声调的现象而这种现象在语言中没有多大的作用，这种说法不好理解。"四声之说起于后世"如果理解为四声的理论到齐梁时候才有是合乎事实的，但四声别义的现象不只是周秦已有，可能追溯到产生汉语的远古时代。因为声调现象的客观存在是一回事，而对这种客观存在的认识又是一回事。例如现代苏州话有七个声调：阴平、阳平、上声、阴去、阳去、阴入、阳入。如果随便找一个没有语音知识的苏州人，问他苏州话有几个声调，他会茫然不知所答。因为他虽然每天都使用这些声调，但他自己没有认识。因此认为声调现象起于齐梁是错误的。如果是这样，后代的声调就成了无源之水了。并且汉语属于汉藏语系。汉藏语系的特点之一是有声调。汉语同汉藏语系其他各民族语言的关系要追溯到很远。如果说汉语在先秦没有声调，没有这一个特点，也不好理解。

第二种看法认为先秦有声调，或者说有四声，但先秦的韵文不管或者可以不管四声。这也不合乎实际。顾炎武也承认先秦韵文"平多韵平，仄多韵仄"。江永也承认先秦韵文"平自韵平，上去入自韵上去入者恒也"②。可见先秦韵文并不是不管声调。并且隋唐以来把四声看得那样重要，作为韵文标准的韵书就是按平上去入四个大类分的，把四声的差别看得比韵部还重。如果说这种现象没有传

① 见《古韵标准·例言》。
② 见《古韵标准·例言》。

统，到齐梁时代才忽然产生，也不好理解。

三、认为先秦有声调。但对先秦调类的多少看法又有分歧。段玉裁认为先秦只有三个声调，"有平上入而无去"①。孔广森认为先秦有平上去而无入。② 王国维认为先秦有阴阳上去入五个声调。③黄侃认为先秦声调只有平、入两类。④ 江有诰认为"古人实有四声，特古人所读之声与后人不同"⑤。这是说先秦平上去入四个声调都有，不过有些具体的字所属的类，先秦跟切韵音系不同。王念孙同意江有诰的意见。夏燮也赞成古有四声的看法。⑥

以上关于先秦声调数目多少的不同看法，在当前最有影响的是段玉裁的先秦没有去声的说法和王念孙、江有诰先秦四声全有的说法。继承和发展段玉裁的说法的是王力先生。他主张："上古有两种入声，一种是长入，到中古变为去声；一种是短入，到中古仍是入声。"⑦他不承认先秦韵部中的祭部，因为祭部包括《广韵》中的祭泰夬废等韵，全是去声字，他认为在先秦这些韵都是长入，应该跟入声月部合并。到后来这些"长入"才从月部分出来成为去声。另外有许多阴声韵中的去声，王力先生也把它们从阴声韵部分出划归相配的入声。例如"季""弃"罗常培、周祖谟归入脂部，王入质部。"帝""刺"罗、周入支部，王入锡部。"背""富"罗、周入之部，王入职部等等。

继承和发展王念孙、江有诰的先秦有四声的说法的，可以周祖

---

① 见《六书音韵表·古四声说》。
② 见《诗声类》。
③ 见《观堂集林》卷八（第1—5页）。
④ 见《音略》，《黄侃论学杂著》（第62页）。
⑤ 见《再寄王石臞先生书》，《唐韵四声正》开头。
⑥ 夏燮是安徽当涂人，是江有诰的朋友。他的《述韵》作于公元1840年。其中要点见于周祖谟《问学集》之《古音有无上去二声辨》。
⑦ 见《汉语音韵》（第179页）。

谟先生为代表。他的主张见于他的《古音有无上去二声辨》。①

以下谈谈本书作者对这两种意见的看法：

段玉裁和王力先生看到一个事实，这就是在先秦去声跟入声关系比较密切。据我们了解有以下三种情况：

一、《诗经》中有许多篇章去入互相押韵，例如：《小雅·正月》"辐""载""意"押韵。在《广韵》里"辐"属入声屋韵，"载"属去声代韵，"意"属去声志韵。《小雅·蓼莪》"烈""发""害"押韵。在《广韵》里"烈"属入声薛韵，"发"属入声月韵，"害"属去声泰韵。类似这样的情况很多。

二、《广韵》和《集韵》里有许多字去入两读，现在只举一些常见的字：塞、积、刺、易、怕、借、欲、足、作、族、肉、宿、沫、出、识、戻、揭、说、画、杀、太、盖、夺、乐、告等。

三、从许多形声字中也可以看出去声跟入声的关系。例如：臂、譬、避都是去声，而它们的声符辟是入声。缢是去声，而缢的声符益是入声，溢、镒也都是入声。值是去声，②而值的声符直是入声。例是去声，而例的声符列是入声。废是去声，而废的声符发是入声。髻是去声，而髻的声符吉是入声。债是去声，而债的声符责是入声。话是去声，而话的声符舌（昏）是入声。夜是去声，而夜的声符亦是入声。

但这些情况只能说明在汉语语音发展的过程中，去声跟入声有互相转化的关系。可能在周秦之前的远古时代就有去声和入声，两者就有转化关系，这种转化关系可能从周秦以前的远古延续到周秦之后以至切韵时代。譬如形声字的造字远在周秦之前，用入声字作声符造成的字，可能在周秦时代已经转化成去声字了。因此根据从

---

① 见《问学集》（第33—80页）。

② 值在《广韵》中属去声志韵，在《集韵》中属入声职韵。

周秦时代的材料所看到的去声跟入声的关系还不能断定周秦时代没有去声，后来的去声全是由先秦的入声转来的。否则以下一些现象不好解释：

《广韵》去声韵里送、宋、用、绛、震、稕、问、焮、愿、慁、恨、翰、换、谏、裥、霰、线、漾、宕、映、净、劲、径、证、嶝、沁、勘、阚、艳、㮇、酽、陷、鑑、梵各韵都是阳声韵。固然阳声跟入声也可以相通，就是阳入对转，但这种情况是较少的。不可能有这么多的阳声韵都是从入声转来的。如果先秦没有去声，这些去声韵是怎么来的？

王力先生曾经发表过《古无去声例证》一文，[①]　其中列举《广韵》中去声字共 283 个，有阴声也有阳声。根据先秦韵文中跟这些字谐韵的字的声调来证明《广韵》中这些去声字在先秦都不是去声，后来才转成去声。即使王先生所举的 283 个字原来都不是去声，而这283 个字也只是切韵时代的去声中的一小部分。《广韵》中的去声字，除了同一个词的异体字不计算外，共有 5119 个，这 283 个字约占总数的百分之五，在余下的百分之九十五中固然有些字是后起的，不全是从先秦传承下来的，但这总是少数，大多数字是从先秦传下来的。这些多数字没法证明原来也都不是去声字，而是后来从其他声调转成去声的。

根据周祖谟先生的整理，有许多阳声韵中的去声字在先秦是独用的，没有跟其他声调混用的情况。现在只举以下数例：

《卫风·硕人》倩、盼（谆部）

《大雅·绵》愠、问（谆部）

《邶风·匏有苦叶》雁、旦、泮（元部）

《郑风·羔裘》晏、粲、彦（元部）

《郑风·女曰鸡鸣》旦、烂、雁（元部）

《唐风·葛生》粲、烂、旦（元部）

《礼记·儒行》妟、病（阳部）

《左传·僖公七年》竞、病（阳部）

《礼记·儒行》聘（耕部）、问（谆部）

以上这些字都不能是从入声来的，也没法证明它们是从平、上来的。把它们看成原来就是去声，是合情合理的。

另外还有许多阴声中的去声字在先秦也独用，不跟其他声调混用，例如：

《大雅·下武》贺、佐（歌部）①

《鲁颂·閟宫》解、帝（支部）

《鄘风·载驰》济、闷（脂部）

《周南·汝坟》肆、弃（脂部）

《邶风·谷风》溃、肆（脂部）

《卫风·芄兰》遂、悸（脂部）

《王风·黍离》穗、醉（脂部）

《魏风·陟岵》季、寐、弃（脂部）

《小雅·雨无正》退、遂、瘁、谇、退（脂部）

《大雅·荡》类、怼、对、内（脂部）

《大雅·桑柔》隧、类、对、醉、悖（脂部）

《鲁颂·閟宫》炽、富、背、试（之部）

以上这些字在《广韵》里都是去声字，在《诗经》里都是独用。如果把它们看成在周秦时也是去声，同样是合情合理的。

因此我同意王念孙、江有诰的主张，认为在先秦平、上、去、

---

① 王力先生主张先秦没有去声，一些音韵学家认为是先秦阴声中的去声字，王力先生往往划归入声。以下各例中的去声字是根据周祖谟先生的看法，也是许多音韵学家的看法。

入四个声调都有。不过先秦四个声调所包括的字跟切韵时代不全相同，或者说变化很大，有的从某一个声调转入另一个声调。在平上去入四个声调里都有这种情况，例如"享"在切韵音系中读上声，在《小雅·天保》中跟尝王疆押韵在先秦应属平声。"爽"在切韵音系中读上声，在《卫风·氓》中跟汤裳行押韵在先秦应属平声。在四个声调中去声的变化可能更大些。切韵音系的去声，可能有以下几个来源：

一、先秦的去声（见上）。

二、先秦的入声。例如上边提到的塞、易、说、宿等（去入两读）。臂、缢、废、债等（声符是入声）。

三、先秦的平声。例如"讼"切韵音系读去声，《召南·行露》中跟墉、从押韵，在先秦应属平声。"庆"在切韵音系中读去声，《小雅·甫田》中跟羊、方、臧押韵，在先秦应属平声。

四、先秦的上声。"鹭"切韵音系读去声，在《鲁颂·有駜》中跟下、舞押韵，在先秦应属上声。这样的例较少。

尽管先秦四个声调所包括的字彼此转化的例甚多，但总有些字是原来就属于某一个声调而延续下来，没有发生变化的。因此在先秦的韵文中有许多篇章也还可以看出四声分用而不相混的情况。夏燮曾把这样的韵文加以整理。① 现在选录一些，以见一斑：

《邶风·谷风》二章，迟违畿（平）荠弟（上）（脂部）②

《小雅·节南山》五章，惠戾届阕（去）夷违（平）（脂部）

《卫风·氓》五章，劳朝（平）暴笑悼（去）（宵部）

《小雅·十月之交》四章，徒夫（平）马处（上）（鱼部）

《小雅·巧言》五章，树数（去）口厚（上）（侯部）

---

① 见周祖谟《古音有无上去二声辨》，《问学集》（第42—45页）。

② 声调和韵部都是照录夏燮的材料。

《楚辞·远游》行乡阳英(平)壮放(去)(阳部)

宋玉《舞赋》装芳扬方(平)仰往(上)怅象(去)(阳部)

《韩非子·主道》令命定(去)情正名形情(平)(耕部)

《韩非子·扬权》富代(去)殆子起(上)(之部)

《楚辞·惜诵》恃殆(上)志态(去)(之部)

综上所述，我们认为在先秦平、上、去、入四个调类都有。但每个调类所包括的字跟切韵音系不全相同，或者变化很大。至于先秦每个调类所包括的具体的字，有的能够得到公认，有的还没有得到一致的看法，需要进一步研究。

我在 1984 年《中国语文》第 4 期发表了一篇文章，题为《读王力先生〈诗经韵读〉》，其中的一部分是谈先秦就有去声的，该文中有的观点和材料是这本书没有谈到的，请读者参考。

第四章　先秦古音知识的应用

本书很重视音韵学的应用，例如运用音韵知识纠正方音，推广普通话，进行正音教学以及如何识别入声等等，在以上章节中都谈到一些。

至于先秦古音知识的应用，在音韵学的应用中所占的分量较大，内容也较丰富。因此本书专设一章来谈这个问题。

先秦古音知识应用韵范围很广，例如文字学、语义学、考古学等的研究都要借重于先秦古音知识，本书不能全面展开，只选两个重点谈谈，这就是在训诂学和校勘学上的应用。

第一节　先秦古音知识在训诂学上的应用

训诂就是解词。声音是词的物质形式，欲理解词义必须通过声音。王念孙说："训诂之指存乎声音。字之声同声近者，经传往往假借。学者以声求义，破其假借之字而读以本字，则涣然冰释。"①这是说先秦两汉古籍中的用字，往往声音相同或相近就可以相互借用，这就是现在所说的"通假字"。如果不了解先秦古音，只从今音来看，许多字之间的通假关系往往看不出来，这样也就不能掌握古

---

① 《经义述闻》王引之序引。

义，以致不懂或误解了。因此本节所讲主要是如何识别通假字问题。

一、什么叫通假字

在谈如何识别通假字之前，有必要先谈谈什么是通假字。从理论上来说，通假字应该是同时存在的声音相同或相近，而意义不同的字，使用时可以互相借用。例如《论语·雍也》"井有仁焉，其从之也"。朱熹注："刘聘君曰，'有仁之仁当作人'。""仁"和"人"同音，可以互相借用，这就是通假。就这句来说"人"是本字，"仁"是通假字。

读古书时要有能力识别哪些地方是使用了通假字，哪些地方是用本字，而不是使用通假字。如果把通假字当成本字，或把本字当成通假字，都会发生错误，例如：

> 召忽曰："百岁之后吾君卜世，犯吾君命，而废吾所立，夺吾纠也；虽得天下，吾不生也。兄与我齐国之政也。"（《管子·大匡》）

这句话中"兄"是通假字，本字是况。召忽是辅佐公子纠的，他这话的意思是说如果公子纠不得立，即使叫我掌管天下之政，我也不生，何况叫我掌管齐国之政呢。尹知章注："召忽称管仲为兄。"这是不知道"兄"和"况"的通假关系（兄和况先秦同音，都属晓母、阳部），而把"兄"看成是本字，以致产生错误。[①]

另外也有人把一些能够用本字讲通的地方看成是用了通假字，这样也能造成混乱。这样的例子后边要谈到。

以下有几个概念容易和通假字相混，应该加以说明：

（一）假借字

假借是造字法之一。有些字不好造，需要时就把现成的同音字

---

① 参看王念孙《读书杂志》卷五之三。

拿来使用，不另造字，这也就是不造字的造字。例如"而"原来是"须也"，也就是胡须的须，和而且的而同音，就拿它来当连词的而使用。后来"而"被连词的而独占，而的本义就废弃了。又如"然"的本义是"烧也"，和作为如此的然同音，就拿它来当做如此的然使用，不另造字。后来给作为"然烧"的然另造一个"燃"，"然"就被作为如此的然占用了。这就是造字法中的假借。以前的注释家或考证家把造字法中的假借和通假字混同起来，都叫做"假借"，为了避免含混，应该有所区别。

（二）古今字

古今字是代表同一个词的不同写法。这两个字的出现有先后的不同。在发展过程中往往后者占了优势，先造的字有时废弃，有时另作别用。例如《荀子·荣辱》"其汸长矣，其温厚矣"。杨倞注："汸，古流字。"后来"汸"字废弃。《诗·魏风·伐檀》"不狩不猎，胡瞻尔庭有县狟兮"。《说文》"县，系也"。段注："古悬挂字，皆如此作。"县是悬的古字。后来县用来表示州县的县。

（三）异体字

异体字也是同一个词的不同写法，但它们同时存在，作者可以自由选用。例如《荀子·非相》"欣驩芬芗以送之"。杨倞注："芗与香同。""芗"和"香"是代表同一个词的异体字（驩是欢的通假字）。《汉书·高帝纪》"汉王疾瘉"。颜师古注："瘉与愈同，愈差也。""瘉"是"愈"的异体字。

通假字和假借字、古今字、异体字的区分，有时并不容易，需要用些考据功夫。在某些具体问题上，有些名家的看法，也不一定全是正确的，例如《诗·小雅·大东》"监亦有光"。朱骏声《说文通训定声》说："监，假借为鑑。"他所说的假借，就是我们说的通假。他认为"监"和"鑑"是通假关系，我们认为监和鑑是古今字。监金文作，象一个人睁着眼睛，低着头。下面是皿（器具），皿中盛水。

这就是照镜子。远古还没有铜镜子，器具中盛了水，人看水中的影子就等于照镜子。监字就是画出了这个情景，监字的词义既是动词照，也是名词盛水用以照人的器具，又引申为视，《大东》这句诗《笺》云："监，视也。"《论语·八佾》"周监于二代"。"监"就是镜子，"监于二代"是以二代（夏商）为镜子，也就是以二代为借鉴。后来"监"作为视这个义，占了优势，于是用"监"作为声符又造了一个鑑字。鑑的词义和监原来的词义相同。如果这样看是对的，那监和鑑的关系就是古今字，而不是通假了。

通假字和异体字有时也不是容易分辨的。例如《诗·卫风·河广》"谁谓宋远，跂予望之"。高亨先生《诗经今注》说："跂通企。"这是说跂和企是通假字。朱骏声《说文通训定声》也说："跂，假借为企。"《诗·小雅·大东》"跂彼织女"。陈奂《诗毛氏传疏》说："跂，俗企字。"马瑞辰《毛诗传笺通释》也说："跂为俗企字。""俗字"就是现在所说的异体字。跂和企的关系是异体字，还是通假字？我认为陈奂和马瑞辰的说法是有道理的。因为企和跂不但声音相同都是溪母寘韵，并且意义相同。《广韵》："企，望也。""跂，举足望也。"《说文》："企，举踵也。"段注："企，或作跂。"也是把企和跂看成异体字。我认为企和跂是用不同的造字方法造出的异体字。甲骨文企作，是画一个人把足放大，表示抬起脚跟远望，是用会意的方法造的。跂是用形声的方法造的，支是声符。这样看企和跂就是异体字了。另外还有一个"跂"字是巨支切，群母支韵。《说文》足部"跂，足多指也"。段玉裁说："《庄子》'骈拇枝指'字只作枝，跂盖俗体。"这是说这个"跂"是枝的异体字。这是另一回事，和企无关。

本书着重在识别古书中是否使用了通假字以及通假字和本字的关系。至于通假字和其他三种的区别，则考虑得较少，原因是通假字和其他三者的区别是一个理论问题，在实用上并不重要，即使没有搞清它们的区别也对读懂古书没有多大妨碍。例如"跂予望之"中的"跂"，无论把它当作通假字，还是异体字，都不影响对这句诗的理解。因此在本书的选例中，凡是遇到可以看成是通假字也可以看成是其他三种时，就一概看成是通假字。例如《诗·召南·草虫》"我心则说"。我把"说"看成是"悦"的通假字。《说文》无"悦"字，悦是后起的。段玉裁把"说"和"悦"看成古今字，也有道理，我为了适用，把"说"和"悦"也划入通假字中。此外，"猪"和"潴"、"瞻"和"赡"等都有类似的情况（这些例详见后文）。

二、通假字选例

本书作者曾考查了古籍中使用通假字的材料，这些材料大致可分为三类：（一）异文，（二）古注，（三）训诂学家的考证。从中选了一百五十多个例子。选取的标准有三个：（一）在音韵上讲通，（二）在文义上不但讲通而且讲得最好，（三）要有充分的有力的证据。这三条互相依存，缺一不可。

下边分别说明这三个标准：

（一）在音韵上讲通

先说在声母上讲通。本书分析通假字的声母是从《广韵》的声母出发，来看先秦声母和《广韵》声母分合的关系。因为对先秦声母的研究现在还没有明确一致的看法。从《广韵》的声母出发，比较方便，也容易处理。从《广韵》声母来看先秦声母，大致如下：

1. 非组（非、敷、奉、微）和帮组（帮、滂、并、明）相通。所谓相通不只是非和帮、敷和滂等相通，而是非组的每个声母和帮组的每个声母都能相通。以下所说的各组相通，都是这个意思。

2. 知组（知、彻、澄）和端组（端、透、定）相通。

3. 章组（章、昌、船、书、禅）和端组相通。这样端、知、章三组都能相通。

4. 庄组（庄、初、崇、生）和精组（精、清、从、心、邪）相通。

5. 娘、日、泥三母相通。

6. 见组（见、溪、群）和晓组（晓、匣）相通。

7. 以母和定母相通，云母和匣母相通。

上边说的是声母某些组之间的相通，或某些声母之间的相通。同一组之间的各声母，也往往相通，例如帮、滂、並、明之间的相通。其中清、浊或次清之间的相通，即帮、滂、並等之间的相通较多，而次浊（鼻音）即明母等和其他各母之间的相通较少，但有时也出现，如"迈"（明母）和"怖"（滂母）的相通等（见后文）。

以上各项是钱大昕、章炳麟、黄侃、曾运乾等人说过并得到公认的。① 在古代通假字的使用中也得到证明。在通假字中合乎以上各家说法的是绝对多数。另外章炳麟提出精组和章组相通，② 王力先生说"没有人赞成他"③。但在古代通假字中，章氏的说法也有所反映（详见后文），可见章氏所说也是有据的。在通假字中也发现以母和章组相通（见后文），这是没有人提过的。还有些通假字的现象，可以用复辅音的理论来解释，如"隆"和"降"，"槛"和"滥"等（也见后文）。上边所提三种出现的频率较小。

现在谈谈通假字的韵母问题。现在多数音韵学家都承认先秦韵部是 31 个。按阴、阳、入的配合关系把 31 个韵母分成 12 组，就是：1. 之、蒸、职，2. 幽、冬、沃，3. 宵、药，4. 侯、东、屋，5. 鱼、阳、铎，6. 歌，7. 支、耕、锡，8. 脂、真、质，9. 微、谆、术，10. 祭、元、月，11. 谈、盍，12. 侵、辑。本书就是按这 12 个组把通假字归入大类。古籍中的通假字，在韵部上的关系，绝对多数和这 12 个大类相符合。所谓符合包括同韵和阴、阳、入之间的对转关系。也有极少数和这 12 个类不符合。其中有的是阴声

---

① 详见第三章第一节"先秦古音的声母"

② 《国故论衡》卷上"纽目表"。

③ 《汉语语音史》（第 20 页）。

与阴声、阳声与阳声、入声与入声彼此之间声音相近的通假字。譬如韵文中除同韵、通韵（阴、阳、入之间的对转）之外，也有合韵。有的通假字即是和《诗经》、《楚辞》的合韵相一致的。也有极少数和韵文中的合韵也不一致。也有的通假字阴、阳、入的对转关系，也和一般学者的看法不一致。但这些例都有充分证据能够说明它们也是通假字，至于声音上还有部分问题，留待以后研究。

关于通假字的声调，除同一组的入声和同一组的阴声、阳声有对转关系之外，阴声、阳声中平、上、去都可以相通。这也就是说辨认通假字时可以不管平、上、去的区别。

在声音上讲通的例子详后。

（二）在文义上不但讲通，而且讲得最好

所说的在文义上讲通，包括在思想内容上讲通，在逻辑和语法上也都能讲通。下面举几个例子：

《礼记·檀弓》："子游问丧具。夫子曰：'称家之有亡。'"《释文》："'有亡'无也。"

《论语·述而》："亡而为有，虚而为盈。"《正义》："亡，无也。"

在以上两例中，都认为"亡"假为"无"。亡，武方切，微母，阳韵，先秦属阳部。无，武夫切，微母，虞韵，先秦属鱼部。鱼部和阳部是阴阳对转。这两个例在音韵上讲得通，在文义上不但讲通而且讲得最好，没有其他更好的讲法。但下一个例就值得研究了。

《诗·唐风·葛生》："予美亡此，谁与独处。"郑《笺》："亡，无也。"

郑玄认为这句《诗》的"亡"也是假为无。可是宋以来许多家都不同意郑玄的意见。朱熹《诗集传》说："予美，妇人指其夫也。""予之所美者独不在是，则谁与而独处于此乎？"亡，是不在。马瑞辰《毛诗传笺通释》："亡此，犹云去此，又如俗云不在此耳。"高亨《诗经今注》说:"亡此,死在此地。"朱、马、高各家的看法虽不全相同,但他们都把"亡"看成本字,不是通假字。认为"此"是"此地",是"亡"这一动作的地点。如果把"亡"看成是"无"的通假字,"此"字代的是什么? 就没有着落了。因此朱、马、高的讲法是比较通顺的。下面再举一个例:

> 《吕氏春秋·行论》:"凡事之本在人主,人主之患,在先事而简人,简人则事穷矣。今人臣死而不当,亲帅士民以讨其故,可谓不简人矣。"

楚庄王派遣文无畏到齐国去,过宋国时不先假道,宋国怪文无畏无礼,把他杀了。楚庄王因此出兵围宋。《吕氏春秋》这几句话是对这件事的评论。谭戒甫《校吕遗谊》说:"'故'当假为辜。《说文》'辜,罪也'。《史记·屈贾传》'亦夫子之故也'。《文选·贾谊吊屈原文》作'辜',即其证。"陈奇猷说:"'故'疑'敌'字坏误。'敌'字最易坏误为'故',盖'敌'篆作𢾁,坏为𢾉,即是'故'字。'敌'谓宋。'人臣'指文无畏。此文谓,文无畏死而不当其罪,庄王遂亲帅士民以讨其敌国。谭以故假为辜。故、辜二字虽可通假,然'亲帅士民以讨其辜'义不可通。盖此'其'字仅能代庄王或文无畏(即'人臣'),若谓文无畏死而不当,庄王亲帅士民以讨伐庄王之罪(或讨伐文无畏之罪),岂可通耶?"

故,古暮切[1],见母,暮韵;辜,古胡切,见母,模韵。故、辜先秦都属鱼部,可以通假,但在语法上讲不通。"其"是代词,它的先行词必须是离它较近的名词,不能越过代词前的词语而去代离它遥远的词语。因此谭戒甫的看法在文义上讲不通,而陈奇猷的看法可信。

(三)有充分的有力的证据

上边谈到判断是否通假字要在声韵上和文义上讲通。只有这两

---

[1] 本节中所用的反切,都是根据《广韵》或《集韵》。以下不再说明。

点还不够，还必须在这两点之外另有其他充分的证据，否则还不能
保证没有附会的可能。下面所选的例子，除了在声韵、文意上讲通
之外，都是另有证据的。例如王引之说《荀子·荣辱》中"其功盛姚
远矣"。"盛"读为成。所引的证据有十条之多（详见后文）。本书不
厌其繁，照录原文。其他各条的证据也照录无遗，目的是为了增强
说服力。至于某些训诂学家只是根据推测认为是通假字的例子，尽
管在音韵和文意上也能讲通而没有其他证据，本书一概不选。

　　另外也有少数的例子在声韵上不完全和现在音韵学者公认的规
律相合，但有可靠的证据，如"敦"和"彫"，"追"和"彫"等（详见后
文），本书也选入，作为研究的材料。

　　下边是通假字选例：

之蒸职

　　1.《易·大畜·象传》"君子以多识前言往行，以畜其德"。《释
文》："识，刘作志。"

　　《周礼·春官宗伯下》"保章氏掌天星，以志星辰日月之变动，
以观天下之迁，辨其吉凶"。郑注："志，古文识，识，记也。"

　　《荀子·荣辱篇》"知命者不怨天，……怨天者无志"。王念孙
曰："志，读为知识之识（原注：古知识字通作志。说见《经义述闻》
之《左传》昭二十六年）不知命而怨天，故曰无识。《法行篇》正作'怨
天者无识'。"[①]

　　志，职吏切，章母，志韵，先秦属之部。识，赏职切，书母，
职韵，先秦属职部。之、职对转。

　　2.《诗·大雅·抑》"温温恭人，维德之基"。郑《笺》"则能为德
之基止，言内有其性乃可以有为德也"。于省吾《泽螺居诗经新证》：
"基应读为极。金文期、基通用。《广雅》'期颐，老也'。王念孙谓：

---

　　① 《读书杂志》卷八之一。

'期之言极也。《诗》言思无期，万寿无期，《左传》言贪惏无厌，忿颣无期，皆是究极之义。百年为数之极，故曰百年曰期。'王说是也。《荀子·王霸》'是綦定也。'注：'綦当为基，基本也。'刘台拱云：'此綦亦训极，义如皇极之极。极犹言标准。'然则温温恭人，维德之极，言维德之则也。与《殷武》'商邑翼翼，四方之极'词例同。《笺》以基为基止，乖于本义。"

王念孙语见《广雅疏证》卷第一上《释诂》。"思无期"见《诗·鲁颂·駉》。"万寿无期"见《诗·小雅·南山有台》。"贪惏无厌，忿颣无期"见《左传》昭公二十八年，惏同婪；颣音来，杜注"戾也"。

基，居之切，见母，之韵。期，渠之切，群母，之韵。二者先秦都属之部。极，渠力切，群母，职韵，先秦属职部。之、职对转。

3.《诗·商颂·玄鸟》"奄有九有"。马瑞辰《毛诗传笺通释》："九有即九域之假借，《韩诗》作'九域'。《文选》注引薛君章句曰：'九域九州也。'徐幹《中论·法象篇》：'成汤不敢怠遑而奄有九域'正本《韩诗》。域、有一声之转故通用。"奄，大也。

《荀子·礼论》："是君子之坛宇宫廷也。人有是，士君子也，外是民也。（王念孙注：是，谓礼也）"王念孙曰："'有'读为'域'。《孟子·公孙丑篇》注曰：'域，居也。''人域是'人居是也。故与'外是'对文。《商颂·玄鸟篇》'奄有九有'，《韩诗》作'九域'（原注：见《文选·册魏公九锡文》注）。《鲁语》'共工氏之伯九有也'，韦注曰：'有，域也。'《汉书·律历志》引《祭典》曰：'共工氏伯九域。'是域、有古通用。《史记·礼书》正作'人域是'（原注：《索隐》'域，居也。'）。"①

有，云久切，云母，有韵，先秦属之部。域，雨逼切，云母，

---

① 《读书杂志》卷八之六。

职韵，先秦属职部。之、职对转。

4.《易·谦·象传》"鬼神害盈而福谦"。《释文》："京本作'而富'。""福"是本字。

福，方六切，非母，屋韵，先秦属职部。富，方副切，非母，宥韵，先秦属之部。之、职对转。

5.《公羊传》庄公三十一年"其威我奈何？旗获而过我也"。何休注："旗，军帜名，各有色与金鼓俱举，使士卒望而为陈（阵）者。旗获，建旗悬所获得以过鲁也。"《释文》："帜，本又作织。""帜"是本字。

帜，职吏切，章母，志韵，先秦属之部。织，之翼切，章母，职韵，先秦属职部。之、职对转。

6.《史记·平準书》"魏用李克，尽地利"。《货殖列传》"当魏文侯时，李克务尽地力"。《索隐》："《汉书·食货志》'李悝为魏文侯作尽地力之教，国以富强。今此及《汉书》言'克'皆误也。刘向《别录》则云李悝也。"

"克"和"悝"字形相差很远，无由致误。这是通假字问题。

克，苦得切，溪母，德韵，先秦属职部。悝，苦回切，溪母，灰韵，先秦属之部。之、职对转。

李克和李悝时间、地点、事迹都相同，已足以证明是一个人，加上音韵上能够说通，更无可疑。但《人名大辞典》在李克一条中不承认李克和李悝是一个人，是不知运用音韵知识的毛病。

7.《诗·大雅·云汉》"旱既大甚，散无友纪"。马瑞辰《毛诗传笺通释》："《白虎通》'友者有也'。《释名》'友，有也，相保有也'。《论语》'有朋自远方来'。'有'或作'友'（见《释文》）。此诗友即有之假借。'散无友纪'，谓群臣散，无有纪也。"

友、有都是云久切，云母，有韵。先秦都属之部。

8.《诗·小雅·彤弓》"钟鼓既设，一朝右之"。陈奂《诗毛氏传疏》：“《楚茨》传：‘侑，劝也。’《周礼·大祝》‘以享右祭祀’。注：‘右，读为侑。’此右、侑声通之证，侑本字，假借作右。”

右、侑都是于救切，云母，宥韵。先秦都属之部。

9.《诗·小雅·祈父》“有母之尸饔”。毛《传》“尸，陈也。孰（熟）食曰饔”。郑《笺》“己从军而母为父陈馈饮食之具，自伤不得供养也”。于省吾《泽螺居诗经新证》：“有又、母毋古通。《终风》‘不日有曀’言不日又曀也。《论语·为政》‘吾十有五而志于学’言吾十又五而志于学也。金文凡毋皆作母。……《白驹》‘毋金玉尔音’，《释文》：‘毋，本作无。’《论语·学而》‘毋友不如己者’，《释文》‘毋，本作无’。之犹以也。《定之方中》‘树之榛栗’，言树以榛栗也。《荀子·荣辱》‘伤人之言，深于矛戟’，言伤人以言，深于矛戟也。此诗系责祈父以刺宣王。首章云‘胡转予于恤，靡所止居’，《笺》谓：‘何移我于忧，使我无所止居乎？’此章云‘胡转予于恤，有母之尸饔’，言胡移我于忧恤，又无以陈饔以供养也。‘有母之尸饔’读为又毋以尸饔，则上下义训一贯。如得其解，经义固极调适。如读母如字，既有母以尸饔，则王之爪牙者，岂不愈可从事于外而何责于祈父乎？”

有，云久切，云母，有韵。又，于救切，云母，宥韵。二者先秦都属之部。

无、毋，都是武夫切，微母，虞韵，先秦都属鱼部。

10.《荀子·议兵》“故兵大齐则制天下，小齐则治邻敌”。王念孙曰：“‘治’读为‘殆’，殆危也，谓危邻国也。《王制篇》曰：‘威强未足以殆邻敌。’《王霸篇》曰：‘威动天下，强殆中国。’《强国篇》曰：‘威动海内，强殆中国。’殆、治古字通（原注：《强国篇》‘强殆中国’。杨注：‘殆或为治。’《史记·范雎传》：‘夫以秦卒之勇，车骑之众，以治诸侯，譬若驰韩卢而搏塞兔也。''治诸侯'即殆诸侯）。"①《广雅·释言》："齐，整也。"

治，直吏切，澄母，志韵。殆，徒亥切，定母，海韵。二者先秦都属之部。澄母属知组，定母属端组，两组声母古通。

11.《吕氏春秋·慎势》"故先王之法，立天子不使诸侯疑焉，立诸侯不使大夫疑焉，立適（嫡）子不使庶孽疑焉。疑生争，争生乱"。陶鸿庆《读诸子札记》："疑皆读为拟，谓相比拟也。《管子·君臣篇》云：'内有疑妻之妾，此宫乱也；庶有疑適（嫡）之子，此家乱也；朝有疑相之臣，此国乱也。'《韩非子·说疑篇》云：'孽有拟適（嫡）之子，配有拟妻之妾，廷有拟相之臣，臣有拟主之宠，此四者国之所危也。'是疑、拟古通之证。"陈奇猷曰："陶说是。《君守》'官之所以疑'亦假疑为拟可证。下文'诸侯失位''大夫无等''妻妾不分''適（嫡）孽无别'即是拟。"②

疑，语其切，疑母，之韵。拟，鱼纪切，疑母，止韵。二者先秦都属之部。

12.《左传》昭公三十一年"邾黑肱以滥来奔"。《公羊传》作"黑弓"。

肱，古弘切，见母，登韵。弓，居戎切，见母，东韵。二者先秦都属蒸部。

13.《考工记·辀人》"不伏其辕，必缢其牛"。郑注："故书伏作偪，杜子春云：'偪当作伏。'""伏其辕"是当大车上坡时，御者使车辕向下，以免车向上仰缢牛之吭。

伏，房六切，奉母，屋韵。偪，方六切，非母，屋韵。二者先秦都属职部。

①　《读书杂志》卷八之五。
②　陈奇猷《吕氏春秋校释》。

14.《荀子·解蔽》"故口可劫而使墨云"。王先谦《荀子集解》引"陈奂曰:'案墨与默同。'《楚辞·九章》'孔静幽默'。《史记·屈原传》作'墨'。《商君传》'殷纣墨墨以亡'。"[1]

墨、默,都是莫北切,明母,德韵。先秦都属职部。

幽冬沃

1.《诗·小雅·小明》"昔我往矣,日月方奥"。毛《传》:"奥,煖也。"《唐风·无衣》"不如子之衣,安且燠兮"。陈奂《诗毛氏传疏》"日月方奥"疏"奥为燠,古文假借"。

奥,乌到切,影母,号韵,先秦属幽部。燠,放六切,影母,屋韵,先秦属沃部。幽、沃对转。

2.《左传》隐公四年"卫州吁弑其君完"。《公羊传》同。《谷梁传》"州吁"作"祝吁"。

州,职流切,章母,尤韵,先秦属幽部。祝,之六切,章母,屋韵,先秦属沃部。幽、沃对转。

3.《诗·豳风·鸱鸮》"予尾翛翛"。《唐石经》作"脩脩"。马瑞辰《毛诗传笺通释》"《说文》无'翛'字,当以《唐石经》作'脩脩'为正"。《王风·中谷有蓷》传:"脩,且乾也。"这是引申训,原训是肉乾。再引申为敝。翛是通假字。

翛,苏彫切,心母,萧韵。脩,息流切,心母,尤韵。二者先秦都属幽部。

4.《左传》隐公八年"公及莒人盟于浮来"。"浮来"《公羊》、《谷梁》二传并作"包来"。

浮,缚谋切,奉母,尤韵。包,布交切,帮母,肴韵。二者先秦都属幽部。帮组和非组相通。

5.《荀子·君子》"贵贱有等,则令行而不流"。王念孙曰:

① 王先谦《荀子集解》。

"'流'读为留。贵贱各安其分，则上令而下从，故令行而不留也。《君道篇》曰'兼听齐明而百事不留'是也。《群书治要》正作'令行而不留'。"①

流和留都是力求切，来母，尤韵。先秦都属幽部。

6.《吕氏春秋·论威》"举凶器，行凶德，犹不得已也"。《御览》四百三十七"犹"作"由"。陈奇猷曰："犹、由古通。盖谓由于不得已而行之，即《老子》三十一章'兵者不祥之器，不得已而用之'之意。《御览》作'由'，乃以本字易假字也。"②

犹、由都是以周切，以母，尤韵，先秦都属幽部。

7.《史记·越王勾践世家》"吴王闻之，悉发精兵击越，败之夫椒"。《索隐》"椒，本又作湫"。

椒，即消切，精母，宵韵。湫，七由切，清母，尤韵。二者先秦都属幽部。

8.《尚书·吕刑》"稷降播种，农殖嘉谷"。伪孔传"后稷下教民播种农亩生善谷"。《墨子·尚贤中》"稷隆播种，农殖嘉谷"。毕沅据《吕刑》改"隆"为"降"。王念孙曰："古者'降'与'隆'通，不烦改字。"原注："《非攻》'天命融隆火于夏之城'。③ 亦以'隆'为'降'。《丧服小记》注：'以不贰降。'《释文》：'降，一本作隆。'《荀子·赋篇》'皇天隆物以示下民'，隆即降字。《魏策》'休祲降于天'，曾刘本作'休烈隆于天'。《说文》'隆从生降声'。《书大传》'隆谷'郑注：'隆，读如厖降之降。'是隆、降古同声。故'隆'字亦通作'降'。《荀子·天论篇》'隆礼尊贤而王'。《韩诗外传》'隆'作'降'。《史记·司马相如传》'隆业于襁褓'。《汉书》'隆'作'降'。《淮南·泰族篇》'攻

---

① 《读书杂志》卷八之七。
② 《吕氏春秋校释》卷八。
③ 《墨子·非攻下》。

不待衝降而拔'。'衝降'即'衝隆'。"①

隆，力中切，来母，东韵。降，古巷切，见母，绛韵。二者先秦都属冬部。来母和见母是什么关系？有人认为先秦有复辅音声母，来和见有时可能来源于一个复辅音声母[-kl]。

9.《诗·周颂·振鹭》"庶几夙夜，以永终誉"。马瑞辰《毛诗传笺通释》："终与众双声古通用。《后汉书·崔骃传》'岂可不庶几夙夜，以永众誉。'义本三家诗。《毛诗》作终，即众字之假借，犹《诗》'众稚且狂'，即言终稚且狂也。"夙夜，早夜，言早起晚睡勤于政事。

终，职戎切，章母，东韵。众，之仲切，章母，送韵。二者先秦都属冬部。

10. 银雀山汉墓竹简《孙膑兵法》"昔者，神戎战斧遂；黄帝战蜀禄"。《战国策·秦策一·苏秦始将连横》："昔者，神农伐补遂，黄帝伐涿鹿而禽（擒）蚩尤。""神戎"即"神农"，"斧遂"即"补遂"，"蜀禄"即"涿鹿"。

戎，如融切，日母，东韵。农，如冬切，泥母，冬韵。二者先秦都属冬部。日母和泥母相通。

斧，方矩切，非母，麌韵。补，博古切，帮母，姥韵。二者先秦都属鱼部。帮组和非组相通。

蜀，市玉切，禅母，烛韵。涿，竹角切，知母，觉韵，二者先秦都属屋部。知组和章组相通。

禄、鹿都是卢谷切，来母，屋韵，先秦都属屋部。

11.《诗·大雅·抑》"有觉德行，四国顺之"。毛《传》"觉，直也"。马瑞辰《毛诗传笺通释》："《尔雅》：'梏，直也。'《缁衣》（《礼记》）引《诗》'有梏德行'，郑注：'梏，直也，大也。'《广雅》：'觉，

---

① 《读书杂志》卷七之一。

大也。'觉与梏双声。……梏即觉之假借也。《说文》：'觉，悟
也。'……觉悟与正直义本相通。"

觉，古岳切，见母，觉韵。梏，古沃切，见母，沃韵。二者先
秦都属沃部。

宵药

1.《论语·宪问》"久要不忘平生之言"。孔注："久要，旧约
也。"《汉书·文帝纪》"待诸侯至而定要束耳"。颜师古注："要亦约。"

要，於霄切，影母，宵韵，先秦属宵部。约，於略切，影母，
药韵，先秦属药部。宵、药对转。

2.《战国策·燕二·苏代自齐献书于燕王》："齐赵之交，一合
一离。燕王不与齐谋赵，则与赵谋齐。"马王堆汉墓帛书《战国纵横
家书》四《苏秦自齐献书于燕王章》讲的是同一件事，说："齐勺之
交，壹美壹恶，壹合壹离。燕非与齐谋勺，则与赵谋齐。""勺"假为
"赵"。

勺，市若切，禅母，药韵，先秦属药部。赵，治小切，澄母，
小韵，先秦属宵部。宵、药对转。知组和章组相通。

在上面这一个例中有一点值得注意，就是在一句话中同一个词
用了两个不同的字，既用"勺"又用"赵"。这说明当时使用书面语言
很不注意字形。凡是声音相同或相近的字都可以随意使用。这也说
明辨认通假字和本字的重要性。

3.《诗·小雅·宾之初筵》"发彼有的，以祈尔爵"。《释文》"有
勺，本亦作的"。说明陆德明所据本是"发彼有勺"。"的"是本字，
"勺"是通假字。的是箭靶之中心。爵是酒杯，这里用以代酒。

的，都历切，端母，锡韵。勺，市若切，禅母，药韵。二者先
秦都属药部。端组和章组相通。

4.《孟子·离娄上》"为丛殴爵者鹯也"。朱熹注："爵与雀同。"

爵、雀都是即略切，精母，药韵。先秦属药部。

5.《诗·鄘风·桑中》"期我乎桑中，要我乎上宫"。高亨《诗经今注》"要，通邀"。

《荀子·儒效》"行礼要节而安之"。杨倞注："要，邀也。"邀是求，节是节文、礼节，求合乎礼节，而不勉强。

要，邀都是於霄切，影母，宵韵，先秦都属宵部。

6.《诗·小雅·渐渐之石》"山川悠远，维其劳矣"。郑《笺》"劳劳广阔，言不可卒服"。《正义》"郑以劳为辽辽，广阔之意。……广阔辽远之字当从辽远之辽，而作劳字者，以古之字少，多相假借"。

劳，鲁刀切，来母，豪韵。辽，落萧切，来母，萧韵。先秦二者都属宵部。

7.《荀子·礼论》"先王恐其不文也，是以繇其期，足之日也。"王引之曰："'繇'读为遥（原注：凡从䍃之字，多并见于萧、尤韵。故徭役之徭，《汉书》多作繇，歌谣之谣，《汉书·李寻传》作繇。首饰之步摇，《周官·追师》注作繇）。遥其期，谓远其葬期也。足之日，谓足其日数也。"[1]

繇，以周切，以母，尤韵。遥，余昭切，以母，宵韵。先秦二者都属宵部。

8.《吕氏春秋·介立》"桥死于中野"。高亨《诸子新笺》："桥借为槁。槁，枯也。桥、槁古通用。《诗·山有扶苏》（《国风·郑风》）'山有桥松'，《释文》'桥，郑作槁'。即其证。"[2]

桥，巨娇切，群母，宵韵。槁，古老切，见母，皓韵。二者先秦都属宵部。

9.《吕氏春秋·知士》"不若革太子，更立卫姬婴儿校师"。《战

---

① 《读书杂志》卷八《荀子补遗》。
② 陈奇猷《吕氏春秋校释》。

国策·齐策一·靖国君善齐貌辨》"不若废太子，更立卫姬婴儿郊师"。

校，胡教切，匣母，效韵。又音教，古孝切，见母，效韵。郊，古肴切，见母，肴韵。二者先秦都属宵部。见组和晓组声母通。

10.《楚辞·九歌·国殇》"平原忽兮路超远"。《广雅·释诂》"超，远也"。《方言》"超，远也"。王念孙曰："超之言迢也。"①

超，敕宵切，彻母，宵韵。迢，徒聊切，定母，萧韵。二者先秦都属宵部。端组和知组相通。

11.《史记·五帝本纪》"于是禹乃兴九招之乐。"《索隐》"招，音韶，即舜乐箫韶九成。"

招，止遥切，章母，宵韵。韶，市昭切，禅母，宵韵。二者先秦都属宵部。

侯东屋

1.《左传》哀公十一年"使赐之属镂以死"。杜注："属镂，剑名。"

《荀子·成相》"恐为子胥身离凶，进谏不听，刭而独鹿，弃之江"。杨倞注："独鹿与属镂同，本亦或作属镂，吴王夫差赐子胥之剑名。"

《史记·吴世家》"赐子胥属镂之剑以死"。

属，市玉切，禅母，烛韵。独，徒谷切，定母，烛韵。二者先秦都属屋部。端组和章组相通。

镂，卢候切，来母，候韵，先秦属侯部。鹿，卢谷切，来母，屋韵，先秦属屋部。侯、屋对转。

2.《左传》庄公九年"乃杀子纠于生窦"。《史记·齐世家》作"笙渎"。

---

① 《广雅疏证·释诂第一上》。

窭，徒候切，定母，候韵，先秦属侯部。渎，徒谷切，定母，屋韵，先秦属屋部。侯、屋对转。生、笙都是所庚切，生母，庚韵，先秦属耕部。

3.《周礼·地官·县正》"趣其稼事而赏罚之"。《释文》"'趣其'，'趣'又作趋，音促"。《说文》"促，迫也"。与趣音义略同，"促"和"趣"都是本字，"趋"是通假字。

趣，七逾切，清母，虞韵。趋，七句切，清母，遇韵。二者先秦都属侯部。促，七玉切，清母，烛韵，先秦属屋部。侯、屋对转。

4.《庄子·人间世》"夫爱马者，以筐盛矢，以蜄盛溺。适有蚊虻僕缘，而拊之不时，则缺衔毁首碎胸"。王念孙曰："僕之言附也。言蚊虻附缘于马体也。僕与附声近而义同。《大雅·既醉篇》'景命有僕'，《毛传》曰：'僕，附也。'郑《笺》曰：'天之大命，又附着于女。'《文选·子虚赋》注引《广雅》曰：'僕，谓附着于人也。'"《读书杂志·余编上》原注："案今《广雅》无此语。《广雅》疑《广仓》之讹。"附是本字，僕是通假字。

僕，蒲禾切，並母，屋韵，先秦属屋部。附，符遇切，奉母，遇韵，先秦属侯部。侯、屋对转。帮组和非组相通。

5.《史记·项羽本纪》"项王范增疑沛公之有天下，业已讲解"。《索隐》"《汉书》作'媾解'。《说文》"讲，和解也"。讲是本字，媾是通假字。

讲，古项切，见母，讲韵，先秦属东部。媾，古候切，见母，候韵，先秦属侯部。侯、东对转。

6.《诗·小雅·常棣》"兄弟阋（xì）于墙，外御其务"。毛《传》"务，侮也"。《国语·周语》及《左传》僖公二十四年引《诗》"务"皆作"侮"。"务"是通假字。阋是斗，"阋于墙"即在家内相斗。

务，亡遇切，微母，遇韵。侮，文甫切，微母，麌韵。二者先秦都属侯部。

7.《诗·大雅·绵》"予曰有奔奏"。《释文》"奏，本亦作走，音同"。《释名·释姿容》"走，奏也"。奏是通假字。

奏，则候切，精母，候韵。走，子苟切，精母，厚韵。二者先秦都属侯部。

8.《诗·大雅·行苇》"敦弓既句"。《释文》"既句，《说文》作彀，云张弓曰彀"。张衡《东京赋》"彤弓既彀"，薛综注："彀，张也。"句是通假字。

句（勾），古候切，见母，候韵。彀，古候切，见母，候韵。二者先秦都属侯部。

9.《诗·大雅·抑》"抑抑威仪，维德之隅"。毛《传》"抑抑，密也。隅，廉也"。郑《笺》"人密审于威仪抑抑然，是其德必严正也。古之贤者，道行心平，可外占而知内，如宫室之制，内有绳直则外有廉隅"。于省吾《泽螺居诗经新证》："自来解此诗者，皆本于毛《传》训隅为廉，廉隅犹今言棱角，如解作'抑抑威仪，维德之棱角'，是讲不通的。因为威仪谓行礼之周旋有度，不应专以廉隅为言。郑《笺》释隅为严正，又以'如宫室之制，内有绳直外有廉隅'为比，乃展转附会之说。隅者偶之借字，汉《刘熊碑》引此诗作'惟德之偶'，《山海经·东山经》'蛔（mǔ）隅之山'，蛔隅《玉篇》足部作蹄偶。《淮南子·本经训》的'隅差'，《原道训》作'偶睝（chá）'，王引之谓'衣邪谓之偶差，人邪谓之偶睝，声义皆相近矣'，详《经义述闻》《书》'暂遇奸宄'条。这都是隅与偶字通之证。《礼记·曲礼》'偶坐不辞'，《释文》训偶为配；《礼记·三年问》'则失丧其群匹'，郑注训匹为偶。偶与耦古同用，典籍中训偶、耦为匹配者习见。'抑抑威仪，维德之偶'是说审密的威仪，维德之匹配。德为内容，威仪为德之表达形式，言其表里相称。《宾之初筵》'醉而不出，是谓伐德，饮酒孔嘉，维其令仪'，《泮水》'穆穆鲁侯，敬明其德，敬慎威仪，维民之则'。《仪礼·士昏礼》'敬尔威仪，淑慎尔德'。这都是以德与威仪相配为言。旧解不知隅为偶之借字，而以德的廉隅为说，望文演训，不知其非。"

偶，五口切，疑母，厚韵。隅，遇俱切，疑母，虞韵。二者先秦都属侯部。

10.《诗·周颂·桓》"绥万邦，娄丰年"。《左传》宣公十二年引《诗》作"屡丰年"。高亨《诗经今注》"娄，读为屡"。

娄，落侯切，来母，侯韵。屡，良遇切，来母，遇韵。二者先秦都属侯部。

11.《诗·大雅·灵台》"矇瞍奏公"。毛《传》"公，事也"。马瑞辰《毛诗传笺通释》"《史记·屈原传》《集解》、《吕览·达郁篇》高注引《诗》并作'奏功'，《楚辞·怀沙篇》王逸《章句》引《诗》作'奏工'，公、功、工古同声通用。《小雅·六月》诗'以奏肤公'，毛《传》：'公，功也'。此诗'奏公'亦谓奏厥成功，此王者所谓功成作乐也。《谷梁》宣十二年传：'功，事也。'是知传训公为事者正谓公为功耳"。矇、瞍都是盲人，古代乐官、乐工常用盲人。

公、工、功都是古红切，见母，东韵，先秦都属东部。

12.《左传》文公十八年"宾于四门"。杜预注："闢四门，达四聪。"《释文》"四窗，本已作聪"。窗是本字，聪是通假字。

聪，仓红切，清母，东韵。窗，楚江切，初母，江韵。二者先秦都属东部。清属精组，初属庄组，两组相通。

13.《诗·小雅·采绿》"终朝采绿，不盈一匊"。陈奂《诗毛氏传疏》"绿，读为菉，假借字也。《楚辞》注引《诗》'终朝采菉'，《淇奥》《传》云：'绿，王刍。'"①

绿、菉都是力玉切，来母，烛韵。先秦都属屋部。

---

① 《楚辞》注引《诗》见《离骚》"薋菉葹以盈室兮"王逸注。

鱼阳铎

1.《尚书·序》"成王既践奄，将迁其君于蒲姑"①。马融曰："蒲姑，齐地名。"郑康成曰："奄既灭矣，其君佞人不可复，故欲徙之于齐地。"《释文》"蒲，马本作薄"。《史记·周本纪》亦作"薄姑"。

蒲，薄胡切，並母，模韵，先秦属鱼部。薄，傍各切，並母，铎韵，先秦属铎部。鱼、铎对转。

2.《诗·大雅·荡》"侯作侯祝"。《释文》"作，本或作诅"。高亨《诗经今注》"作，借为诅"。侯是虚字，相当于维。

作，则落切，精母，铎韵，先秦属铎部。诅，壮所切，庄母，语韵，先秦属鱼部。鱼、铎对转。精组和庄组声母相通。

3.《尚书·尧典》"五流有宅"②。伪孔传"五刑之流，各有所居"。《史记·五帝本纪》作"五流有度"。

《诗·大雅·皇矣》"乃眷西顾，此维与宅"。眷是回头看，"此维与宅"是说上帝与周王同住。《论衡·初禀》引《诗》"宅"作"度"。朱骏声《说文通训定声》"度，假借为宅"。

宅，场伯切，澄母，陌韵，先秦属铎部。度，徒故切，定母，暮韵，先秦属鱼部。鱼、铎对转。端组和知组相通。

4.《战国策·齐六·貂勃常恶田单》"益封安平君以夜邑万户"（安平君即田单）。《汉书·地理志》"夜"作"掖"。

夜，羊谢切，以母，祃韵，先秦属鱼部。掖，羊益切，以母，昔韵，先秦属铎部。鱼、铎对转。

5.《史记·项羽本纪》"吾翁即若翁"。《汉书》"若翁"作"汝翁"。

若，而灼切，日母，药韵，先秦属铎部。汝，人诸切，日母，语韵，先秦属鱼部。鱼铎对转。

---

① 今本《尚书》附于《蔡仲之命》后。
② 今本《尚书》在《舜典》中。

6.《尚书·禹贡》"大野既猪","彭蠡既猪","荥播既猪"。《史记·夏本纪》"猪"都作"都"。《尚书》注"水所停曰猪"。《史记·集解》"孔安国曰:'水所停曰都。'"《广雅·释诂》第三下"都,聚也"。

猪、都,都是通假字,本字是"潴",潴见《周礼·地官·稻人》"以潴畜水"。《广韵·鱼部》"潴,水所停也"。

猪、潴,都是陟鱼切,知母,鱼韵。都,当孤切,端母,模韵。三者先秦都属鱼部。端组和知组相通。

7.《诗·大雅·绵》"民之初生,自土沮漆"。《汉书·地理志·右扶风·杜阳》颜师古注引《绵》诗,说"自土"《齐诗》作"自杜"。王引之《经义述闻》说:"土,当从《齐诗》读为杜,古字假借耳。……沮,当为徂,徂往也。"杜、漆都是水名。

土,他鲁切,透母,姥韵。杜,徒古切,定母,姥韵。二者先秦都属鱼部。

8.《尔雅·释地》"宋有孟诸"。郝懿行《义疏》:"孟诸者,《禹贡》作孟潴,《史记》(《夏本纪》)作明都,《汉志》(《汉书·地理志》)作盟诸,《职方》(《周礼·夏官·职方氏》)作望诸。郑注:'望诸,明都也。'"《左传》僖公二十八年作"孟诸"。《吕氏春秋·有始》作"孟诸"。

孟,莫更切,明母,映韵;望,巫放切,微母,漾韵;明、盟,都是武兵切,明母,庚韵。以上四者先秦都属阳部。帮组和非组相通。

诸,章鱼切,章母,鱼韵;潴,陟鱼切,知母,鱼韵;都,当孤切,端母,模韵,以上三者先秦都属鱼部。端、知、章三组声母相通。

9.《诗·周颂·我将》"伊嘏文王,既右飨之"。郑《笺》:"受福曰嘏,维受福于文王,文王既右(佑)而飨之,言受而福之。"于省吾《泽螺居诗经新证》:"'伊嘏'无由训为受福。嘏、假古通。《烈祖》

'嘏(zōng)假无言'，假《左传》引作嘏。《中庸》'假乐君子'，《释文》
'假，嘉也'。'伊嘏文王'，犹言维嘉文王。《雍》'假哉皇考'，《传》
亦训假为嘉，语例略同。"

　　嘏和假都是古疋切，见母，马韵。先秦都属鱼部。

　　10.《楚辞·大招》"醢(hǎi)豚苦狗"。王逸注："醢，肉酱也。
苦，以胆和酱也，世所谓胆和者也。"王夫之《楚辞通释》："苦，苦
酒，亦酢也。"蒋骥《山带阁注楚辞》："苦狗，以豉和狗也。"于省吾
《泽螺居楚辞新证》："王注及王、蒋二氏之说并误。'苦'与'枯'古
通用。《庄子·人间世》：'此以其能苦其生者也。'《释文》谓：'苦，
崔本作枯。''枯'典籍也借作'辜'或'殆'。《周礼·掌戮》：'杀王之
亲者辜之。'郑注：'辜之言枯也。'《荀子·正论》的'斩断枯磔，''枯
磔'即'辜磔'。又《说文》：'殆，枯也。'段注：'殆同辜，磔也。'《周
礼·大宗伯》：'以疈(pì)，劈牲胸也)辜祭四方百物。'郑司农注：'罢
辜，披磔牲以祭，若今时之磔狗，祭以止风。'《说文》：'磔，辜
也。'段注：'凡言磔者，开也，张也，剖其胃(胸)腹而张之，令其
乾枯不收。'基于上述，则'苦狗'之'苦'也通作枯、辜、殆，由于声
符相同故通用。'苦狗'者，言杀狗剖其胸腹，使之枯乾，以为乾
肉，典籍中谓之'腊'或'脯'。'醢豚苦狗'应读作'醢豚枯狗'，是说
以豚为肉酱，以狗为乾肉。"

　　苦，康杜切，溪母，姥韵。枯、殆部是苦胡切，溪母，模韵。
辜，古胡切，见母，模韵。四者先秦都属鱼部。

　　11.《诗·小雅·彤弓》"我有嘉宾，中心贶之"。毛《传》"贶，赐
也"。郑《笺》"贶者，欲加恩惠也"。陈奂《诗毛氏传疏》："《说文》贝
部无贶，当系况字之误。"又《释毛诗音》："贶，俗，古作兄。"于省
吾《泽螺居诗经新证》："《传》《笺》均以贶为贶赐之贶，殊误。陈奂
谓当作况或兄是对的，但陈氏仅释字形，对字义仍系申述毛《传》
'贶，赐也'之训，亦不可据。实则况与兄均系借字，本字应是皇。

《桑柔》称'仓兄填兮'，仓兄即仓皇，《释文》谓'兄，本亦作况'。《书·秦誓》'我皇多有之'，《公羊传》文十二年皇作况。《大诰》'若兄考'，即'若皇考'。(见《尚书新证》)《无逸》'无皇曰今日耽乐'，'则皇自敬德'，《汉石经》皇字并作兄。以上所举，是况、兄(古韵在阳部)与皇音近字通的例证。《执竞》称：'不显成康，上帝是皇。'毛《传》训皇为美。《尔雅·释诂》谓'皇皇美也'。此诗中的'中心况之'，即'中心皇之'，这是说'中心赞美之'与二章的'中心喜之'，三章的'中心好之'，义均相仿。"

况、貺都是许访切，晓母，漾韵，兄，许荣切，晓母，庚韵。皇，胡光切，匣母，唐韵。四者先秦都属阳部。

12.《诗·小雅·白华》"英英白云，露彼菅茅"。陈奂《诗毛氏传疏》："英英，《释文》引《韩诗》作"泱泱"，潘岳《射雉赋》'天泱以垂云'，用《韩诗》也。英英假借字。《说文》"泱，滃也"。"滃，云气起也"。段玉裁注："泱与英古字通。"

英，於惊切，影母，庚韵。泱，於良切，影母，阳韵。二者先秦都属阳部。

13.《诗·小雅·十月之交》"曰予不戕，礼则然矣"。《释文》："戕，王本作臧，善也。"戕是通假字。

戕，在良切，从母，阳韵；臧，则郎切，精母，唐韵。二者先秦都属阳部。

14.《诗·大雅·生民》"种之黄茂，实方实苞"。毛《传》"方，极亩也。苞，本也"。郑《笺》"苞亦茂也。方，齐等也"。于省吾《泽螺居诗经新证》："方、放古通。《书·尧典》'方命圮族'，马注：'方，放也。'《康诰》'大放王命'，即《尧典》之方命。《荀子·子道》'不放舟'，注：'放读为方。'《周礼·方相氏》注：'方相犹言放想。'《庄子·天地》'有人治道若相方'，《释文》：'方，本亦作放。'《管子·小问》'桓公放春三月观于野'。注：'春物放发，故曰放春。'孙炎

《尔雅·释言》注：'物丛生曰苞。'然则实放谓萌芽之始放出地上者，实苞谓苗之丛生者。"

方，府良切，非母，阳韵。放，甫妄切，非母，漾韵。二者先秦都属阳部。

15.《诗·大雅·召旻》"维今之人，不尚有旧"。郑《笺》"哀其不高尚贤者，尊任有旧德之臣，将以丧其国"。于省吾《泽螺居诗经新证》"金文常通作尚。'不尚有旧'，不常有旧也。《笺》训尊尚，失之"。

尚，时亮切，禅母，漾韵。常，市羊切，禅母，阳韵。二者先秦都属阳部。

16.《左传》成公十八年"晋侯使士鲂来乞师"。又襄公十二年"晋侯使士鲂来聘"。《公羊传》"鲂"并作"彭"。

鲂，符方切，奉母，阳韵。彭，薄庚切，並母，庚韵。二者先秦都属阳部。帮组和非组相通。

17.《左传》僖公二年"假道于虞以伐虢"。《公羊传》作"郭"。《左传》和《穀梁传》庄公二十四年"郭公"即"虢公"。

虢，古伯切，见母，陌韵。郭，古博切，见母，铎韵。二者先秦都属铎部。

歌

1.《易·离》"六五，出涕沱若"。《释文》"沱，荀作池"。池是通假字。

沱，徒可切，定母，哿韵。池，直离切，澄母，支韵。池又有徒河切，定母，歌韵。二者先秦都属歌部。端组和知组相通。

2.《易·离》"六五之吉，离王公也"。《释文》"离，郑作丽"。朱骏声《说文通训定声》"离，假借为丽"。丽，附也。

离，吕支切，来母，支韵。丽，郎计切，来母，霁韵。二者先秦都属歌部。①

3.《诗·召南·采蘩》"被之僮僮，夙夜在公。被之祁祁，薄言还归"。毛《传》"被，首饰也。僮僮，竦敬也"。"祁祁，舒迟也"。于省吾《泽螺居诗经新证》："被、彼古通。……《荀子·宥坐》'復瞻被九盖皆继，被有说邪'。注：'被皆当为彼。'《汉灵台碑》'德彼四表'，即'德被四表'。《鹖冠子·天则》：'彼教苦故民行薄。'注：'彼一作被。'然则此诗应读为'彼之僮僮，夙夜在公；彼之祁祁，薄言还归'。颂其人之在公敬慎，归来安徐，进退有度也。"

被，皮彼切，並母，纸韵。彼，甫委切，帮母，纸韵。二者先秦都属歌部。

4.《诗·卫风·氓》"乘彼垝垣，以望复关"。毛《传》"垝，毁也"。于省吾《泽螺居诗经新证》："垝、危古通。《庄子·缮性》《释文》：'危，崔本作垝。'《史记·律书》'危，垝也'。《庄子·盗跖》'去其危冠'，《释文》引李注：'危，高也。'《晋语》'橰木不生危'，注：'危，高险也。''乘彼危垣'，言登彼高垣也。若曰毁垣，垣既毁未可言乘，乘之亦未必可望复关也。"

垝，过委切，见母，纸韵。危，鱼为切，疑母，支韵。二者先秦都属歌部。②

5.《诗·小雅·正月》"哿矣富人，哀此惸独"。王念孙曰："'哿'与'哀'相对为文，哀者忧悲，哿者欢乐也。言乐矣彼有屋富人，悲哉此无禄之惸独也。……'哿''嘉'俱以加为声而其义相近。《礼运》'以嘉魂魄'。郑注曰：'嘉，乐也。'王肃注《家语·问礼篇》曰：'嘉，善乐也。'《大雅·假乐篇》'假乐君子'，《中庸》引作'嘉乐'，是嘉与乐同义。'哿'之为言犹嘉耳。"③

---

① 丽，属歌部，从江有诰、张惠言、朱骏声说。
② 据江有诰、张惠言、朱骏声。
③ 见《经义述闻》。

哿，古我切，见母，哿韵。嘉，古牙切，见母，麻韵。二者先秦都属歌部。

6.《诗·小雅·角弓》"如食宜饇"。《释文》："宜，本作仪，《韩诗》云：'仪，我也。'"马瑞辰《毛诗传笺通释》："宜、仪古通用，《韩诗》作仪，假借字，犹谊之通作义也。说《韩诗》者遂训为我，未免望文生训矣。"饇，饱也。

《荀子·王制》"衣服有制，宫室有度，人徒有数，丧祭械用，皆有等宜"。王念孙曰："'宜'读为仪（原注：《大雅·文王篇》'宜鉴于殷'，《大学》引此'宜'作'仪'。《楚语》'采服之仪'，《春官》注引此，'仪'作'宜'）。仪与等义相近。《周官·大司徒》曰：'以仪辨等，则民不越。'《典命》（《周礼·春官》）曰：'掌诸侯之五仪，诸侯五等之位。'《大行人》（《周礼·秋官》）曰：'以九仪辨诸侯之命，等诸臣之爵。'皆是也。'衣服有制，宫室有度，人徒有数。'制、度、数与等仪义亦相近。《哀公篇》（《荀子》）曰：'人有五仪，有庸人，有士，有君子，有贤人，有大圣。'谓人有五等也。"①

宜、仪，都是鱼羁切，疑母，支韵。先秦都属歌部。

7.《诗·唐风·采苓》"人之为言，苟亦无信"。《释文》："'为'，本或作'伪'字。"陈奂《诗毛氏传疏》："《正义》云：王肃诸本作'为言'，定本作'伪言'，定本与《释文》或作本同。《沔水》《正月》'民之讹言'，《笺》'讹，伪也'。《说文》作'讹言'无讹字。古为、伪、讹三字同。《毛诗》本作为，读作伪也。'为言'即谗言。"高亨《诗经今注》："为，通伪。伪言，假话，谎话。"

《荀子·性恶》"人之性恶，其善者伪也"。杨倞注："伪，为也，矫也。"郝懿行曰："伪，作为也。伪与为古字通，杨氏不了，而训为矫，全书皆然，是其蔽也。"王先谦曰："郝说是，荀书伪皆读为，

---

① 《读书杂志》卷八之三。

下文器生于工人之伪，尤其明证。"①

《吕氏春秋·适威》："民进则欲其赏，退则畏其罪。知其能力之不足也，则以为继矣。以为继知，则上又从而罪之。"陶鸿庆《读诸子札记》："为与伪同。'则以为继矣'当作'则以为（伪）继之矣。''以为继知'，'知'亦'之'字之误。《庄子·则阳篇》正作'民知力竭则以伪继之'。是其证也。"②

为，薳（wěi）支切，云母，支韵。伪，危睡切，疑母，寘韵。二者先秦都属歌部。云母和匣母相通。匣母属晓组，疑母属见组，晓组、见组相通。

8.《左传》襄公三十年"楚子使薳罢来聘"。昭公六年"楚薳罢帅师伐吴"。杜预注："罢，音皮。"《公羊传》则作"薳颇"。

罢，薄蟹切，並母，蟹韵。颇，普火切，滂母，果韵。二者先秦都属歌部。

9.《战国策·燕策一·齐伐宋宋急》"此皆转祸而为福，因败而为功者也。今王若欲转祸而为福，因败而为功乎？则莫如遥伯齐而厚尊之，使使盟于周室，尽焚天下之秦符"。马王堆汉墓帛书《战国纵横家书·二〇谓燕王章》："此皆因过为福，转败而为功，今王若欲因过而为福，转败而为功，则莫若招霸齐而尊之，使明周室而棼秦符。"

"过"假为"祸"，"招"假为"遥"，"霸"假为"伯"，"棼"假为"焚"，"明"假为"盟"。

过，古卧切，见母，过韵。祸，胡果切，匣母，果韵。二者先秦都属歌部，见组和晓组相通。

遥，馀昭切，以母，宵韵。招，止遥切，章母，宵韵。二者先

① 王先谦《荀子集解》。
② 陈奇猷《吕氏春秋校释》。

秦都属宵部。以母和章组相通（前边已说明）。

霸，必驾切，帮母，马韵，先秦属鱼部。伯，博陌切，帮母，陌韵。先秦属铎部。鱼、铎对转。

盟、明都是武兵切，明母，庚韵，先秦属阳部。

焚、棼都是符分切，奉母，文韵，先秦属谆部。

10.《吕氏春秋·察今》"其时已与先王之法亏矣"。王念孙《吕氏春秋校本》："亏，读为诡。诡异也。亏、诡古字通，公子无亏或作'无诡'，是也。"俞樾《诸子平议》："'亏'当为'诡'，声之误耳。《左传》（闵公二年）'齐公子无亏'，《史记·齐世家》作'无诡'，《汉书·古今人表》亦作'无诡'，是其证也，诡之言异也。《文选·西京赋》'岂不诡哉'，《海赋》'诡色殊音'，注并曰'诡，异也'。'其时已与先王之法诡矣'，犹曰其时已与先王之法异矣。"[1]

亏，去为切，溪母，支韵。诡，过委切，见母，纸韵。二者先秦都属歌部。[2]

11.《楚辞·离骚》"乘骐骥以驰骋兮"。注："驰，一作驼。"又"忽驰骛以追逐兮"。五臣云："驰，一作驼。"驼是通假字。

驰，直离切，澄母，支韵。驼，徒何切，定母，歌韵。二者先秦都属歌部。端组和知组声母相通。

12.《史记·苏秦列传》"期年以出揣摩"。《索隐》"邹诞本作'揣靡'"。朱骏声《说文通训定声》："靡，假借为摩，《庄子·马蹄》'喜则交颈相靡'。"

摩，莫婆切，明母，戈韵。靡，文彼切，明母，纸韵。二者先秦都属歌部。

13.《史记·仲尼弟子列传》"子贡好废举，与时转货赀"。《索

---

① 陈奇猷《吕氏春秋校释》。

② 诡归歌部，从张惠言、罗常培、周祖谟。

隐》："《家语》货作化。王肃云：'废举，谓买贱卖贵也。转化，谓随时转货，以殖其资也。'"化是通假字。

货，呼卧切，晓母，过韵。化，呼霸切，晓母，祃韵。二者先秦都属歌部。

14.《汉书·地理志·千乘郡》"被阳"如淳曰："被，一作疲，音罢军之罢"。颜师古曰："音皮彼反。"

被，皮彼切，並母，纸韵。疲，符羁切，並母，支韵。二者先秦都属歌部。

支耕锡

1.《周礼·秋官》"蜡氏掌除骴"。注："《曲礼》'四足死者曰渍'，故书骴作脊。郑司农云：'脊，读为渍，谓死人骨也。'"《礼记·曲礼下》原文是："四足曰渍。"《说文·骨部》："鸟兽残骨曰骴。"骴是本字，渍、脊都是通假字。

骴，疾移切，从母，支韵，先秦属支部。渍，疾智切，从母，寘韵，先秦也属支部。脊，资昔切，精母，昔韵，先秦属锡部。支、锡对转。

2.《公羊传》庄公二十年"夏，齐大灾，大灾者何？大瘠也"。何注："瘠，病也。"《释文》："瘠，一本作渍。郑注《曲礼》引此同。"渍是通假字。

瘠，秦昔切，从母，昔韵，先秦属锡部。渍，先秦属支部。支锡对转。

3.《公羊传》庄公十七年"夏，齐人瀸于遂，瀸者何？瀸积也，众杀戍者也"。《释文》"积，本又作渍"。渍是通假字。

积，资昔切，精母，昔韵。先秦属锡部。渍，反切见上，先秦属支部。支锡对转。

4.《战国策·秦策二·秦武王谓甘茂》"疑臣者不适三人"（甘茂

语）。鲍彪注："适、啻同。"适是通假字。不啻是不止。

适，施隻切，书母，昔韵，先秦属锡部。啻，施智切，书母，真韵，先秦属支部。支锡对转。

5.《仪礼·聘礼》"裼降立"。郑注："古文裼皆作赐。"赐是通假字。蔡氏德音云："裼者，卷正服之袖，而露其裘也。"[1]"降立"谓降阶而立于庭，以待宾入。

裼，先击切，心母，锡韵，先秦属锡部。赐，斯义切，心母，真韵，先秦属支部。支、锡对转。

6.《诗·小雅·何人斯》"壹者之来，俾我祇也"。毛《传》"祇，病也"。陈奂《诗毛氏传疏》"'祇'读为痕，此假借字也。《无将大车》《白华》传'痕'，病本字也。……《说文》'痕，病不翅也'"。翅同啻，不啻多也。

祇、痕都是巨支切，群母，支韵，先秦属支部。

7.《诗·小雅·小宛》"题彼脊令，载飞载鸣"。毛《传》："题，视也。"《说文·目部》："睼，视也。"段注："《小雅》'题彼脊令'，毛云：'题，视也。'按题者睼之假借。"脊令，鸟名。

睼字也见《集韵》。题和睼都是杜奚切，定母，齐韵。二者先秦都属支部。

8.《庄子·逍遥游》"小知不及大知"。《释文》"知，音智，本亦作智"。

知，陟离切，知母，支韵。智，知义切，知母，真韵。二者先秦都属支部。

9.《诗·召南·小星》"肃肃宵征，夙夜在公"。"肃肃宵征，抱衾与裯"。于省吾《泽螺居诗经新证》："宵、小古通。《礼记·学记》'宵雅肄三'，注：'宵之言小也。'（'肄习也，习《小雅》之三，谓《鹿

---

①　胡培翚《仪礼正义》卷十六《聘礼》第八《疏》引。

鸣》、《四牡》、《皇皇者华》也。'）《文选·江文通杂体诗·鲍参军诗》注引《春秋孔演图》宋注：'宵犹小也。'①正、征、政古同用。员鼎'征月'即正月。《周礼·司勋》'惟加田无国正'，《释文》：'正，本亦作征。'《礼记·深衣》'以直其政'，注：'政或为正。'然则宵征应读为小正。《尔雅·释诂》注：'正伯皆官长。'小正谓小官长也。……肃肃谓其敬恭有仪也。下句言'夙夜在公'，在公必实有所指，谓小正也。若训宵征为夜行，夜行究指何人，语言含混。以文法言之，小正为主格，下句在公有所承矣。"

宵，相邀切，心母，宵韵。小，私兆切，心母，小韵。二者先秦都属宵部。

征，诸盈切，章母，清韵。正、政，都是之盛切，章母，劲韵。三者先秦都属耕部。

10.《诗·小雅·雨无正》"听言则答，谮言则退"。郑《笺》："答犹距也。有可听用之言，则共以辞距而违之。有谮毁之言，则共为排退之。"

《诗·大雅·桑柔》"听言则对，诵言如醉"。郑《笺》："对，答也。贪恶之人，见道听之言，则应答之。见诵诗书之言，则冥卧如醉。居上位而行此，人或效之。"

于省吾《泽螺居诗经新证》："听与圣古通用。《书·无逸》'此厥不听'，《汉石经》听作圣。《礼记·乐记》'小人以听过'，《释文》：'以听，本或作圣。'听言应读作圣言。《雨无正》'圣言'与'谮言'为对文，《桑柔》'圣言'与'诵言'为对文，若读听如字，则与'谮言''诵言'非对文矣。且'听言'二字至混同，'谮言''诵言'何尝不由听而知之邪？诵、颂古通用。《烝民》'吉父作诵'，《广韵》、《太平御

———————————

① 江淹诗《鲍参军昭》"豪士枉尺璧，宵人重恩光"。李善注引《春秋孔演图》"宵人之世多饥寒"。宋均曰："宵犹小也。"

览》引诵作颂。《素问·阴阳类论》'颂得从容之道'，注'颂，今为诵也'。《华岳碑》'刊石作诵'，诵即颂也。'听言则答'，《新序》引答作对。闻圣善之言则答应之，闻谮谤之言则斥退之；闻圣善之言则对答之，闻颂谀之言则如醋饮至醉，所谓如饫醇醪也。诗序谓《雨无正》大夫刺幽王也，《桑柔》芮伯刺厉王也。正言废而谗慝兴，叔季之世大氐然也，岂独幽厉也哉。"

听，他丁切，透母，青韵。圣，式正切，书母，劲韵。二者先秦都属耕部。透母属端组，书母属章组，两组相通。

诵、颂都是似用切，邪母，用韵，二者先秦都属东部。

11.《荀子·荣辱》"先王之道，仁义之统，诗书礼乐之分乎！彼固天下之大虑也，将为天下生民之属，长虑顾后而保万世也，其流长矣，其温厚矣，其功盛姚远矣"。杨倞注："姚，与遥同，言功业之盛，其长远也。"王引之曰："杨读'盛'为茂盛之盛，非也。'盛'读为成，成亦功也。'姚'亦远也。言其功甚远也。成与盛古同声而通用。《说卦传》'终万物始万物者，莫盛乎艮'。言莫成乎艮也。《吕氏春秋·悔过篇》'我行数千里以袭人，未至而人已先知之矣，此其备必已盛矣'。言其备已成也。《系辞传》'成象之谓乾'。蜀本成作盛。《左传》庄八年'师及齐师围郕'。《公羊》'郕'作成。隐五年、十年、文十二年并作'盛'。《秦策》'今王使成桥守事于韩'。《史记·春申君传》'成'作'盛'。《封禅书》'七曰日，主祠成山'。《汉书·郊祀志》'成'作'盛'，皆其证也。《王霸篇》曰：'论一相，陈一法，明一指，以兼覆之，兼照之，以观其盛。'言观其成也。《臣道篇》曰：'明主尚贤使能而飨其盛，暗主妒贤畏能而灭其功。''盛'读为成，成亦功也。故《说苑·臣术篇》作'上贤使能而享其功'。《正名篇》曰：'心忧恐则口衔刍豢而不知其味，耳听钟鼓而不知其声，目视黼黻而不知其状，轻暖平簟而体不知其安，故向万物之美而盛忧，兼万物之利而盛害。'言美反成忧，利反成害也。"①

成，是征切，禅母，清韵。盛，承政切，禅母，劲韵。二者先秦都属耕部。

12.《墨子·尚同下》"今天下王公大人士君子，中情将欲为仁义，求为上士，上欲中圣王之道，下欲中国家百姓之利，故当尚同之说，而不可不察"。王念孙曰："'情'即'诚'字。言诚将欲为仁义，则尚同之说，不可不察也。《尚贤篇》曰：'且今天下之王公大人士君子，中实将欲为仁义，''实'亦诚也。《非攻篇》曰：'情不知其不义也。故书其言，以遗后世。若知其不义也，夫奚说书其不义以遗后世哉。''情不知'即诚不知。凡《墨子》书中诚、情通用者，不可枚举。又《齐策》'臣知诚不如徐公美'。刘本'诚'作'情'。《吕氏春秋·具备篇》'三月婴儿慈母之爱谕焉，诚也'。《淮南·缪称篇》'诚'作'情'。《汉书·礼乐志》'正人足以副其诚'。《汉纪》'诚'作'情'。此皆古书诚、情通用之证。"②

《吕氏春秋·论人》"人之情伪贪鄙美恶无所失矣"。陈奇猷曰："情，读为诚。"又《行论》："庄王曰：'情矣宋公之言也。'"范耕研《吕氏春秋补注》："情，诚也。"陈奇猷曰："情、诚通。"③

诚，是征切，禅母，清韵。情，疾盈切，从母，清韵。二者先秦都属耕部。诚的声母属章组，情的声母属精组。章炳麟认为精组和章组也相通。这样的例子虽然是少数，但事实上也存在。

13.《诗·大雅·抑》"用遏蛮方"。郑《笺》"'遏'当作剔。剔，治也"。马瑞辰《毛诗传笺通释》："《说文》：'遏，古文逿。'是遏、逿同字。故又借作狄。《鲁颂》(《泮水》)'狄彼东南'……《笺》云：'狄，当作剔'，与此《笺》'遏，当作剔'，其义并本《韩诗》训剔为治，治

---

① 《读书杂志》卷八之一。
② 《读书杂志》卷七之一。
③ 陈奇猷《吕氏春秋校释》。

犹除也。"剔是本字，遏、狄都是通假字。

遏、剔、逖都是他历切，透母，锡韵。狄，徒历切，定母，锡韵。它们先秦都属锡部。

14.《诗·商颂·殷武》"设都于禹之绩"。马瑞辰《毛诗传笺通释》："《说文》'迹步处也'……古经传因多假迹为绩。《汉书》凡功绩字通借作迹，是也。此诗又假绩为迹。九州皆经禹治，因称禹迹。《周书·立政》'以陟禹之迹。'襄四年《左传》引虞人之箴曰：'芒芒禹迹，画为九州。'是也。《诗》云'设都于禹之绩'……《文王有声篇》'维禹之绩'，绩，亦当读为迹。哀元年《左传》'复禹之绩'。《释文》'绩，一本作迹'。此古假绩为迹之证。"

绩，则历切，精母，锡韵。迹，资昔切，精母，昔韵。二者先秦都属锡部。

脂真质

1.《左传》襄公四年"鲁于是乎始髻"。杜注："髻，麻发合结也。"《释文》"合髻，音计，本又作结，又作纷，音同"。结是通假字。

髻，古诣切，见母，霁韵，先秦属脂部。结，古屑切，见母，屑韵，先秦属质部。脂、质对转。

2.《尚书·汤誓》"予及汝皆亡。"《孟子·梁惠王上》引《书》，有的本"皆"作"偕"。

《诗·秦风·无衣》"与子偕行"。《汉书·赵充国、辛庆忌传赞》引《诗》"偕"作"皆"。

《吕氏春秋·离谓》"亡国之主，不自以为惑，故与桀、纣、幽、厉皆也"。许维遹《吕氏春秋集释》："'皆'古'偕'字。"

又《上德》"小民皆之"。于省吾《双剑誃诸子新证》："皆、偕古字通。"

以上例中的偕是本字，皆是通假字。

偕、皆都是古谐切，见母，皆韵。先秦都属脂部。

3.《诗·小雅·采菽》"乐只君子，天子葵之"。毛《传》"葵，揆也"。《尔雅·释言》"葵，揆也，揆度也"。揆是本字，葵是通假字。

葵，渠佳切，群母，脂韵。揆，求癸切，群母，旨韵。二者先秦都属脂部。

4.《诗·小雅·巧言》"彼何人斯，居河之麋"。毛《传》："水草交，谓之麋。"陈奂《诗毛氏传疏》"《尔雅·释水》：'水草交为湄。'《传》所本也。郭注及李注《文选·任昉奏弹》引《诗》皆作'湄'，湄本字，麋假借字"[1]。

麋、湄都是武悲切，明母，脂韵。先秦都属脂部。

5.《论语·乡党》"齐必变食，居必迁坐"。《吕氏春秋·孟春纪》"天子乃斋"。高诱注引《论语》"齐"作"斋"。斋是本字，齐是通假字。

齐，徂奚切，从母，齐韵。斋，侧皆切，庄母，皆韵。二者先秦都属脂部。精组和庄组相通。

6.《诗·邶风·击鼓》"于嗟洵兮，不我信兮"。《释文》"信，即古伸字也"。

《谷梁传》隐公元年"信道而不信邪"。注"信、申字古今所共同"。指后一个"信"字。

《荀子·不苟》"刚强猛毅，靡所不信"。杨倞注："信，读为伸。"

《吕氏春秋·论威》"故曰其令强者其敌弱，其令信者其敌诎"。陶鸿庆《读诸子札记》："信，读为伸，令伸者谓令行于三军也。强

---

① 见《文选》卷四十任彦昇《奏弹曹景宗一首》"惟此人斯，有靦面目"注。

弱、伸诎，文皆相对。"①

以上各例中伸（申）是本字，信是通假字。

《管子·七臣七主》"申主任势，守数以为常"。王引之曰："申，读曰信。《汉书·高惠高后文功臣表》注曰：'古信、申同义，信之通作申，犹申之通作信也。出政而信于民，故曰信主。据下文云：'皆要审，则法令固；赏罚必，则下服度。'则'申主'之即'信主'明矣。"②

上一例中，信是本字，申是通假字。

信，息晋切，心母，震韵。伸、申都是失人切，书母，真韵。二者先秦都属真部。心母属精组，书母属章组，二者可通，前边已经提到。

7.《吕氏春秋·不二》"陈骈贵齐"。范耕研《吕氏春秋补注》"陈骈即田骈"。陈奇猷曰："陈、田同。《执一》《用众》《士容》皆作'田骈'。"③

《史记·田敬仲完世家》"敬仲之如齐，以陈字为田氏"。《索隐》"陈、田二字声相近"。

陈，直珍切，澄母，真韵。田，徒年切，定母，先韵。二者先秦都属真部。端组和知组声母相通。

8.《韩非子·亡征》"亲臣进而故人退，不肖用事而贤良伏"。王先慎曰："亲，读为新。"陈奇猷曰："《礼记·大学》'在亲民'，以亲为新，是其例。"④

亲，七人切，清母，真韵。新，息邻切，心母，真韵。二者先秦都属真部。

9.《左传》成公十三年"迭我殽地"。《释文》"迭，徐音逸"。又隐

---

① ③　陈奇猷《吕氏春秋校释》。

②　《读书杂志》卷五之九。

④　陈奇猷《韩非子集释》。

公九年"惧其侵轶我也"。杜注："轶，突也。"侵轶即侵犯。逸与轶同音。《文选》颜延年《阳给事诔》"轶我河县"，注引《左传》"迭我殽地"。云"迭与轶古字通"。轶本字，迭通假字。

迭，徒结切，定母，屑韵。轶，夷质切，以母，质韵。二者先秦都属质部。以母和定母通。

10.《管子·五辅》"贫富无度则失"。王念孙曰："失读为佚，谓放佚也。"原注："古字多以'失'为'佚'，见《九经古义》。"①《九经古义》是惠栋所著书。

《吕氏春秋·爱士》"昔者秦缪公乘马而车为败，右服失而野人取之"。王念孙《吕氏春秋校本》："失，读曰佚。"②

《汉书·五行志下之下》"鲁夫人淫失于齐，卒杀威公"。颜师古注："失，读曰佚。"

在以上各例中，佚是本字，失是通假字。

失，式质切，书母，质韵。佚，夷质切，以母，质韵。二者先秦都属质部。以母和定母相通，定母属端组，端组和章组相通，因而以母和章组也相通。

微谆术

1.《诗·大雅·板》"上帝板板，下民卒瘅"。马瑞辰《毛诗传笺通释》"卒，读与瘁同，瘁、瘅皆病也。《韩诗外传》引《诗》正作'下民瘁瘅'。《说文》'瘅，劳病也'"。

卒，臧没切，精母，没韵，先秦属术部。瘁，秦醉切，从母，至韵，先秦属微部。微、术对转。

2.《礼记·中庸》"君子之道费而隐"。《释文》"费，本又作拂"。朱熹《章句》："费，用之广也。"拂是通假字。

---

① 《读书杂志》卷五之二。
② 陈奇猷《吕氏春秋校释》。

费，芳未切，敷母，未韵，先秦属微部。拂，敷勿切，敷母，物韵。先秦属术部。微、术对转。

3.《礼记·学记》"古之教者，家有塾，党有庠，术有序，国有学"。郑注："术，当为遂，声之误也。"《水经注》引《学记》"术有序"作"遂有序"。遂是区域名，《周礼·地官·遂人》"五鄙为县，五县为遂"。

术，食聿切，船母，术韵，先秦属术部。遂，徐醉切，邪母，至韵，先秦属微部。微、术对转。船母属章组，邪母属精组，精组与章组可通，已见前。

4.《楚辞·九章·怀沙》"吾将以为类兮"。王逸注："类，法也。"《荀子·儒效》"其言有类，其行有礼"。王念孙曰："类之言律也，律亦法也。"①王先谦曰："类，法也。"②《礼记·乐记》"律小大之称"。《史记·乐书》"律"作"类"。律是本字，类是通假字。孙希旦《礼记集解》"律，以法度整齐之也"。"大小，谓变声正声之类也"。"律之使各得其称"。

类，力遂切，来母，至韵，先秦属微部。律，吕卹切，来母，术韵，先秦属术部。微、术对转。

5.《诗·小雅·采薇》"昔我往矣，杨柳依依"。马瑞辰《毛诗传笺通释》："依、殷古同声，依依犹殷殷，殷亦盛也。"

《礼记·中庸》"壹戎衣而有天下"。郑注："衣，读如殷。……齐人言殷声如衣，虞夏商周氏者多矣，今姓有衣者，殷之胄与？"壹戎殷也作"殪戎殷"。《尚书·康诰》"天乃大命文王殪戎殷"。孔颖达疏："殪杀也，戎兵也，用诛杀之道，以兵患殷。"《尔雅·释诂》"戎大也"。在"殪戎殷"这句中，戎训为大较好。

---

① 《广雅疏证·释诂》。
② 王先谦《荀子集解》。

衣、依都是於希切，影母，微韵，先秦属微部。殷，於斤切，影母，殷韵，先秦属谆部。微、谆对转。

壹，於悉切，影母、质韵，先秦属质部。殪，於计切，影母，霁韵，先秦属脂部。脂、质对转。

6.《礼记·乐记》"知乐则幾于礼矣"。郑注："幾，近也。"朱骏声《说文通训定声》："幾，假借为近。"

幾，居依切，见母，微韵，先秦属微部。近，其谨切，群母，隐韵，先秦属谆部。微、谆对转。

7.《诗·邶风·静女》"爱而不见，搔首踟蹰"。陈奂《诗毛氏传疏》："《说文》'僾，仿佛也'。引《诗》作'僾'。《方言》'掩翳，薆也'。郭注引《诗》作'薆'。《说文·竹部》'箋蔽不见也'。箋与薆同。今《诗》作爱者，古文假借字。《烝民》传云：'爱，隐也。'按此承上文城隅立言，'爱而'者，隐蔽不见之谓。"①高亨《诗经今注》"爱，借为薆，隐蔽。姑娘和他开玩笑，故意躲在他看不见的地方"。

爱、僾、薆、箋都是乌代切，影母，代韵，先秦都属微部。

8.《诗·小雅·四月》"秋日凄凄，百卉具腓"。毛《传》"腓，病也"。马瑞辰《毛诗传笺通释》："《玉篇》及《尔雅》邢疏并引《诗》'百卉具痱，'……《尔雅·释诂》'痱，病也'。"

腓、痱都是符非切，奉母，微韵，先秦都属微部。

9.《诗·大雅·召旻》"如彼岁旱，草不溃茂"。郑《笺》"溃茂之溃，当作彚，彚茂貌"。高亨《诗经今注》"彚茂同义词，犹言丰茂"。溃是通假字。

溃，胡对切，匣母，队韵。彚，于贵切，云母，未韵。二者先秦都属微部。云母与匣母通。

10.《楚辞·九章·惜往日》"吴信谗而弗味兮，子胥死而后忧"。

---

① 参看《广雅疏证》第二下《释诂》。

王逸注：“宰嚭阿谀，甘如蜜也。”洪兴祖《补注》：“《淮南》云，古人味而不贪，今人贪而不味。此言贪嗜谗谀而不知忠直之味也。”朱熹《楚辞集注》说：“味，譬之食物咀嚼而审其美恶也。”王夫之《楚辞通释》说：“弗味，不玩味子胥之忠谏也。”于省吾《泽螺居楚辞新证》："各家之说，均读‘味’如字，未免拘文牵义。‘味’应读作‘沬’，二字并从‘未’声。《礼记·檀弓》：‘瓦不成味。’郑注：‘味当作沬。’[①]是其证。《离骚》的‘芬至今犹未沬’，《招魂》的‘身服义而未沬’，王注并训‘沬’为‘已’。《广雅·释诂》也训‘沬’为‘已’。‘弗沬’应解作‘弗已’，‘弗已’犹言‘弗止’。吴王听信宰嚭的谗言而未止也。谓其无悔悟之意，故以‘子胥死而后忧’为言。"

味、沬都是无沸切，微母，未韵。先秦都属微部。

11.《诗·邶风·柏舟》“耿耿不寐，如有隐忧”。毛《传》“隐，痛也”。陈奂《诗毛氏传疏》：“隐，读为慇。《说文》云：‘慇，痛也。’慇亦作殷，《文选》陆机《叹逝赋》、阮籍《咏怀诗》、谢瞻《答灵运诗》、刘琨《劝进表》、嵇康《养生论》注引《韩诗》并作‘如有殷忧’，按殷即慇之省。”慇是本字，殷、隐都是通假字。

隐，於谨切，影母，隐韵。殷、慇都是於斤切，影母，殷韵。三者先秦都属谆部。

12.《诗·大雅·生民》“载震载夙”。《释文》引郑注：“震，有娠也。”王念孙曰：“震与娠通。”[②]郑《笺》“夙之言肃也”。载是虚词。载娠载夙，言后稷之母姜嫄身怀后稷，行动肃敬，实行胎教。

《左传》昭公元年“当武王邑姜方震大叔”。《释文》“震，又作娠”。

上两例娠是本字，震是通假字。

<hr>

① “瓦不成味”，郑注“成犹善也……味当作沬、沬靧也”。靧音悔，洗面。
② 《广雅疏证》卷四下。

震，章刃切，章母，震韵。娠，失人切，书母，真韵。二者先秦都属谆部。

13.《吕氏春秋·长见》"鲁日以削，至于觐存"。杨树达《吕氏春秋拾遗》"觐，读为仅"。于省吾《双剑誃诸子新证》"《类聚》五十一'觐'作'仅'，按觐即仅之借字"①。

觐和仅都是渠遴切，群母，震韵。先秦都属谆部。

14.《诗·小雅·渐渐之石》"渐渐之石，维其卒矣"。郑《笺》："卒者崔嵬。"马瑞辰《毛诗传笺通释》："按'维其卒矣'，优言维其高矣。卒即崒之省借。《说文》'崒，危高也'。《十月之交》诗'山冢崒崩'，《释文》'崒，本亦作卒'。是崒、卒古通之证。"

卒，子聿切，精母，术韵。崒，慈卹切，从母，术韵。二者先秦都属术部。

15.《荀子·臣道》"功伐足以成国之大利谓之拂"。杨倞注："拂，读为弼。"

《孟子·告子下》"入则无法家拂士，出则无敌国外患者，国恒亡"。赵岐注："法度大臣之家辅弼之士。"

《史记·秦始皇本纪》"今陛下有海内，而子弟为匹夫，卒有田常六卿之臣，无辅拂，何以相救哉"。《正义》："拂，蒲笔反。"朱骏声《说文通训定声》："拂，假为弼。"弼，辅也。

拂，敷勿切，敷母，物韵。弼，房密切，并母，质韵。二者先秦都属术部。

祭元月

1.《诗·大雅·荡》"枝叶未有害，本实先拨"。马瑞辰《毛诗传笺通释》"拨、败同声，拨即败之假借。《列女传·齐东郭姜传》引《诗》正作'本实先败'，盖本《韩诗》"。《说文·攴部》"败，毁也"。

---

① 陈奇猷《吕氏春秋校释》。

拨，北末切，帮母，末韵，先秦属月部。败，薄迈切，並母，夬韵，先秦属祭部。祭、月对转。

2.《诗·商颂·长发》"武王载旆"。《荀子·议兵篇》、《韩诗外传》引《诗》并作"武王载发"（王应麟《诗考》引《外传》如此，今本《外传》作"载旆"，后人依《毛诗》改之也）。《说文》引作"武王载坺"。王引之曰："发，正字也，旆、坺皆借字也。'发'谓起师伐桀也。《豳风·七月》《笺》曰：'载之言则也。''武王载发'，武王则发也。"①

旆，蒲盖切，並母，泰韵，先秦属祭部。发，方伐切，非母，月韵。坺，房越切，奉母，月韵。发、坺先秦都属月部。祭、月对转。帮组和非组相通。

3.《左传》庄公九年"管仲请囚，鲍叔受之，及堂阜而税之"。《释文》"税，本又作说，同土活反"。朱骏声《说文通训定声》"税，假为挩"，挩就是脱。

税，舒锐切，书母，祭韵，先秦属祭部。说，失爇切，书母，薛韵，先秦属月部。挩、脱，他括切，透母，末韵，先秦属月部。祭、月对转。端组和章组相通。

4.《易·系辞下》"黄帝尧舜垂衣裳而天下治"。王弼注："垂衣裳以别贵贱"。《释文》"别，一本作辩"。《周礼·秋官·朝士》"凡有责者有判书以治则听"。注："故书判为辨。"郑司农云："谓若今时辞讼有券书者为治之，辨读为别，谓别券也。"

又《秋官·大行人》"以九仪辨诸侯之命"。《小行人》"凡此物每国辨异之"。《大戴礼·朝事篇》"辨"并作别。

《礼记·乐记》"乐统同，礼辩异"。《荀子·乐论》"辩"作别。②

在以上各例中，别是本字，辩和辨是通假字。

---

① 见《经义述闻》。
② 以上参考《经义述闻·四》、《读书杂志》卷七之三。

辩、辨都是符蹇切，並母，狝韵，先秦属元部。别，方别切，帮母，薛韵，先秦属月部。元月对转。

5.《吕氏春秋·期贤》"卫以十人按赵之兵"。马叙伦《读吕氏春秋记》"按借为遏。《诗·皇矣》'以按徂莒'，《释文》：'按，本作遏。'《孟子·梁惠王篇》引正作遏。此按，遏通假之证"①。

按，乌旰切，影母，翰韵，先秦属元部。遏，乌葛切，影母，曷韵，先秦属月部。元、月对转。

6.《诗·小雅·白华》"念子懆懆，视我迈迈"。毛《传》"迈迈，不说也"。陈奂《诗毛氏传疏》："《说文》'懆，愁不安也'……《释文》云'迈迈'，《韩诗》及《说文》并作'怖怖'，《韩诗》云'意不说好也'，许云'恨怒也'。然则《毛诗》迈迈训不说，即为怖怖之假借，古怖、迈声同。"

迈，莫话切，明母，夬韵。怖，普盖切，滂母，泰韵。二者先秦都属祭部。

7.《左传》昭公四年"遂以诸侯灭赖"。《公羊传》、《谷梁传》"赖"并作"厉"。

赖，落盖切，来母，泰韵。厉，力制切，来母，祭韵。二者先秦都属祭部。

8.《老子》五十二章"塞其兑，闭其门，终身不勤"。《释文》："兑，河上公本作锐。"

《荀子·议兵》"兑则若莫邪之利锋，当之者溃"。卢文弨曰："兑，读为锐。"②

以上两例中，锐是本字，兑是通假字。

兑，杜外切，定母，泰韵。锐，以芮切，以母，祭韵。二者先

---

① 陈奇猷《吕氏春秋校释》。
② 王先谦《荀子集解》。

秦都属祭部。以母和定母相通。

9.《诗·卫风·考槃》"考槃在涧"。《释文》："涧，《韩诗》作干。"考，敲；槃，盘。

《诗·小雅·斯干》"秩秩斯干，幽幽南山"。毛《传》"秩秩流行也。干涧也"。陈奂《诗毛氏传疏》"干，读与涧同"。

以上两例中，涧是本字，干是通假字。

干，古寒切，见母，寒韵，涧，古晏切，见母，谏韵。二者先秦都属元部。

10.《诗·小雅·小宛》"宜岸宜狱"。毛《传》"岸，讼也"。《释文》："岸《韩诗》作犴，音同，云乡亭之系曰犴，朝庭曰狱。"《说文·豸部》："犴，貀或从犬，《诗》曰：'宜犴宜狱。'"段注："岸为犴之假借。狱从二犬，故犴与狱同意。"

岸、犴都是五旰切，疑母，翰韵。二者先秦都属元部。

11.《诗·小雅·大东》"契契寤叹，哀我惮人"。毛《传》"契契，忧苦也；惮，劳也"。《释文》"惮人，字亦作瘅"。《尔雅·释诂》"瘅，劳也"。郭注引《诗》作"哀我瘅人"。瘅是本字，惮是通假字。

惮，徒案切，定母，翰韵。瘅，徒干切，定母，寒韵。二者先秦都属元部。

12.《吕氏春秋·具备》"宓子贱治亶父，恐鲁君之听谗人而令己不得行其术也"。蒋维乔等《吕氏春秋汇校》："《御览》三百六十九引'亶'作'单'。按《察贤篇》作'单父'，《说苑·政理》、《孔子家语》亦作'单父'，《淮南·泰族篇》又作'亶父'。盖单、亶古音相通。……《书·盘庚》'诞告用亶'，《释文》'马本作单'，此其证也。"陈奇猷曰："《韩非子·外储说左上》、《史记·弟子传》亦作'单父'，盖同音通假也。"①

---

①　陈奇猷《吕氏春秋校释》。

单（单独），都寒切，端母，寒韵。又（姓）时战切，禅母，线韵。亶，多旱切，端母，旱韵。三者先秦都属元部。端组和章组相通。

13.《战国策》和《史记》有关韩国的事迹，在马王堆汉墓帛书《战国纵横家书》中有时把韩国的韩写成"乾"。例如："臣之勺，所闻于乾、梁之功秦，无变志矣。(《苏秦自赵献书于齐王章（一）》)""勺"假为赵，"乾"假为韩，"梁"假为梁，"功"假为攻。

又："与韦非约曰：若与楚遇，将与乾（韩）粱（梁）四遇，以约功（攻）秦。"①

乾、渠焉切，群母，仙韵。韩，胡安切，匣母，寒韵。二者先秦都属元部。见组和晓组相通。

14.《诗·召南·草虫》"亦既见止，亦既觏止，我心则说"。《笺》"说音悦"。刘向《说苑·君道》引《诗》"说"作"悦"。悦是本字，说是通假字。

说，失爇切，书母，薛韵。悦，弋雪切，以母，薛韵。二者先秦都属月部。以母和章组相通，前边已提到。

15.《诗·大雅·瞻卬》"彼宜有罪，女（汝）覆说之"。《后汉书·王符传》、《潜夫论·述教篇》引《诗》作"女（汝）反脱之"。高亨《诗经今注》"说，通脱，开脱"。

脱，他括切，透母，末韵。说和脱先秦都属月部。说的声母属章组，章组和端组相通。

谈盍

1.《礼记·大学》"此之谓自谦"。郑注："谦，读为慊。""慊"见于《集韵》，和惬同音，义相近。朱熹《章句》："谦，读为慊，……快也，足也。"

①　韦非，人名，楚国使者。"将与韩、梁四遇"是与韩、梁、燕、赵四国相遇。

谦，苦兼切，溪母，添韵，先秦属谈部。慊，诘叶切，溪母，帖韵，先秦属盍部。谈、盍对转。

2.《荀子·强国》"黭然而雷击之，如墙厌之"。杨注："厌，读为压。"郝懿行曰："黭与奄同。奄然，猝乍之貌。而与如，古通用。"

厌，於艳切，影母，艳韵，先秦属谈部。压，乌甲切，影母，狎韵，先秦属盍部。谈、盍对转。

3.《诗·小雅·采菽》"觱（bì）沸槛泉，言采其芹"。毛《传》："觱沸，泉出貌。槛泉，正出也。"《尔雅·释水》"滥泉正出，正出涌出也"。《说文·水部》："滥，濡上及下也。《诗》曰：'觱沸滥泉。'"陈奂《毛诗传笺通释》："槛，假借字。"

槛，胡黤切，匣母，槛韵。滥，卢瞰切，来母，阚韵。二者先秦都属谈部。匣母和来母可能来源于一个复辅音声母[ɣl]。

4.《诗·周颂·良耜》"或来瞻女，载筐及筥"。马瑞辰《毛诗传笺通释》："瞻，当读赡给之赡。……赡字《说文》所无，《新附》始有之，古通作澹又作瞻，作詹与儋。……《汉书·食货志》'犹未足澹其欲也'。注'澹，读为赡'。《礼记·大传》'民无不足，无不赡者'。《释文》本作瞻，云'本又作儋'。"

瞻、詹，职廉切，章母，盐韵。赡、儋，时艳切，禅母，艳韵。四者先秦都属谈部。

5.《诗·鲁颂·閟宫》"泰山岩岩，鲁邦所詹"。马瑞辰《毛诗传笺通释》："詹者瞻之省借，言泰山为鲁邦所瞻仰。"《说苑·杂言篇》引作"'鲁邦是瞻'，盖本《韩诗》，故《韩诗外传》引《诗》亦作瞻"。《风俗通义·山泽第十》、《初学记·地部》引《诗》皆作瞻。

詹、瞻，先秦都属谈部。（已见前）

6.《礼记·檀弓》"我丧也斯沾"。郑注："斯，尽也。沾，读曰觇，觇视也。"

沾，张廉切，知母，盐韵。觇，丑廉切，彻母，盐韵。二者先秦都属谈部。

7.《荀子·修身》"知虑渐深，则一之以良易"。郝懿行曰："'渐'与潜古字通。《韩诗外传》二作'潜'是。"王念孙曰："'渐'读为潜。《洪范》'沈潜刚克'。文五年《左传》及《史记·宋世家》'潜'并作渐。《汉书·谷永传》'忘湛渐之义'。《汉山阳太守祝睦后碑》'渐心于道'，《大尉刘宽碑》'演策沈渐'，'渐'并与潜同。"[1]

渐，慈染切，从母，琰韵。潜，昨盐切，从母，盐韵。二者先秦都属谈部。

8.《荀子·致士》"川渊枯，则鱼龙去之；山林险，则鸟兽去之"。郝懿行曰："'险'当为俭，俭与险古通用。俭如山之童，林之濯濯皆是。"王念孙曰："郝说是也。险非险阻之险，乃俭之借字耳。（原注：《否·象传》'君子以俭德辟难。'虞注：'俭或作险。'《大戴记·文王官人篇》'多稽而俭貌'。《逸周书》'俭'作险。襄二十九年《左传》'险而易行'。杜注：'险，当作俭。'）山林俭，则鸟兽无所依而去之，犹川渊枯而鱼龙去之也。此与上文山林茂正相反。"[2]

险，虚检切，晓母，琰韵。俭，巨险切，群母，琰韵。二者先秦都属谈部。见组和晓组相通。

9.《诗·卫风·芄兰》"虽则佩韘（shè），能不我甲"。《释文》"甲，《韩诗》作狎"。马瑞辰《毛诗传笺通释》："不我甲谓不与我相狎习耳。《说文》'狎，犬可习也'。引申为狎习之称。甲又狎之假借也。"韘，扳指。

甲，古狎切，见母，狎韵。狎，胡甲切，匣母，狎韵。二者先秦都属盍部。见组和晓组相通。

---

① 参看王先谦《荀子集解》和王念孙《读书杂志》卷八之一。
② 《读书杂志》卷八之五。

10.《左传》襄公二十九年"楚郏敖即位"。杜注："郏敖康王子熊麇也。"《史记·楚世家》也作"郏敖"，但《吴世家》作"夹敖"。

郏、夹，都是古洽切，见母，洽韵，先秦都属盍部。

侵缉

1.《左传》哀公三年"无备而官办者，犹拾渖也"。杜注："渖，汁也。言不备而责办，不可得。"《释文》："北土呼汁为渖。"

渖，昌枕切，昌母，寝韵，先秦属侵部。汁，之入切，章母，缉韵，先秦属缉部。侵、缉对转。

2.《诗·召南·野有死麕》"无感我帨兮"。《释文》："感，又胡坎切，动也。"陈奂《诗毛氏传疏》："即撼也。"帨，佩巾也。

感，古禫切，见母，感韵。撼，胡感切，匣母，感韵。二者先秦都属侵部。见组和晓组相通。

3.《诗·小雅·巧言》"乱之初生，僭始既涵"。陈奂《诗毛氏传疏》："僭，当为譖。《释文》'音侧荫反'，是也。《众经音义》卷五引《诗》作'譖'。"高亨《诗经今注》："僭，通譖，谗也。既，尽也。涵，容也。此二句言，乱事初生的时候，谗言开始尽被容纳。"

僭，子念切，精母，桥韵。譖，庄荫切，庄母，沁韵。二者先秦都属侵部。精组和庄组相通。

4.《左传》庄公三十二年"使鍼季酖之"。杜注："酖，鸟名，其羽有毒，以画酒，饮之则死。"朱骏声《说文通训定声》："酖，借为鸩。酖，乐酒也。"

酖，丁含切，端母，覃韵。鸩，直禁切，澄母，沁韵。二者先秦都属侵部。端组和知组相通。

5.《左传》文公十七年"鹿死不择音"。杜注："音，所茠荫之处，古字音同，皆相假借。"荫是本字，音是通假字。

音，於金切，影母，侵韵。荫，於禁切，影母，沁韵。二者先秦都属侵部。

6.《左传》昭公十一年"仲孙貜会邾子盟于祲祥"。《公羊传》作"盟于侵羊"。

祲，子心切，精母，侵韵。侵，七林切，清母，侵韵。二者先秦都属侵部。祥、羊古通用。

7.《左传》哀公十二年"若可寻也，亦可寒也"。《仪礼·有司彻》郑注引此"寻"作"燖"，温也。燖是本字，寻是通假字。

寻，徐林切，邪母，侵韵。燖，见《集韵》，徐心切，也是邪母，侵韵。二者先秦都属侵部。

8.《尚书·皋陶谟》"烝民乃粒"①。《诗·周颂·思文》"立我烝民"。陈奂《诗毛氏传疏》："《书·皋陶谟》'烝民乃粒'，粒者立之假借。故《史记·夏本纪》作'众民乃定也'。"烝，众也。

粒、立，都是力入切，来母，缉韵。先秦都属缉部。

9.《诗·大雅·公刘》"于橐于囊，思辑用光"。毛《传》"言民相与和睦，以显于时也"。橐、囊都是装粮食的口袋。这两句是说百姓带着粮食随周的先人公刘迁往豳地时的心情。《尔雅·释诂》"辑，和也"。《孟子·梁惠王下》引《诗》"辑"作"戢"，《说文》"戢，藏兵也"。辑是本字，戢是通假字。

辑，秦入切，从母，缉韵。戢，阻立切，庄母，缉韵。二者先秦都属缉部。精组和庄组相通。

10.《礼记·月令》"游牝别群，则絷腾驹"。《释文》"执，蔡本作絷"。可见陆德明所见本作"执"。《诗·小雅·白驹》"皎皎白驹，食我场苗。絷之维之，以永今朝"。毛《传》："絷，绊也。"絷是本字，执是通假字。

絷，陟立切，知母，缉韵。执，之入切，章母，缉韵。二者先

---

① 这句在今本《尚书·益稷》中。

秦都属缉部。知组和章组相通。

11.《荀子·礼论》"文理情用，相为内外表里，并行而杂"。王念孙曰："'杂'读为集。《尔雅》：'集，会也。'言文理情用并行而相会也。集、杂古字通。"《读书杂志》卷八之六原注："《月令》'四方来集'，《吕氏春秋·仲秋纪》'集'作'杂'。《论衡·别通篇》'集糅非一'即'杂糅'。"

集，秦入切，从母，缉韵。杂，组合切，从母，合韵。二者先秦都属缉部。

以上各通假字的例，在韵部上都是和当代多数音韵学家公认的古韵部相符合的。在声母上也和当代多数音韵学家公认的规律基本上相符合。这是通假字现象中的绝对多数。以下各例在声母上和当代音韵学家公认的规律符合，在韵部上和当代多数音韵学家公认的韵部不符合，但是和《诗经》、《楚辞》中的合韵相符合，这可以看成是音近相假。这样的例在通假字现象中是极少数：

职沃

《左传》宣公十二年"其佐先縠刚愎不仁，未肯用命"。杜注："愎，很也。"《说文》"很，不听从也"。《战国策·赵策一》"夫知伯之为人也。好利而鸷復"。注"鲍本补曰：'《韩子》作鸷愎。'"《史记·酷吏列传赞》"冯翊殷周蝮鸷"。《管子·五辅》"下愈覆鸷而不听从"。王念孙认为："覆、復、蝮皆愎之借字耳。"[①]

愎，符逼切，並母，职韵，先秦属职部。復，房六切，奉母，屋韵。覆和蝮都是芳福切，敷母，屋韵。復、覆、蝮先秦都属沃部。帮组和非组相通。

《诗经》中职沃合韵有《豳风·七月》七章的"穋"（沃）"麦"（职）。《大雅·生民》一章的"夙"（沃）"育"（沃）"稷"（职）等。

---

① 　参看《广雅疏证·释诂第三上》。《战国策》鲍注引《韩子》，见《十过》。

幽宵

1.《诗·周南·汝坟》"未见君子,惄如调饥"。毛《传》"惄,饥意也。调,朝也"。陈奂《诗毛氏传疏》"其义训朝,谓即朝之假借字"。

调,徒聊切,定母,萧韵,先秦属幽部。朝,陟遥切,知母,宵韵,先秦属宵部。端组和知组相通。

2.《诗·邶风·雄雉》"瞻彼日月,悠悠我思"。《说苑·辨物篇》引《诗》作"遥遥我思"。摇是通假字。

悠,以周切,以母,尤韵,先秦属幽部。摇,馀昭切,以母,宵韵,先秦属宵部。

3.《礼记·檀弓》"人喜则斯陶,陶斯咏,咏斯犹"。郑注:"犹当为摇,声之误也。摇谓身动摇也。秦人犹、摇声相近。"陶,畅也。

犹,以周切,以母,尤韵,先秦属幽部。摇,(见前)属宵部。

《诗经》中幽宵合韵较多,如《王风·君子阳阳》二章的"陶"(幽)"翿"(幽)"敖"(宵)。《陈风·月出》一章的"皎"(宵)"僚"(宵)"纠"(幽)"悄"(宵)等。

幽侯

《吕氏春秋·离俗》"汤又因务光而谋"。毕沅《吕氏春秋校正》:"务光《庄子》作'瞀光',《荀子·成相篇》作'牟光'。"陈奇猷曰:"《韩非子·说林上》、《说疑》及《汉书·古今人表》皆作'务光',与此同。三字音皆相通。"[①]

务,亡遇切,微母,遇韵。瞀,莫候切,明母,候韵。二者先秦都属侯部。牟,莫浮切,明母,尤韵,先秦属幽部。帮组和非组

相通。

《诗经》中幽侯合韵有《秦风·小戎》一章的"收"（幽）"軸"（幽）"驱"（侯），《大雅·棫朴》一章的"櫂"（幽）"趣"（侯）等。

幽东

《吕氏春秋·精谕》："孔子见温伯雪子，不言而出。子贡曰：'夫子之欲见温伯雪子好矣，今也见之而不言，其故何也?'"吴承仕《吕氏春秋旧注校理》（稿本）："好，读为孔。孔，甚也，'好矣'犹云甚矣。"陈奇猷曰："《周礼·考工记》'璧羨尺好三寸以为度'注引先郑云：'好，璧孔也。'吴谓好读为孔，盖即本此为说。"①

好，呼皓切，晓母，皓韵，先秦属幽部。孔，康董切，溪母，董韵，先秦属东部。见组和晓组相通。

《楚辞·离骚》有幽东合韵，如"同"（东）"调"（幽）。

鱼歌

《楚辞·大招》"琼毂错衡，英华假只"。王逸注："假，大也。言所乘之车，以玉饰毂，以金错衡，英华照耀，大有光明也。"于省吾《泽螺居楚辞新证》："王注训'假'为'大'，后世皆从之。但是'英华大只'于义难通，于是王注又释'大'为'大有光明'，此所谓'望文生训'。'假'应读作'嘉'，《诗·假乐》的'假乐君子'。《礼记·中庸》引作'嘉乐君子'。《诗·维天之命》的'假以溢我'，又《雍》的'假哉皇考'，毛《传》并训'假'为'嘉'是以'假'与'嘉'为音训。……《尔雅·释诂》谓'嘉，美也'。本文是说，车毂以琼玉为饰，车衡以金银为错（钿金银以为花纹），故以英华嘉美为言。"

假，古疋切，见母，马韵；又古讶切，见母，祃韵，先秦属鱼部。嘉，古牙切，见母，麻韵。先秦属歌部。

① 陈奇猷《吕氏春秋校释》。

《楚辞·九辩》有鱼歌合韵，如瑕(鱼)加(歌)。

支脂

1.《诗·大雅·皇矣》"王此大邦，克顺克比"。陈奂《诗毛氏传疏》："'克比'《礼记》作'克俾'(《乐记》)。《尔雅》'俾，从也'(《释诂》)。比与俾，古字通。"俾是本字，比是通假字。

比，卑履切，帮母，旨韵，先秦属脂部。俾，并弭切，帮母，纸韵，先秦属支部。

2.《左传》僖公元年"公子友帅师败莒师于郦"。《公羊传》"郦"作"犁"。《谷梁传》作"丽"。

郦，吕支切，来母，支韵，先秦属支部。丽，郎计切，来母，霁韵，先秦也属支部。犁，郎奚切，来母，齐韵，先秦属脂部。

支脂合韵有：《诗·小雅·车攻》五章的"伀"(脂)"柴(支)；《楚辞·远游》的"涕"(脂)"弭"(支)。

脂微

1.《诗·大雅·生民》"诞寘之隘巷，牛羊腓字之"。于省吾《泽螺居诗经新证》："《采薇》的'小人所腓'，郑《笺》谓：'腓当作芘(庇)。'孔疏引王肃说谓郑'易之为庇'。以上是腓与芘、庇字通之证。《礼记·表记》'虽有庇民之大德'，郑注谓'庇，覆也'。《说文》谓'庇，荫也'。这是庇训为覆或荫之证。字，应读作慈，倗儿钟的'字父'即'慈父'。《书·康诰》'於父不能字厥子'，伪传训字为爱。《左传》昭元年'乐王鲋字而敬'，杜注训字为爱。《说文》'字，乳也，爱也。从子在宀下，子亦声'。按典籍中每训字为爱，以为由'字乳'之义所引申，而不知古文字中无慈字，均以字或子为之。慈乃后起的代字。'牛羊腓字之'，应读作'牛羊庇字之'，这是说，牛羊遇弃子后稷而庇荫慈爱之。《左传》成十一年叙妇人怒施氏沉其二子于河说：'已不能庇其伉俪而亡之，又不能字(慈)人之孤而杀之，将何以终。'以庇与字互文，与此诗庇字连文同义，可资验证。"

腓，符非切，奉母，微韵，先秦属微部。芘，频脂切，並母，脂韵；又毗至切，並母，至韵。庇，必至切，帮母，至韵。芘、庇先秦都属脂部。

字，疾置切，从母，志韵。慈，疾之切，从母，之韵。二者先秦都属之部。

2.《诗·大雅·云汉》"瞻卬（仰）昊天，曷惠其宁"。郑《笺》："曷，何也，当何时顺我之求，令我心安乎？"于省吾《泽螺居诗经新证》："惠、谓古通。《书·盘庚》'尔谓朕曷震动万民以迁'，《汉石经》谓作惠。其犹之也，详《经传释词》。曷谓其宁，即曷谓之宁！言时之未安也。若云何顺其安，则不词矣。"

"云汉"于书误作"江汉"。

惠，胡桂切，匣母，霁韵，先秦属脂部。谓，于贵切，云母，未韵，先秦属微部。云母和匣母相通。

脂微合韵在《诗经》中甚多，如《周南·葛覃》一章萋（脂）飞（微）喈（脂），《周南·汝坟》一章枚（微）饥（脂）等。

以下各例声母基本上合乎当代音韵学家公认的规律，韵部上和公认的古韵部不一致，在《诗经》、《楚辞》的合韵中，也没有找到前例。但这些例都有证据，也应看作是通假字的运用。这样的例数量最小，是通假字的例外。至于韵部上的问题，可以留待今后进一步研究。

幽屋

《诗·大雅·文王有声》"匪棘其欲"。《礼记·礼器》引《诗》作"匪革其犹"。郑注："犹，道也。"高亨《诗经今注》："匪，非。革，改也。犹，道也。此句言文王不更改祖先之道。"

棘，纪力切，见母，职韵。革，古核切，见母，麦韵。二者先秦都属职部。

欲，馀蜀切，以母，烛韵，先秦属屋部。犹，以周切，以母，尤韵，先秦属幽部。

幽谆

1.《诗·大雅·行苇》"敦弓既坚"。毛《传》："敦弓，画弓也。天子敦弓。"陈奂《诗毛氏传疏》："画弓，谓绘画之画，非刻画之画。……《荀子·大略篇》'天子彫弓'……敦、彫一声之转。"

2.《诗·周颂·有客》"敦琢其旅"。陈奂《诗毛氏传疏》："敦琢犹雕琢，旅众也。"旅指诸臣。以美玉比诸臣，故用雕琢，敦假为雕。

敦，都昆切，端母，魂韵，先秦属谆部。彫，雕，都是都聊切，端母，萧韵，先秦属幽部。

幽微

《诗·大雅·棫朴》"追琢其章，金玉其相"。毛《传》："追，彫也。金曰雕，玉曰琢。"郑《笺》"《周礼·追师》'掌追衡笄'则追亦治玉也"。马瑞辰《毛诗传笺通释》："《笺》说是也，追即彫之假借。……《荀子·富国篇》、《说苑·修文篇》并引《诗》'彫琢其章'。赵注《孟子》①'彫琢治饰玉'，亦引《诗》'彫琢其章'。是彫琢皆治玉之证。追与彫双声故假借通用。"

追，陟佳切，知母，脂韵，先秦属微部。彫，先秦属幽部。（见上）

幽缉

《诗·小雅·小旻》"谋夫孔多，是用不集"。陈奂《诗毛氏传疏》："集即就之假借字，元抄本《韩诗外传》作'是用不就'，襄八年《左传》

---

① 赵岐注《孟子》语见《梁惠王下》。

引《诗》杜预注亦云：'集，就也。'集、就并与成同义。"孔，甚也。

集，秦入切，从母，缉韵，先秦属缉部。就，疾僦切，从母，宥部，先秦属幽部。

侯沃

《荀子·劝学》"强自取柱，柔自取束"。王引之曰："'柱'当读为祝。哀十四年《公羊传》'天祝予'。十三年《谷梁传》'祝发文身'。何、范注并曰：'祝，断也。'此言物强则自取断折，所谓太刚则折也。《大戴记》作'强自取折'，是其明证矣。《南山经》'招摇之山有草焉，其名曰祝馀'。'祝馀'或作'柱荼'，是祝与柱通也。"①

柱，直主切，澄母，麌韵，先秦属侯部。祝，之六切，章母，屋韵，先秦属沃部。知组和章组相通。

侯歌

《吕氏春秋·观表》"暴者右宰穀臣之觞吾子也甚欢，今侯渫过而弗辞"。高诱注："侯，何也。重过为渫过。何为不辞右宰。"陈奇猷曰："侯即何音近之假字，《汉书·司马相如传》'君乎君乎，侯不迈哉'，亦以侯为何可证。"②

《战国策·秦策三·秦客卿造谓穰侯》："君欲成之，何不使人谓燕相国曰：'圣人不能为时，时至而弗失。'"马王堆汉墓帛书《战国纵横家书·一九秦客卿造谓穰侯章》"何不使人"作"侯不使人"。

何，胡歌切，匣母，歌韵，先秦属歌部。侯，户钩切，匣母，侯韵，先秦属侯部。

微缉

1.《诗·大雅·大明》"天位殷适，使不挟四方"。毛《传》："纣居天位而殷之正适（嫡）也。挟，达也。"郑《笺》："今纣居天位而又

---

① 《读书杂志》卷八之一。
② 陈奇猷《吕氏春秋校释》。

殷之正适，以其为恶，乃弃绝之，使教令不行于四方，四方共叛之。"于省吾《泽螺居诗经新证》："位、立古同字。金文位字皆作立。《板》'无自立辟'，《汉石经》立作位。《周礼·小宗伯》'掌建国之神位'，注：'故书位作立。郑司农云：立读为位。古者立、位同字。'古文《春秋经》'公即位'为'公即立'。适、敌声同古通。古无舌上，故读适如敌。《公羊传》庄二十四年'君请勿自敌也'，《春秋繁露·王道》作'君无自适'。《礼记·玉藻》'敌者不在'，《释文》：'敌，本又作适。'《燕义》'莫敢适之义也'，《释文》：'适，本又作敌。'《论语·里仁》'无适也'，《释文》：'适，郑本作敌。'《书·多士》'惟我事不贰适''惟尔王家我适'，二适字江声并读为敌。挟，《集传》训为挟有。'天立殷适，使不挟四方'，言天立殷敌，使不能挟有四方也。天立殷敌，与《皇矣》'天立厥配'同一句法。天字乃贯二句为言，天立殷敌，天使不挟有四方也。《传》、《笺》谓纣居天位，而殷之正适。即增纣字，而使字亦无所著矣。"

位，于愧切，云母，至韵，先秦属微部。立，力入切，来母，缉韵，先秦属缉部。微部和缉部的关系，云母和来母的关系都待进一步的研究。

2.《诗·大雅·荡》"寇攘式内"。郑《笺》"寇盗攘窃为姦宄者，而王信之，使用事于内"。于省吾《泽螺居诗经新证》："内、入金文同用。式犹以也。上言'强御多怼，流言以对'，故接以寇攘以入也。若读内为内外之内不达于词矣。"

入，人执切，日母，缉韵，先秦属缉部。内，奴对切，泥母，队韵。先秦属微部。日母和泥母相通。

第二节　先秦古音知识在校勘学上的应用

一、怎样运用古音知识从事校勘

我国古籍在长期传抄、刻印中往往产生错误，如讹文、脱文、衍文、倒文、脱简、错简等等大量存在。历代学者，尤其清代学者如卢文弨、王念孙等人，在纠正古书的错误上做了大量的艰巨的工作，[①] 这就是校勘之学。做校勘工作需要的知识很多，如文字学、训诂学、逻辑学、语法学等，而音韵学也是其中重要的一项。因为古籍中有的是韵文，如《诗经》、《楚辞》等，即使在散文中也往往用韵，如《易经》、《尚书》、《三礼》、《三传》、《老子》、《庄子》、《墨子》、《荀子》、《论语》等等。如果在韵脚处有校勘问题，往往可以根据押韵的情况，推断出原来的面貌。

从事校勘工作，首先要辨别有无校勘问题，如果确认有校勘问题，再考虑能否用音韵学知识帮助解决。具体讲有以下几种情况：

（一）从不同版本中发现了异文，有的异文是通假字问题，这是训诂学的内容。有的则是校勘问题，而这种校勘问题有时就可以用音韵学知识帮助解决。例如：

> 泉源在左，淇水在右。女子有行，远兄弟父母。（《诗·卫风·竹竿》）

“远兄弟父母”这句有校勘问题。相台本作“远父母兄弟”，《唐石经》作“远兄弟父母”。究竟哪一个对？根据押韵可以断定“远兄弟父母”是对的。因为“右”和“母”在先秦同属之部，互相押韵。“弟”

---

① 卢文弨校勘过的古籍汇刻为《抱经堂丛书》。王念孙的校勘工作，分别见于《读书杂志》、《经义述闻》和《广雅疏证》。

属脂部，和"右"不押韵。

按一般语序应该先说父母，后说兄弟，而《诗经》是韵文，为了押韵可以变更语序，这在古今的韵文中是常有的。例如：

式微式微，胡不归？微君之故，胡为乎中露？

式微式微，胡不归？微君之躬，胡为乎泥中？（《诗·邶风·式微》）

"泥中"是一般的语序，"中"和"躬"押韵，所以语序不变。"中露"就是"露中"，因为"露"和"故"押韵所以变更了语序。相台本是南宋岳珂刻的。南宋人一般不了解古音，不知道"右"和"母"押韵，就按一般语序把这句诗改为"远父母兄弟"，其实是改错了。

南有乔木，不可休息。汉有游女，不可求思。（《诗·周南·汉广》）

《释文》："'休息'本或作'休思'"。《韩诗外传》引《诗》也作"不可休思"。"不可休息"和"不可休思"哪一个对？根据押韵，可以断定"不可休思"是正确的，"息"字是"思"字因形近而误。理由是"思"是语词，无义。按《诗经》通例，句末用语词，一般是在语词的前一个字上用韵。例如《大雅·抑》："神之格思，不可度思，矧可射思！"格、度、射押韵，格属铎部，度和射属鱼部，鱼铎通韵。《汉广》这首诗也同样，"南有乔木，不可休思。汉有游女，不可求思"，休和求押韵，都属幽部。

（二）从旁证，如他书引用等发现异文，如果是校勘问题，有时也可以用音韵学知识来解决。例如：

周原膴膴，堇荼如饴。爰始爰谋，爰契我龟。（《诗·大雅·绵》）

《文选》左思《魏都赋》"脢脢坰野"。李善注："《诗》云'周原脢脢'。"可见"周原膴膴"这句有异文。对这样的异文如何处理？各家的看法不一致。王念孙说："膴与腜古字通。"①马瑞辰也说："腜与膴古通用。"②这是说两者互相通假。江有诰说："当从《韩诗》作腜。"他认为这是校勘问题，作腜是对的，作膴是错的。理由是腜、饴、谋、龟等都属之部，合乎押韵规则。王力承认"周原膴膴"，说这句是"鱼之合韵"③。想是根据《经典释文》"膴，音武"，我认为这是校勘问题，不是通假字问题。我同意江有诰的意见，作腜是正确的，膴字是腜字之误。我的理由是：

1. 凡是用"某"作声符的如媒、谋等都属之部，腜也属之部，和饴、谋、龟同韵。凡是用"無"作声符的如幠、舞等都属鱼部，膴也属鱼部，和饴、谋、龟不同韵。

2. 膴和腜声音相距较远不能互相通假。

3.《广雅·释训》"腜腜肥也"。与《绵》诗之义正合。《说文·肉部》："膴，无骨腊也。"是乾肉，与该诗之义不合。《左传》僖公二十八年"原田每每，舍其旧而新是谋"。"每每"是肥美之意。每和谋押韵，都属之部。"每每"就是"腜腜"，先秦同音。腜是用本字，每是用通假字。

4. 腜的声符是"某"。《说文》木部某的古文作㮋。膴的声符是"無"，在金文中有时写作輨。④ 两者字形相似，容易相混。"某"的篆文是枰正是金文枰字的省写。许慎说："从木甘，阙。"这是说为什么从"甘"？他也不知道。我以为某的古文是某的原字，某就是梅。古文是象形，画了两棵梅树，上边的▽是像梅子，和"甘"没有关系。后来和金文無字相混，才写成枰。

　　蓬生麻中，不扶而直。（《荀子·劝学》）

---

① 见《广雅疏证》第六上《释训》。

② 见《毛诗传笺通释》二十四。

③ 见王力的《诗经韵读》。

④ 见《无臭鼎》（罗振玉《三代吉金文存》卷二，第53页）。

　　王念孙《读书杂志》：“此下有‘白沙在涅，与之俱黑’二句，而今本脱之。《大戴记》亦脱此二句。今本《荀子》无此二句，疑后人依《大戴记》删之也。杨（倞）不释此二句，则所本已同今本。此言善恶无常，唯人所习，故‘白沙在涅’与‘蓬生麻中’义正相反。且‘黑’与‘直’为韵。若无此二句，则既失其义而又失其韵。《洪范》正义云：‘荀卿书云“蓬生麻中，不扶自直；白沙在涅，与之俱黑”。’褚少孙续《三王世家》云：‘传曰“蓬生麻中，不扶自直；白沙在泥，与之皆黑”者，土地教化使之然也。’《索隐》曰：‘蓬生麻中以下，并见《荀卿子》。’然则汉唐人所见《荀子》皆有此二句，不得以《大戴》无此二句而删之也。”

　　“直”和“黑”先秦都属职部。

　　　　假舆马者非利足也，而致千里；假舟楫者，非能水也，而绝江河。（《荀子·劝学》）

　　王念孙《读书杂志》：“‘江河’本作‘江海’。‘海’与‘里’为韵。下文‘不积小流，无以成江海’亦与‘里’为韵。今本‘海’作‘河’，则失其韵矣。《文选·海赋》注引此，正作‘绝江海’。《大戴记·劝学篇》《说苑·说丛篇》并同。《文子·上仁篇》作‘济江海’，文虽小异，而作‘江海’则同。”

　　“海”与“里”先秦都属之部。

　　（三）没有不同版本的根据，也没有引书等旁证，有时也能看出有校勘问题。这一类如果能借助音韵学知识，就更有说服力。例如：

　　　　农夫知其田之易也，不知其稼之疏而不适也；知其田之际也，不知其稼居地之虚也。（《吕氏春秋·辩土》）

　　王念孙《读书杂志》：“‘际’字于义无取，盖‘除’字之误。上言‘田之易’此言‘田之除’，易与除皆治也。《曲礼》‘驰道不除’，郑注曰：‘除，治也。’且易、适为韵，除、虚为韵。若作‘际’则失其韵矣。”

易、适先秦都属锡部；除、虚先秦都属鱼部。

> 穗阅而青零，多秕而不满。（《吕氏春秋·审时》）

孙诒让曰：“‘青零’为色尚青而先零落。”许维遹《吕氏春秋集释》说：“江有诰《先秦韵读》改‘满’为‘盈’是也。盈与零属耕部，殆避汉讳耳。”①按汉惠帝讳“盈”，汉人抄写《吕氏春秋》时以“满”代“盈”。

以上所谈都是确认有校勘问题，而这些问题都可以用音韵知识帮助解决。但在前人的整理古籍工作中也曾出现本来没有校勘问题，而有人误认为有校勘问题，以致产生错误的现象。这样的错误，有时也能利用音韵学的知识来纠正。例如：

> 有智而不以虑，使万物知其处；有行而不以贤，观臣下之所因；有勇而不以怒，使群臣尽其武。（《韩非子·主道》）

王先慎说：“当作‘有贤而不以行’。”这是说今本《韩非子》“有行而不以贤”这句有校勘问题，“行”和“贤”位置颠倒了。陈奇猷同志同意王先慎的意见。②我认为今本《韩非子》这句话没有校勘问题。我的理由是：《主道》这篇全篇用韵，就以上边所引这段来看，虑、处押韵，都属鱼部；贤、因押韵，都属真部；怒、武押韵都属鱼部。如果把“有行而不以贤”改成“有贤而不以行”，“行”属阳部，和“因”（真部）不押韵，与这篇文的体例不合。就文意来说，“有行而不以贤”完全能够讲通。“行”是抽象名词，指德行。《荀子·法行》：“廉而不刿，行也。”杨倞注：“刿，伤。虽有廉棱而不伤物，似有德行者。”《法行》篇说的是玉，这句话的“行”是德行。在《韩非子》一书中“有行”和“无行”是常用的。例如：“枉法曲亲，谓之有行。”（《八说》）“此非特无术也，又乃无行。”（《六反》）“贤”是形容词用作

---

① 见陈奇猷《吕氏春秋校释》。
② 见陈奇猷《韩非子集释》。

动词，用现代语法术语叫"意动"，即"以之为贤"。在《吕氏春秋》中这样用法也是常见的，如"亡国之主反此，乃自贤而少人"（《谨听》），"桀愈自贤，矜过善非"（《慎大》），这两句中的"贤"和"有行而不以贤"用法是相同的。总之，"有行而不以贤，观臣下之所因"，是说国君有德行和才能而不自以为是，要看臣下所赞成的是什么。"因"是从也，可以译成赞成。这样看来，"有行而不以贤"，并没有校勘问题。王先慎所以搞错，原因之一是他忽略了押韵问题。陈奇猷同志是我的老同学。1985 年他给我来信说他正在修订《韩非子集释》，我把我对"有行而不以贤"这条的看法告诉他，他回信说我的看法："极确，将收入《定本韩非子集释》中。"他的虚怀若谷的精神是感人的。

> 故曰：大匠不斫，大庖不豆，大勇不斗，大兵不寇。（《吕
> 氏春秋•贵公》）

高诱在"豆"下注曰："但调和五味，使人神享之而已，不复自列簠簋笾豆也。"陈奇猷同志说："此'大庖不豆'与上下文'大匠不斫……'均是处上位者不越职而为小事之义。"高、陈的意见全是正确的，"豆"是名词用作动词，等于设豆或陈豆。但俞樾却不同意高诱的意见，他在《诸子平议》中批驳高注说："若然，则'不簠''不簋''不笾'无不可言，何独言'不豆'乎？豆当读为剅。《广雅•释诂》曰：'剅'裂也。……'大庖不剅'，言大庖但调和五味，不亲为宰割之事。"俞樾说"豆当读为剅"，想是把"豆"看成是"剅"的通假字。如果承认俞樾的看法也可以认为"豆"是"剅"之误。那就是校勘问题。不管是把"大庖不豆"这句看成是有通假字问题，还是看成有校勘问题都是错误的。关键是俞樾忽略了《贵公》这段文的用韵。豆、斗、寇先秦都属侯部，斫先秦属屋部，侯屋通韵。俞樾说为什么不说"不簠""不簋""不笾"，而说"不豆"？主要原因是"豆"和斫、斗、寇押韵，而簠、簋、或笾和斫、斗、寇不押韵。用"豆"来代表

当时的餐具，在修辞上这是以部分代全体。在古今的韵文中，为了押韵这是常用的方法。例如《诗·王风·采葛》："彼采萧兮，一日不见，如三秋兮。""三秋"就是三年，"秋"是一年的一部分，用部分代全体。为什么不用春呢？因为"秋"和"萧"押韵，先秦都属幽部。

这一条给了我们一个很大的启示。俞樾是有名的汉学家，他对音韵学不是无知的，但他在读《贵公》这篇时忘记了运用音韵学，就难免发生错误。可见从事训诂、校勘的人对音韵学是不能忽视的。

以上两例是应该运用音韵学知识而没有运用，以致产生错误。但也有人想运用音韵学知识来证明他认为的校勘问题。但他的音韵学的水平不高，没有用好，不能证实他的观点。例如：

> 故食不可不务也，地不可不力也，用不可不节也。五谷尽收，则五味尽御于主；不尽收，则不尽御。（《墨子·七患》）

毕沅认为"地不可不力也"这句有校勘问题，他把"力"改为"立"，说："立、节为韵；主、御为韵。"王念孙不同意毕沅的看法，说："毕说非也，古音'立'在缉部，'节'在质部，则立、节非韵。'主'在厚部，'御'在御部，则主、御非韵。毕未能了然于古音之界限。"王念孙所说的"厚部"就是侯部，"御部"就是鱼部。王念孙在他的《古韵谱》中已改用侯部和鱼部了。孙诒让根据道藏本和明刻本，认为"力"字不误，没有校勘问题。[①]

综上所述：从事校勘工作有时需要运用音韵学知识，一般说有以下三种情况：

（一）从不同的版本、其他书籍引用或古注中有时发现异文。这些异文有的是通假字问题。解决通假字问题是训诂学的范畴。有的是正误问题，解决正误问题，则是校勘学的范畴。被校勘的材料如果是韵文，有时就要应用音韵学的知识了。

---

① 　参看《读书杂志》卷七之一和孙诒让《墨子间诂》。

（二）没有异文可供参考，有时从文意上也可以推断有校勘问题，如果这个材料是韵文，有时也需要应用音韵学知识来证实推断的是否正确。

（三）根据文义推断有校勘问题，也可能用音韵学知识得到反证，来否定这个推测。

从事以上这些工作要有一个先决条件，就是要认真学习音韵学，要做到精通、熟练。否则主观上想运用，也可能用错。

二、运用古音知识从事校勘选例

上一节通过一些例证说明怎样运用古音知识从事校勘。这些例证中有的是运用得较好的，也就是正确的，也有的没有用好，也就是不正确的。下边又选了约四十个例子，这些例子都是运用古音知识较好的，因而都是正确的，供读者借鉴。

（一）《诗·邶风·匏有苦叶》"济盈不濡轨，雉鸣求其牡"。盈，是满，指河水。《唐石经》"轨"作"軓"。"轨"有两个义：《中庸》"车同轨"。《说文》"轨，车彻（辙）也"。也就是车轮之迹。另一义是"车轊（huì）头也"（见《释文》）。轊就是軎（huì），《说文》"軎，车轴耑（端）也"。轊头就是车轴露在外边的部分。軓，《说文》："车轼前也。"轼是车厢前的横木。在"济盈不濡轨"这句中，"轨"和"軓"那一个是正确的？我们认为"轨"是正确的，軓字是因形相近而误。"不濡轨"就是车涉水时水还没有湿着车轴（从露在外边的轴头可以看出）。理由有两个：1. 车厢前的横木在车的较高处，如果水湿了车厢前的横木或水线接近车厢前的横木，车厢就浸入水中，那就不适于用车渡河了。2. "轨"和"牡"押韵，先秦都属幽部。"軓"先秦属侵部，和"牡"不押韵。

王引之在《经义述闻》中以及一些《诗经》的注释如陈奂的《诗毛氏传疏》等都有类似的看法，因文繁不录。

（二）《诗·大雅·皇矣》"王此大邦，克顺克比"。于省吾《泽螺居诗经新证》"'王此大邦，克顺克比'二句应有韵。江有诰改'克顺克比'为'克比克顺'，以韵上文之君。王国维谓此处无韵。江、王之说均不可信。古文字比作𠤎或𠤏，从作从或𠈌，二字判然有别，但其构形之反正则无别。《说文》：'从，相听也，从二人'又：'比，密也，二人为从，反从为比。'由于从、比二字形近，又均反正无别，故易混同，從乃从之孳乳字。《易·颐》象传'顺以从上也'。《易·革》象传'顺以从君也'。均以顺、从相属为文。又邦与从叠韵，《诗·采菽》窃以蓬、邦、同、从为韵，《诗·閟宫》以蒙、东、邦、同、从、功为韵。依据上述，则此诗本应作'王此大邦，克顺克从'，属词与韵读无有不符"。

从和邦先秦都属东部。

（三）《诗·大雅·皇矣》"帝谓文王，询尔仇方。同尔兄弟，以尔钩援，与尔临衝，以伐崇墉"。帝，指上帝。仇，读为俦。仇方，犹邻邦。兄弟，指友好国家。钩、援都是武器。临、衝都是攻城之具。崇，国名。"同尔兄弟"，《后汉书·伏湛传》引《诗》作"同尔弟兄"。顾炎武《诗本音》和段玉裁《六书音韵表》都认为"作弟兄入韵"。

王、方在先秦都属阳部。弟属脂部，和王、方二字不押韵。

（四）《老子》第二十二章"曲则全，枉则直；窪则盈，敝则新；少则得，多则惑。是以圣人抱一为天下式"。江有诰《先秦韵读》根据用韵，把"窪则盈，敝则新"移在"曲则全，枉则直"之前。改正后如下："窪则盈，敝则新；曲则全，枉则直；少则得，多则惑；是以圣人抱一为天下式。"

盈，属耕部，新属真部，真耕合韵。直、得、惑、式都属职部。

（五）《老子》第五十四章"修之身，其德乃真。修之家，其德乃余。修之乡，其德乃长。修之国，其德乃丰。修之天下，其德乃普"。《韩非子·解老》引作"修之邦，其德乃丰"。作"邦"是对的，"邦"和"丰"押韵。汉人避刘邦的讳，把"邦"改为"国"。

身和真先秦属真部。家和馀先秦属鱼部。乡和长先秦属阳部。邦和丰先秦属东部。下和普先秦属鱼部。国，先秦属职部，和丰不押韵。

（六）《管子·宙合》"可浅可深，可浮可沈，可曲可直，可言可默"。又"可浅可深，可沈可浮，可曲可直，可言可默"。王引之曰："'可沈可浮'当从上文作'可浮可沈'，'深''沈'为韵，'直''默'为韵。"①

深、沈先秦都属侵部。直、默先秦都属职部。

（七）《管子·小称》："桓公谓鲍叔牙曰：'阖不起为寡人寿乎？'鲍叔牙奉杯而起曰：'使公毋忘出如莒时也，使管子毋忘束缚在鲁也，使宁戚毋忘饭牛车下也。'"王念孙曰："当依《群书治要》作'使公毋忘出而在于莒也，使管仲毋忘束缚在于鲁也'。'在于莒'与'在于鲁'对文。'莒'与'鲁''下'为韵。今本'出而在于莒'作'出如莒时'，则失其韵矣。《艺文类聚·人部七》《太平御览·人部一百》引此并作'在莒'，皆无'时'字。"②鲍叔牙的话是祝酒词，所以有韵。

莒、鲁、下先秦都属鱼部。

（八）《管子·四称》"不弥人争，唯趣人诏，湛湎于酒，行义不从"。从，顺也。王念孙曰："'趣'，读为促。'诏'当为'讼'字之误（原注：讼、诏草书相似）。'不弥人争，唯趣人讼'意正相承，且'讼'与'从'为韵。"③

讼和从先秦都属东部。

（九）《管子·侈靡》"君亲自好事，强以立断，仁以好任"。王引之

---

① 《读书杂志》卷五之二。
②③ 《读书杂志》卷五之六。

曰：“'仁以好任'当作'仁以好仕'，字之误也。仕与士同（原注：《尔雅》'士察也'。《小雅·节南山》笺作'仕，察也'。《曲礼》'前有士师'，注曰'士，或为仕'）。此承上'士可戚'而言。且'仕'与'事'为韵。”①

士和仕同音，都是鉏里切。士、仕、事先秦都属之部。

（十）《管子·侈靡》“择天下之所宥，择鬼神之所当，择人之所戴”（王念孙注：旧本'人'下有'天'字，涉上文'天下'而衍。今据尹注删）。王念孙曰：“'天下之所宥'当作'天之所宥'，'天'与人、鬼对文，不当有'下'字。'宥'读为'自天祐之'之'祐'（原注：《汉书·礼乐志·郊祀歌》'神若宥之'，师古曰'宥，祐也'）。'鬼之所当'，'当'宜为'富'，字之误也。《郊特牲》曰：'富也者福也。'富与宥、戴为韵。”②

富、宥、戴先秦都属之部。

（十一）《管子·白心》“洒乎天下满，不见其塞，集于颜色，知于肌肤”。王引之曰：“下二句当作'集于肌肤，知于颜色'。此以'塞'与'色'隔句为韵也。知见也，道见于面，故知于颜色。《心术篇》'外见于形容，知于颜色。（原注：今本'知'上衍'可'字）'《吕氏春秋·自知篇》'文侯不悦，知于颜色'。高注曰：'知犹见也。'皆谓见于面也。今本倒'肌肤'于下，则既失其义，而又失其韵矣。”③

塞、色先秦都属职部。

（十二）《管子·势》“人既迷芒，必其将亡之道”。尹知章注曰：“凡此二事，皆灭亡之道也。”王引之曰：“'之道'二字，因注而衍。'人既迷芒，必其将亡。（原注：言其将亡可必也）'皆以四字为句。且'芒'与'亡'为韵也。若增'之道'二字，则乱其文义，而又失其韵矣。”④

---

① ②　《读书杂志》卷五之六。

③　《读书杂志》卷五之七。

④　《读书杂志》卷五之八。

芒、亡先秦都属阳部。

(十三)《管子·势》"天地之形，圣人成之"。王念孙曰："'天地之形'，当依上文作'天地形之'。'形'与'成'为韵。"①

上文"死死生生，因天地之形"，生、形、成先秦都属耕部。

(十四)《管子·内业》"春夏秋冬，天之时也；山陵川谷，地之枝也；喜怒取予，人之谋也"。王念孙曰："'枝'当为'材'，字之误也。《枢言篇》曰：'天以时使，地以材使。'《大戴礼·五帝德篇》曰：'养材以任地，履时以象天。'《周语》曰：'高山广川大薮能生之良材。'故曰'山陵川谷，地之材也'。材与时、谋为韵。若作'枝'，则既失其义，而又失其韵矣。"②

时、材、谋先秦都属之部。枝先秦属支部。先秦之与支有别。

(十五)《管子·内业》"能抟乎（王念孙注：'抟即专字。'）？能一乎？能无卜筮而知吉凶乎"。王念孙曰："'吉凶'当依《心术篇》作'凶吉'，吉与一为韵。"③

一和吉先秦都属质部。

(十六)《管子·七臣七主》"故设用无度，国家踣；举事不时，必受其菑（灾）"。王念孙说"踣"是"路"之误。"故设用无度，国家路；举事不时，必受其菑"。"'度''路'为韵，'时''菑'为韵。今本路作踣，乃后人不知古义而妄改之耳"。王念孙在本条解释"振罢露"时说："露之言羸也。《方言》曰'露，败也'。昭元年《左传》'勿使有所壅闭湫底，以露其体'。杜注曰'露，羸也'。……字或作路，又作潞。《孟子·滕文公篇》'是率天下而路也'。赵注曰：'是率导天下之人以羸路也。'"④

度和路先秦都属鱼部。时和菑先秦都属之部。

---

①②③ 《读书杂志》卷五之八。

④ 《读书杂志》卷五之二。

（十七）《管子·明法解》"故威势独在于上，则群臣畏敬；法政独出于主，则天下服德"。王念孙曰："'服德'，当依朱（东光）本作'服听'，字之误也。服听，犹言服从。《燕策》及《史记·淮阴侯传》并云'天下服听'是也。下文'法政出于臣，则民不听'正与此文相反。且'听'与'敬'为韵。"①

敬和听先秦都属耕部。

（十八）《庄子·应帝王》"吾与之虚而委蛇，不知其谁何。因以为弟靡，因以为波流"。委蛇，随顺貌。弟靡，不穷之貌。《释文》："'波流'崔本作'波随'，云常随从也。"王念孙曰："作'波随'者是也。蛇、何、靡、随为韵。"②

蛇、何、靡、随先秦属歌部。流、先秦属幽部。

（十九）《庄子·胠箧》"彼窃钩者诛，窃国者为诸侯。诸侯之门，而仁义存焉"。王引之曰："'存焉'当为焉存。'焉'于是也。言仁义于是乎存也。……此四句以诛、侯为韵，门、存为韵。其韵皆在句末。《史记·游侠传》作'窃钩者诛，窃国者侯；侯之门，仁义存'。是其明证也。"③

在"言仁义于是乎存也"之下王引之用大量材料证明古书中许多"焉"字等于"于是"，因文繁从略。

诛、侯先秦都属侯部。门、存先秦都属谆部。

（二十）《庄子·秋水》"无南无北，奭然四解，沦于不测。无东无西，始于玄冥，反于大通"。成玄英说："奭然无碍。""始于玄极，而其道杳冥，反于域中，而大通于物也。"王念孙曰："'无东无西'，当作无西无东。北、测为韵，东、通为韵。"④

北、测先秦都属职部。东、通先秦都属东部。

---

① 《读书杂志》卷五之十。
②③④ 《读书杂志》余编上。

（二十一）《庄子·庚桑楚》"能抱一乎？能勿失乎？能无卜筮而知吉凶乎？能止乎？能已乎？能舍诸人而求诸己乎"。王念孙曰："'吉凶'当为凶吉。一、失、吉为韵。止、已、己为韵。《管子·心术篇》：'能专乎？能一乎？能毋卜筮而知凶吉乎？'是其证。"①

一、失、吉先秦属质部。止、已、己先秦属之部。

（二十二）《战国策·宋卫策》"见祥而不为，祥反为祸"。王念孙曰："'见祥而不为'当作'见祥而为不可'，'为不可'谓为不善也。（原注：《吕氏春秋·制乐篇》曰：'见祥而为不善，则福不至。'义与此同。）'可'与'祸'为韵。今本'为不'二字误倒。又脱去'可'字。《贾子》、《新序》②并作'故见祥而为不可，祥反为祸'。"③

可、和、祸、先秦都属歌部。

（二十三）《墨子·耕柱》"逢逢白云，一南一北，一西一东。九鼎既成，迁于三国"。王念孙曰："《艺文类聚》同。《太平御览》、《路史》、《玉海》并作'一东一西'。"王引之曰："作'一东一西'者是。'一东一西'当在'一南一北'之上。'云'与'西'为韵（原注：'西'古读若'駪(xīn)駪征夫'之'駪'。说见《六书音韵表》）。'北'与'国'为韵。《大雅·文王有声》篇'镐京辟廱(yōng)，自西自东，自南自北，无思不服'。廱与东为韵，北与服为韵，是其例也。而诸书所引'一南一北'句皆在上，则其误久矣。"④

按王引之的校正《墨子·耕柱》这句应该是这样："逢逢白云，一东一西，一南一北。九鼎既成，迁于三国。""云"和"西"押韵，"北"和"国"押韵。

云和西先秦都属谆部。⑤ 北和国先秦都属职部。

---

① 《读书杂志》余编上。
② 《贾子》即贾谊《新书》。《新序》为刘向所著。
③ 《读书杂志》卷二之三。
④ 《读书杂志》卷七之四。
⑤ 西字归谆部，据朱骏声和罗常培说。

　　(二十四)《荀子·劝学》"积善成德，而神明自得，圣心循焉"。卢文弨曰："宋本'循'作備，与《大戴》同。"刘台拱曰："当作'備'。古音与'德''得'为韵。"王念孙曰："作'備'者是也。此言积善成德而通于神明，则圣心于是乎备也。成德与圣心备，上下正相应。元刻作循，则与上文不相应矣。《儒效篇》云'积善而全尽，谓之圣人'。彼言全尽，犹此言圣心备也，一也。'備'字古音鼻墨反（原注：见吴棫《韵补》），正与德、得为韵，二也。《大戴记》及《群书治要》并作'備'。《文选》谢瞻《从宋公戏马台集送孔令诗》注、《张子房诗》注引此亦作'備'，三也。'備'字俗书作'俻'，循字隶书或作'揗'，二形相似而误。"①

　　德、得先秦都属职部。备，先秦属之部。之、职通韵。

　　(二十五)《荀子·修身》"由礼则治通，不由礼则勃乱提僈"。杨倞注："提，舒缓也。"郝懿行曰："勃与悖，僈与嫚并同，谓相侮易也。荀书多以'僈'为'嫚'。"王引之在"治通"下曰："下文以节、疾为韵，雅、野为韵，生、成、宁为韵。唯此二句韵不相协。'通'疑当依《外传》作'达'（原注：此涉上'宜于时通'而误）。'达'与'僈'为合韵。凡顾、月二部之字，古声或相通。若'劳心怛怛'之怛（原注：齐《甫田》），字从旦声而与'桀'为韵。'故事可劝也'之'劝'（原注：《礼运》）与烈、艺为韵。'不赏而劝'（原注：《中庸》）与钺为韵。'以按组旅'之'按'（原注：《大雅·皇矣》）《孟子》引作'遏'（原注：《梁惠王》），皆其例也。《外传》作'不由礼则勃乱'，'乱'与'达'亦合韵。"②

　　达、怛、桀、烈、钺、遏先秦都属月部。僈、嫚、旦、劝、按、乱先秦都属元部。元、月通韵。

---

　　①　《读书杂志》卷八之一。

　　②　参看王先谦《荀子集解》和《读书杂志》卷八之一。

艺，先秦属祭部，祭、元、月也是通韵。

王引之所说的"愿部"就是元部。他所说的"合韵"，现在叫通韵。

（二十六）《荀子·天论》"大天而思之，孰与物畜而制之；从天而颂之，孰与制天命而用之；望时而待之，孰与应时而使之；因物而多之，孰与骋能而化之"。王念孙曰："'物畜而制之'，'制'当为'裁'。思、裁为韵，颂、用为韵，待、使为韵，多、化为韵。思、裁二字，于古音并属之部，'制'字于古音属祭部，不得与思为韵也。又案杨注云：'使物积畜而我裁制之。'此释正文'物畜而裁之'也。正文作'裁之'，而注言'裁制'之者，加一'制'字，以申明其义耳。今正文作'制之'即因注内'制之'而误。"①

思、裁先秦属之部。颂、用先秦属东部。待、使先秦属之部。多、化先秦属歌部。

（二十七）《荀子·成相》"臣谨脩，君制变，公察善思论不乱。以治天下，后世法之成律贯"（王念孙注：谓君臣之伦不乱也。伦、论古字通。说见《儒效篇》）。王念孙曰："'脩'当为'循'，字之误也（原注：隶书循、脩相乱。说见《管子·形势篇》）。此言臣当谨循旧法而不变。其制变，则在君也。循与变、乱、贯为韵（原注：此以谆、元二部通用。凡谆、元二部之字，古声皆不分平上去）。此篇之例，首句无不入韵者。今本循作脩，则既失其义而又失其韵矣。"②

循，先秦属谆部。变、乱、贯先秦属元部。这是谆、元合韵。先秦有谆、元合韵的例，如《诗·小雅·楚茨》"我孔熯矣，式礼莫愆。工祝致告，徂赉孝孙"。愆属元部，孙属谆部。

---

① 《读书杂志》卷八之五。
② 《读书杂志》卷八之八。

（二十八）《荀子·赋》"明达纯粹而无疵也。夫是之谓君子之知"。王引之曰："'疵''知'为韵。'也'字涉上文而衍。《艺文类聚》无。"

这两句的上文是"血气之精也，志意之荣也，百姓待之而后宁也，天下待之而后平也"。精、荣、宁、平先秦都属耕部。并且全篇多数用韵，因此这两句也是用韵，疵、知都属支部。王引之认为"疵"后的"也"字是衍文。但根据前几句的情况，也可能"知"下脱"也"字。总之根据用韵可以断定存在校勘问题。①

（二十九）《韩非子·主道》"去好去恶，臣乃见素；去旧去智，臣乃自备"。王念孙曰："'去旧去智'，本作'去智去旧'。恶、素为韵，旧、备为韵。旧，古读若忌。《大雅·荡篇》'殷不用旧'，与'时'为韵。《召闵（旻）篇》'不尚有旧'，与'里'为韵。《管子·牧民篇》'不恭祖旧'，与'备'为韵，皆其证也。后人读旧为巨救反，则与备字不协，故改为'去旧去智'，不知古音'智'属支部，备属之部，两部绝不相通。自唐以后始淆为一韵类。此非精于三代两汉之音者，不能辨也。"②

旧、备先秦属之部。恶、素先秦属鱼部。

（三十）《吕氏春秋·音律》"蕤宾之月，阳气在上，安壮养侠，本朝不静，草木早槁"。毕沅《吕氏春秋校正》"《月令》是月'养壮佼'，此'养侠'亦当是'养佼'之误"。王念孙《吕氏春秋校本》"佼与槁为韵"。牟庭《雪泥书屋杂志》："'侠'即'佼'之形误。《家语·入官》注云'佼犹好也'，《荀子·成相》注云：'佼亦好也。'"陈奇猷曰："'侠'当作'佼'。《仲夏》亦云是月'养壮狡'，狡、佼同，壮狡犹言丁壮。"③

---

①　《读书杂志》卷八之八。

②　《读书杂志》余编上。

③　陈奇猷《吕氏春秋校释》上册。

佼、槁先秦都属宵部。

（三十一）《吕氏春秋·音律》"仲吕之月，无聚大众，巡劝农事，草木方长，无携民心"。陈昌齐《吕氏春秋正误》说："此是韵语，疑'心'为'志'讹。"陈奇猷说："陈说是，王念孙说同。志与事为韵（皆隶之部）。《孟夏》云'命农勉作，无伏于都'，《上农》云'当时之务，农不见于国'，又云'农不敢行贾，不敢为异事，为害于时也'，是农之所以伏于都（国亦都也）者，乃行贾或为工也，即所谓舍本事末。《上农》又云'民舍本而事末则有远志'，是舍农事为工商，当以志言，正可明此文'心'当为'志'之误。"①

（三十二）《吕氏春秋·明理》"有螟集其国，其音匈匈，国有游蛇西东，马牛乃言，犬彘乃连，有狼入于国，有人自天降"。洪颐宣《读书丛录》说："'国'当作'邦'。邦、降合韵。此避汉讳所改"。陈奇猷曰："洪说是。"②

匈和东先秦属东部。言和连先秦属元部。邦，先秦属东部。降，先秦属冬部。东、冬合韵。东、冬先秦有合韵。例如《楚辞·离骚》："帝高阳之苗裔兮，朕皇考曰伯庸。摄提贞于孟陬兮，惟庚寅吾以降。"庸属东部，降属冬部。

（三十三）《吕氏春秋·君守》"故曰天无形，而万物以成；至精无象，而万物以化；大圣无事，而千官尽能"。王念孙曰："'象'当作'为'。《老子》曰：'道常无为而无不为。侯王若能守之，万物将自化。'又曰：'我无为而民自化。'《庄子·天地篇》曰：'无为而万物化。'皆其证也。隶书'象'字或作為，形与'为'相似，故为误作象。形、成为韵，为、化为韵。事、能为韵（原注：为，古读若讹。能，古读若而。并见《唐韵正》）。若作象，则失其韵矣。《管子·兵法篇》'无设无形焉，无不可以成也。无形无为焉，无不可以化也'，

形、成为韵，为、化为韵，正与此同。"陶鸿庆《读诸子札记》："自
'故昊天无形，而万物以成'以下十二句，皆二句一韵，此不当无
韵，'象'本作'为'，为与化为韵也。"陈奇猷曰：'王、陶说是……
《韩非子·解老》云：'所以贵无为无思为虚者，谓其意无所制也，'
此法家释无为之义。"①

　　形、成先秦都属耕部。为、化先秦都属歌部。事、能先秦属之
部。象，属阳部，和化不押韵。

　　（三十四）《吕氏春秋·任数》："申不害闻之曰：'何以知其聋？
以其耳之聪也。何以知其盲？以其目之明也。何以知其狂？以其言
之当也。'"毕沅《吕氏春秋校正》曰："'聪'旧本作'听'，讹，今案下
文改。聪与聋韵协。"陈奇猷曰："毕改是，今从之。聋、聪皆隶东
部。《韩非子·解老》云：'视强则目不明，听甚则耳不聪，思虑过
度则知识乱。'"②

　　聋、聪先秦都属东部。听，先秦属耕部。

　　（三十五）《吕氏春秋·知度》"去想去意，静虚以待，不伐之言，
不夺之事，督名审实，官使自司，以不知为道，以奈何为实"。王
念孙曰："'伐'疑当作'代'。"陶鸿庆曰："两'之'字指有司言。"俞樾
《诸子平议》："旧校云：'实一作宝。'与《淮南·主术篇》合，当从
之。"《淮南子·主术》："以不知为道，以奈何为宝。"高诱注："道贵
无形，无形不可奈何，道之所以为贵也。"陈奇猷曰："道、宝为韵，
皆隶尤部。"③

　　待、事、司先秦属之部。道、宝先秦属幽部。实，先秦属质
部，和道不押韵。陈奇猷所说的尤部即幽部。

　　（三十六）《吕氏春秋·任地》"不知事者，时未至而逆之，时既

---

① 　参考《读书杂志》余编上和陈奇猷《吕氏春秋校释》下册。
②③ 　陈奇猷《吕氏春秋校释》下册。

往而慕之，当时而薄之，使其民而郄之"。高诱注："薄，轻也，言不重时也。'薄'或作'怠'。"吴承仕《吕氏春秋旧注校理》(稿本)："逆、慕、薄、郄为韵。注云'薄'或作'怠'，怠则非韵矣。疑此是后人校语误入注文耳。"夏纬英《吕氏春秋上农等四篇校释》："'郄'当是'却'字之误，即今之'却'字，有后退之义，当是说耕稼后时者为'却'。先时曰'逆'，后时曰'却'，义正相反。"①

逆、薄、却先秦都属铎部。慕，属鱼部。鱼铎通韵。

(三十七)《吕氏春秋·辩土》"其耰(yōu)也植，植者其生也必先。其施土也均，均者其生也必坚"。杨树达曰："'植'当作稙，形近之误也。《说文》'稙，种概也。'此言覆种之事，'其耰也稙'，朱虚侯所谓'深耕概种'也，作'植'则于义不可通矣。且此文以稙、先、均、坚为韵，作'植'则失其韵矣。"夏纬英曰："'植'当是'稙'字之误，于此用为'缜密'之义，因为覆土的工作要做得缜密，苗才容易出生，故说'其耰也稙，稙者其生也必先'。"陈奇猷曰："杨、夏说是。'稙'者，精心细缜之意。"②

稙、均、坚先秦属真部。先，先秦属谆部。这是真谆合韵。真谆合韵在《诗经》和《楚辞》中都有。例如《诗·小雅·正月》十二章邻(真)云(谆)慇(谆)，《楚辞·九歌·大司命》)门(谆)云(谆)尘(真)等等。

(三十八)《吕氏春秋·辩土》"肥而扶疏则多秕，硗而专居则多死。不知稼者：其耨也去其兄而养其弟，不收其粟，而收其秕，上下不安，则禾多死"。高诱注："专，独。不能自荫润其根，故多枯死也。"在"而收其秕"下毕沅《吕氏春秋校正》："旧本'秕'作'粗'，依《亢仓子》正。"蒋维乔等《吕氏春秋汇校》说："程瑶田《九谷考》谓'粗，疑秕之讹，秕与弟、米字相协也。王氏《农书·钱镈门》引此作秕字，或元时所见古本犹未讹为粗与？刘宝楠《释谷》亦以程说说为是。

---

① ② 陈奇猷《吕氏春秋校释》下册。

今《御览》八百二十三引作'秕'。'粃'为'秕'之假字。《说文》'秕，不成粟也'。《御览》作'秕'乃正字。此可为毕校补正。"陈奇猷曰："毕改是，今从之。上文云'先生者米美，后生者为粃'。不知稼者，去其先生者（即兄）而养其后生者（即弟），故不能收得粟而仅能收得粃矣。"①

《集韵》"秕、粃，谷不成者，或从米"。秕、粃、弟、死先秦都属脂部。粗，先秦属鱼部和弟、死不押韵。

（三十九）《楚辞·离骚》"民生各有所乐兮，余独好脩以为常。虽体解吾犹未变兮，岂余心可惩"。王念孙《古韵谱》"今本'恒'作'常'，乃因汉人避讳所改"。汉文帝名恒，汉人把《离骚》"恒"字改为常。

恒和惩都属蒸部。常属阳部和惩不押韵。

（四十）《楚辞·天问》"简狄在台喾（kù）何宜，玄鸟致贻女何喜"。王逸注："简狄，帝喾之妃也。玄鸟，燕也。贻，遗也。言简狄侍帝喾于台上，有飞燕堕遗其卵，喜而吞之，因生契也。喜，一作嘉。"顾炎武《唐韵正》在"宜"字下，说：《天问》"今本嘉作喜，是后人不通古音而妄改之也。按后汉《礼仪志》引此作嘉"。江有诰《楚辞韵读》也根据押韵改"喜"为"嘉"。

嘉和宜先秦都属歌部。嘉，善也，就文义说也比喜更好。

（四十一）《楚辞·大招》"魂乎无南，南有炎火千里，蝮蛇蜒只。山林险隘，虎豹蜿只。鰫（róng）鳙（yóng）短狐，王虺骞只。魂乎无南，蜮伤躬只"。王逸注："蜒，长貌也。蜿，虎行貌也。鰫鳙，短狐类也。短狐，鬼蜮也。王虺，大蛇也。骞，举头貌也。蜮，短狐也。"江有诰《楚辞韵读》"躬，当作身"。因形近而误。

蜒、蜿、骞都属元部。身属真部。这是真元合韵。先秦有真元合韵，如《诗·大雅·生民》"厥初生民（真），时维姜嫄（元）"。躬，属冬部，和蜒等不押韵。

---

①　陈奇猷《吕氏春秋校释》下册。